北京大学
理论名家大讲堂
第 一 辑

程美东◎主编

人民出版社

责任编辑：刘智宏　苏向平　曹　利

封面设计：林芝玉

责任校对：吕　飞

图书在版编目（CIP）数据

北京大学理论名家大讲堂 . 第一辑 / 程美东主编 . —北京：人民出版社，2021.10

ISBN 978－7－01－023777－0

Ⅰ.①北… 　Ⅱ.①程… 　Ⅲ.①国情教育—中国—文集 　Ⅳ.① D643-53

中国版本图书馆 CIP 数据核字（2021）第 194751 号

北京大学理论名家大讲堂

BEIJING DAXUE LILUN MINGJIA DAJIANGTANG

第一辑

程美东　主编

人 民 出 版 社 出版发行

（100706　北京市东城区隆福寺街 99 号）

北京汇林印务有限公司印刷　新华书店经销

2021 年 10 月第 1 版　2021 年 10 月北京第 1 次印刷

开本：710 毫米 ×1000 毫米　1/16　印张：14.75

字数：209 千字

ISBN 978－7－01－023777－0　定价：48.00 元

邮购地址 100706　北京市东城区隆福寺街 99 号

人民东方图书销售中心　电话（010）65250042　65289539

目 录
CONTENTS

精彩片段　蒋介石早年也是《新青年》的热心读者，他也读列宁的书，读马克思的著作。这在他的日记当中有记载，他说马克思的书真难读，读来读去读不懂，但是偶尔也心领神会、柳暗花明。国民党到台湾第一站是高雄，大家想想看他会干什么？反攻大陆？蒋介石内心不是这么想的，他做的第一件事就是整党，不整不行了。用什么来整党？列宁主义，确定国民党是非民主机构的列宁主义政党。但这个时候为时已晚。蒋介石一生游离于各种主义之间，没有远大理想，所以他节节败退。

精彩片段　什么是一个好的博物馆？不是建一个高大的馆舍，开放了就是博物馆。一定要挖掘博物馆的资源，凝成博物馆的能量，使博物馆不断推出好的展览，不断举办人们可以参与的活动。当人们感受到博物馆对现实生活的意义时，人们才会在休闲时想起走进博物馆；走进博物馆以后，才会感受到博物馆对自己的文化和智慧的启迪，才不愿意回家。回家以后还愿意再来的博物馆，才是好的博物馆。

中国的改革不符合主流经济学理论，
   为什么还能成功
林毅夫 /059

精彩片段 发达国家的理论在发达国家是不是一定就适用？也不见得适用。因为我们知道，社会科学的理论，不管是经济学、政治学、社会学，在发达国家通常都是一个理论盛行了一段时间以后就被新的理论取代了。为什么呢？因为发达国家条件本身也在变。等到条件变了以后，原来的理论就不适用了。如果发达国家的理论在发达国家都不能做到"百世以俟圣人而不惑"，拿到发展中国家，怎么能做到"放之四海而皆准"呢？

中国经济如何转型
刘世锦 /100

精彩片段 我在国务院发展研究中心领导的研究团队曾在 2009—2010 年作过一项研究。我们观察了第二次世界大战以后工业化革命时期各个国家的发展经验。在五六十年代，日本经济年均增长速度达到 9% 以上，1972 年开始下降，七八十年代降到了平均 4%，90 年代以及 21 世纪前 10 年降到了 0.1% 以下。韩国经济增长速度放缓发生在 90 年代中期，中国台湾地区经济增长速度放缓发生在 80 年代末期。我们发现，这些现象背后是有规律性的。当这些经济体的人均 GDP 达到 11000 国际元以后，经济增长速度就会放缓。

怎样看待中国的经济形势 张占斌 /123

精彩片段 中国能把原子弹、氢弹爆炸成功，"神七""神八"都能成功，海底探测都能成功，连个马桶盖都搞不定吗？我们的供给侧，和人民生活息息相关的很多产品在这方面出了问题。为什么出问题？说来说去还是市场环境问题。我们没有一个完善的知识产权保护制度，没有一个好的科技创新激励体制和机制。我创新，弄出来一个新产品，你马上山寨，24 小时加班加点山寨。"地方保护主义"使得地方政府睁一只眼闭一只眼，只要有 GDP 就不管了。产权保护不了，就没法创新。

大变局、大变革下中国如何进行战略选择 王昌林 /155

精彩片段 未来一段时期对我国来说是一个充满挑战同时也能大有作为的战略机遇期。我们正处在经济增速调整期，这个是毫无疑问、不可改变的客观规律。我们将处于工业化和城镇化提质期、创新驱动发展突破期、人口结构变化加速期、金融风险高发期、全面深化改革攻坚期，面临的机遇和挑战前所未有。我们必须准确把握战略机遇期的新内涵，化危为机，奋力推动中国经济的巨轮在风雨中破浪前行。

京津冀协同发展，高标准高质量建设雄安新区

精彩片段 推进京津冀协同发展，建设雄安新区，是以习近平同志为核心的党中央作出的重大历史性战略决策，是千年大计、国家大事。京津冀实现协同发展，就要构建现代城镇体系，就是把城市群建设作为一个整体。所谓城市群，就是大城市周围有一个城市圈，或城市带、卫星城，然后利用现代交通、通信技术把它们连起来。这是现代世界各国普遍遵循的城市群建设方案。

中国人要自信

精彩片段 我们国内现在网上有很多负能量的言论——很不高兴，幸福指数很低，都在想移民，等等。但是你不能光是在网上发些极端的言论，声称这代表主流民意，要用大数据来说话的。我们现在看到的几个大的数据，包括益普索的民调，包括中国零点公司的民调，结论是一致的，多数的中国老百姓对自己的国家、对自己的前途是乐观的。类似的民调很多，比方说问年轻人，你是不是能够比你的父辈生活得更好。中国绝大部分年轻人肯定自己可以比父母生活得更好，但在美国、法国、德国、瑞士、意大利，情况就不同了。

前　言

　　2015年夏季，北京市教工委委托我牵头的"程美东名师工作室"来举办"北京高校理论名师大讲堂"。同时，学院让我担任全校本科生"形势与政策"课的主持人。我当时在学院班子不负责本科教学，所以一开始不愿意接手这项工作。在几番推辞不得后，向有关领导汇报并得到许可后，决定将这两项任务合在一起。

　　从2015年10月到2019年12月，北京大学"形势与政策"课除了中班授课外，专门在北京大学百周年纪念讲堂举办了23次形势与政策报告会，延请有理论造诣的党政领导干部和知名专家讲授党和国家重大方针政策，拓宽学生视野。先后授课的有中共中央统战部原党组成员朱晓明同志，国务院发展研究中心原副主任刘世锦同志，财政部财政科学研究院院长刘尚希同志，时任国家行政学院经济学教研部主任张占斌教授，河北省委原书记叶连松同志，北京大学王缉思教授、林毅夫教授，复旦大学张维为教授，国防大学孙科佳少将，军事科学院罗援少将，最高人民检察院原副检察长徐显明同志，时任广东省委宣传部部长傅华同志，时任外交部非洲司司长戴兵同志，外交部西亚北非司司长王镝同志，时任商务部西亚非洲司司长江伟同志，故宫博物院原院长单霁翔同志，生态环境部环境规划院院长王金南院士，中共中央党校（国家行政学院）副校（院）长谢春涛教授，原中共中央党史研究室副主任冯俊教授，北京大学党委常务副书记于鸿君教授，中国宏观经济研究院院长王昌林研究员等；讲座内容涉及经济、文化、国防、外交、党的建设等领域的最新形势和政策。大报告的授课效果很好。学生在有限的时间内，收获了不同专家学者的最新研究成果，尤其是深刻理解了习近平新时代中国特色社会主义思想，更加坚定了对于中国道路、中国理论、中国制度、中国文化的自信。学生们普遍反映，形势与政策报告会用有力的论据对党和国家的大政方针进行分析，深入挖掘其背后的思想理论基础，用深刻的思想理论说服人，有利于引导学生端正"三观"。每次报告会都有北京市其他高校的师生积极参加，甚至一票难求，有效传播了正能量，扩大了北京大学思想政治理论课在社会上的影响，对于首都大学生的思想政治教育起到了积极的引领作用。

2019年5月2日，《中国教育报》以《解答心中困惑 展望新时代美景——北京大学"形势与政策"大报告纪略》为题，对此进行了介绍。其他媒体也纷纷报道，使得这个系列报告在全国思想政治教育界产生了很大影响。

坦率地说，一开始我是为了完成领导交付的任务，被动地承担这个报告的组织任务的，因为我知道，组织这个报告很不容易：其一，请合适的专家不容易。其二，大讲堂时间、学生时间、专家时间一致不容易。使用大讲堂，一般提前半年就得预定；只有在周六日，才能做到学生都有空；而所请的专家，几乎每个人都是工作繁忙，日程安排非常紧凑，找到合适的空档时间很不容易。其三，安全保卫不容易。每次报告都得向学校保卫部报批，北京市教工委每次安排的12所学校的师生分别乘坐12辆大巴车进校，我们都得点对点、人对人地对接。现场秩序的维护、安全维护都是大问题。

但万幸的是，在四年时间里举行的这23次报告会，总体是很成功的，不仅多数聆听报告的学生满意，而且每次报告会都做到了安全无误，没有发生任何事故和意外——这是我最担心的事。这个系列报告结束后，我个人感觉我的付出非常值得：很多报告及时地帮助了北京大学学生了解党和国家的形势与政策，很多报告都得到了学生的好评！

在这里，我要特别感谢和我一起合作的王成英老师，这门课其实是我们俩共同主持的。王老师不仅承担小班授课的组织和教学任务，还承担大报告的一些具体组织工作。每次报告会组织有序、安检严格，她都付出了很多心血。

还要特别感谢承担本课程助教任务的诸多同学，他们认真细致、富有朝气的工作有效地保证了报告会安全有序地举行！感谢北京大学马克思主义学院原磊老师、姚苏薇老师等教务人员给讲座提供的周到服务！感谢北京大学党委宣传部、保卫部、教务部、计算中心的有关老师，感谢担任学院教学督导的江长仁教授、林娅教授对于报告会的鼓励、支持和提出的宝贵建议，感谢时任北京大学马克思主义学院党委书记的孙蚌珠教授、负责本科教学的马克思主义学院副院长宇文利教授对于报告会的支持！

这里也要特别感谢人民出版社的刘智宏女士。由于本书是在报告会录音的基础上整理而成，编辑工作难度较大。正是由于她的大力支持，以及她和她的团队加班加点地工作，本书才得以在人民出版社以较快的速度面世。

当然，最要感谢的是各篇报告的主讲专家！他们以自己丰富的知识、开阔的视野、深刻的思想，深入讲解了新时代有关理论和实践问题，给北大学生和首都大学生及时地解疑释惑，为这些年轻人准确地了解中国和世界发展的现状和趋势、确定科学的人生发展方向提供了有效的思想指导。现在，其中的部分报告由人民出版社公开出版，一定可以使更多的读者受益。虽然这些报告的成稿时间先后不一，但是其思想都恰当其时，某些具体信息作为"刚刚过去的历史"，对今天的读者仍有启迪意义。

感慨良多，陈言难尽。如有遗漏、不周之处，敬请各方宽谅！

程美东

2021 年 9 月 16 日于北京大学

新时代文化何以自信

傅华

　　曾任中共北京市委宣传部副部长，北京日报社党组书记、社长，经济日报社总编辑，中共广东省委常委、宣传部部长，中共中央宣传部副部长。现为新华通讯社总编辑、党组副书记。

各位老师、各位同学，大家下午好！非常荣幸今天能有机会来到北大百年讲堂，跟大家交流思想、汇报工作。今天，我想跟大家讨论三个方面的问题：第一想谈谈新时代的文化特征，第二想谈谈意识形态与文化安全，第三想跟大家探讨一下新时代文化建设的着力点。

/ 一 /

首先，我们谈谈新时代的文化特征。

党的十八大以来，以习近平同志为核心的党中央谋篇布局，开创了党和国家各项工作的新局面。我们概括过去的五年叫"极不平凡的五年"。为什么极不平凡？因为取得了历史性的成就，这个成就不是单方面的成绩，而是全方位、开创性的，经济、政治、文化、社会、生态文明和党的建设都取得了历史性的成就。而且我们提出了创新、协调、绿色、开放、共享的新发展理念，进入了高质量发展的时代——不仅经济进入了高质量发展时代，社会也进入了协同发展的新时代。同时，党和国家事业还发生了历史性的变革。大家在谈过去五年的时候，包括我们很多媒体，老是在谈 GDP，老是在谈自己在哪些方面取得了一些小小的成就，实际上，我们要关注三个字——历史性，特别是要关注历史性变革。这种变革是深层次、根本性的。也就是说，过去的五年，我们不仅树立了一个个里程碑，而且还亮起了一盏盏指路明灯，开创了历史，开创了一个新的时代。在中国特色社会主义进入新时代的同时，中国特色社会主义文化也进入了一个新的时代。

那么，新时代的中国特色社会主义文化有哪些特征呢？如果用一句话来概括，那就是蓬勃发展、生机盎然。我们开辟了中国特色社会主义文化道路，建立和完善了中国特色社会主义文化制度，建设和发展了中国特色社会主义文化。跟过去相比，中华文化在时代潮流中焕发出新的光彩，中国人民在精神上实现了完全主动，不是被别人牵着鼻子走，也不是傻子过年看街坊、跟着大哥进城。

具体来讲，表现在四个方面。

第一，积极美好。中国文化有一个很重要的特征，都是从道德理想的角度来提升人的精神境界。这五年来，我们的审美创造、道德提升等，鲜明、深刻地表现出一个特征，就是积极昂扬、催人奋进、追求美好。这也符合中国文化发展一贯的风格，无论是道德理想还是价值尺度、审美素质，向来都有不一般的精神高度。文化是用来标注国民的精神高度的，所以新时代的文化着眼于人的全面发展，着眼于满足人民群众对美好生活的需要，着眼于建设富强民主文明和谐美丽的社会主义现代化强国、实现中华民族伟大复兴的中国梦，所以它有一种催人奋进的力量。很多人问什么是先进文化。我们不能具体地、一个一个地来罗列什么是先进文化，但可以作这样一个概括：所谓的先进文化，就是催人奋进、引人向上的文化。什么是落后文化？让人消沉、萎靡的文化就是落后的文化。所以我们新时代的文化，第一个特征就是积极美好、催人向上。

第二，导向鲜明。中国特色社会主义文化是马克思主义文化。发展中国特色社会主义文化，要以马克思主义为指导，坚守中华文化的立场，立足当代中国的现实，结合当今时代的条件。我们搞宣传思想工作，有个最根本的任务，就是"两个巩固"：一个是要巩固马克思主义在意识形态领域的指导地位，另一个就是要巩固全党全国人民团结奋斗的共同思想基础。这个思想基础是什么？就是马克思主义，就是马克思主义中国化的成果，现在就是习近平新时代中国特色社会主义思想。所以，我们要加强精神文明建设，推动中华优秀传统文化创造性转换、创新性发展。我们要追求公平正义的发展。很多人问：什么是社会主义？什么是资本主义？我说，社会主义用一句话来概括，就是大家都能过上好日子。改革开放以来，国家鼓励一部分人、一部分地区先富起来，然后先富带后富，实现全社会的共同富裕。资本主义是什么？就是有资本才有主义，你的发言权、话语权，获得感、幸福感是跟你的股份、你的资本拥有量挂钩的。所以社会主义文化有一个鲜明的导向，就是追求公平与正义，就是要不断提高人民群众的思想觉悟、道德水平、文明素养。

第三，一以贯之。这是我在学习习近平新时代中国特色社会主义思想时的一个体会。我读习近平总书记的一系列重要讲话，读总书记治国理政的著作，发现习近平总书记在思维方面有几个很显著的特征。一是"一语道破"。习近平总书记的讲话很接地气，经常是讲家常话，讲老百姓的话，不兜圈子，不绕弯子，用老百姓都能听得懂的话来阐述精深博大的思想。我们总说马克思主义中国化、大众化。怎么实现大众化？就是要让马克思主义说中国话，让大专家讲老百姓的话，让基本原理变道理，让根本方法变办法，要能解决问题。二是"一脉相承"。从马克思主义到毛泽东思想，再到习近平新时代中国特色社会主义思想，我们的社会主义文化是一脉相承、与时俱进的。习近平新时代中国特色社会主义思想对马克思主义、科学社会主义有诸多原创性贡献，你把它读通了、读透了，就会发现贯穿其中的马克思主义的立场、观点和方法。三是"一气贯通"。中国特色社会主义文化、新时代的文化，有宏大的历史视野。习近平总书记的思维贯通了社会主义五百年的六个阶段，贯穿了中华文明五千年。在新时代，我们的文化跟我们的传统、我们的历史紧密衔接，没有缝隙。习近平总书记指出，中国特色社会主义植根于中华文化沃土。这是何等的广博，何等的深邃！如果再延伸一点，新时代的文化还是贯通中西的，反映了人类共同的价值观，是着眼于构建人类命运共同体的价值观。

第四，充满自信。习近平总书记指出，我们坚定中国特色社会主义道路自信、理论自信、制度自信，说到底是要坚定文化自信。文化自信是更基本、更深沉、更持久的力量。文化不自信，走到哪儿心里都不踏实，没有底气，无论是跟人打交道还是做生意，心里都会觉得不踏实。我们为什么能够实现文化自信？一是因为我们的文化源远流长，五千年文明绵延不绝。埃及金字塔虽然还在，但是古埃及文明已经消失了。世界五大古代文明，只有中华文明延续至今。二是因为我们的文化与时俱进。例如，每个时代都有每个时代的儒学，而不是孔子当年的儒学。周虽旧邦，其命维新。在中国特色社会主义新时代更是这样了，我们能够对时代课题作出创见性的回应，我们的文化能够引领时代，造福人民，所以我们的文化是充满自信的。

/ 二 /

上面讲到了新时代的文化特征，下面和大家讨论一下意识形态与文化安全。

文化安全的话题很多，涉及语言文字、风俗习惯、生活方式、价值观念，等等。但是总的来讲，它跟意识形态安全是交织在一起的。从某种意义上来讲，文化安全就是意识形态安全。

习近平总书记对意识形态工作是非常重视的，这里我不跟大家复述原文了。我归纳一下，主要体现在以下几个方面。

第一，习近平总书记认为意识形态工作极端重要。经济工作是我们党的中心工作，意识形态工作是我们党的一项极其重要、极端重要的工作。为什么重要？因为它关系制度、道路、政权。

第二，习近平总书记说意识形态斗争是一个长期的斗争，只要还有不同的制度、不同的主义，只要还有异己分子、敌对势力，意识形态斗争就会持续。

第三，要敢于亮剑。各级领导干部，包括我们高校师生，都要有参与意识形态建设与斗争的自觉性，不能充耳不闻，要敢于发声亮剑，旗帜鲜明。

第四，建设与斗争要一起抓。不只是跟敌人斗争，还要建设自己的阵地，特别是要建设自己的思想阵地。要有主心骨、有强大的思想武器，才能在这场斗争当中赢得主动。

所以说，意识形态工作是我们党一项重要的工作，是治国理政的重要手段。

我们搞宣传思想工作，搞文化建设，就是要巩固马克思主义在意识形态领域的指导地位。怎么巩固？我觉得最重要的是要说清楚两个问题。

第一，要说清楚我们党执政的"合法性"。这个"合法性"的概念我在这儿是借用，我们自己一般不说"合法性"这个概念，这个词是要打引号的。中国共产党走上历史舞台，是符合历史潮流的，是顺应人民需求的，是得到广大人民群众拥护的。

第二，要证明我们党执政的有效性。共产党执政的目的是为人民谋幸福，为中华民族谋复兴，而且我们也必将对人类作出更大的贡献。现在归纳为三句话，为人民谋幸福，为民族谋复兴，为世界谋大同。

把这两点说清楚了，我们搞意识形态工作就成功了80%。关于意识形态的研究，有很多学说，我就不一一梳理了，只把自己的想法告诉大家，不一定正确，大家可以批评指正。我认为所谓的意识形态，就是支撑、维系、服务统治阶级执政、统治、治理的思想管理体系。但如何看待意识形态，有一个历史演变过程。在马克思眼里，意识形态始终是负面词汇。马克思一生都在干什么？用他自己的话来讲，就是向处于统治地位的意识形态提出挑战，削弱这种意识形态，使人们不再相信它。当然，他指的是资本主义的意识形态。马克思说，打个比方，意识形态就像老式照相机，我人是端端正正坐在这儿，但是在照相机中人是倒立的，它是颠倒是非、混淆黑白、违背事实的。"意识形态"这个词名声一直不大好，被法国哲学家提出来之后，很快就成为一个负面词汇，所以在马克思眼里它也是一个负面词汇。它是什么时候变成中性词的呢？从列宁开始，后来是卢卡奇对它作了界定。在阶级社会，无论你承认不承认，意识形态作为阶级意识而存在的社会观念的总和，在维护阶级统治、维持社会秩序、维系人与人的关系中，发挥着不可或缺的重要作用。

西方学者研究意识形态的非常多，发表过很多关于意识形态的论述，一会儿说意识形态消失了，一会儿又说没有消失，转移了。哈贝马斯写过一本书，关于意识形态与科学技术的，说现在年轻人对斗争已经不感兴趣了，老百姓热衷于消费，琳琅满目的商品已经吸引了人们大部分的注意力。按照这一派的观点来看，女士们走进商店就像进了教堂，拿起商品就像捧起圣经。她们不关心政治，不关心斗争，意识形态转移了，甚至消失了。但事实上不是这样的。西方国家看似不讲意识形态，实际上处处有意识形态；他们讲意识形态终结论，实际上是想终结马克思主义、社会主义意识形态。你看特朗普口口声声要遏制"共产党中国"，打贸易战，打科技战，出发点、着眼点都是对着中国不同于西方的道路、制度。对此，我们一定要头脑清醒，不要被一些西方学者的观点所迷惑了。

中国共产党的意识形态，主要内容是什么？我们现在讲要建设具有强大凝聚力和引领力的社会主义意识形态，我们究竟要建设什么？我觉得归根结底有三个方面：第一个是理想信念，第二个是核心价值，第三个是世界观和方法论。这是最深层的意识形态，如果把这三个方面给摧毁了，我们执政的思想基础就动摇了。西方为什么要搞意识形态斗争，渗透意识形态，颠覆意识形态？就是要抽掉我们共产党执政的思想基础，让你不能自圆其说，让老百姓不支持你。如果这样，那这个党还有明天吗？

我在这儿不讲道路、制度，不讲政权、主权，因为意识形态首先表现在思想文化层面，我先跟大家讲讲理想信念为什么重要。习近平总书记讲，理想信念就是共产党人精神上的"钙"，没有理想信念，理想信念不坚定，精神上就会"缺钙"，就会得"软骨病"。心中没有理想信念，管得了一时，管不了长久。我今天花一点点时间跟大家讨论一下，我们为什么要信仰共产主义。如果说得不对，大家可以当场纠正。我提四点理由。

第一，共产主义是人类极其美好的理性愿景。古往今来，大千世界，所有的族群、所有的人都追求幸福，都想脱离苦难，可以说，脱苦求福是我们的共同追求。追求幸福、向往美好未来有不同的方式，大概归纳一下，有两种。第一种是虚构表达，把自己的美好理想放在天堂，放在彼岸，放在人根本见不到的地方，心中想的是救赎人类灵魂。释迦牟尼打坐七七四十九天，六根清净，发誓要度一切苦厄。用宗教方法来求证未来，不需要推理，不需要论证，是靠当头棒喝。所以马克思主义讲，宗教本质上是痛苦生灵的叹息，是无情世界的感情。这些人是没有办法，只能向往一种不存在的境界。第二种是理性表达。通过推理、通过实证、通过切实的研究来描述一个美好的未来。这个事情古往今来都有人在做。《礼记》同时给我们描绘了两个层面的理想世界。一个是大同。大同世界是什么样的呢？大道之行也，天下为公。天下为公是大同世界的特征。天下为公、选贤举能、讲信修睦，这是大同世界。第二个是小康。小康社会，天下为家。天下为家是小康社会的一个特征，这个社会是有秩序的，是讲规矩、懂礼仪、和谐相处、其乐融融的社会。到2021年，我们将全面建成小康社会。这是中华民族实现千年梦想、具有里程碑意义的大事件，我们正朝着大同社会继续迈进。

"共产"这个概念在古希腊就有，柏拉图的《理想国》所阐述的思想就是让我们永远走向上的路，追求正义和智慧。在柏拉图心目中，将来国王都是哲学王，学哲学的人都很有出路。中国有一个人被西方称为哲学王，那就是毛泽东。毛泽东善于用哲学的方法来治理国家，处理与世界的关系。柏拉图之后1800多年，托马斯·莫尔出了一本《乌托邦》。乌托邦是指没有的地方。这个没有的地方是什么样的呢？财产均等，按需分配，大家穿统一的工作服，一起去吃食堂。所以，这是空想社会主义。在马克思之前，空想社会主义还是相当发达的。在所有对未来社会进行理性描述的学者、思想家当中，谁最全面、最深刻、最具有征服的力量？我觉得就是马克思。

马克思是从历史推导未来，他是发现了规律才预见未来，依据规律来预见趋势，从理性的角度来诠释理想。所以马克思是把理想安放在人间的，他是理性地表达人类幸福的未来。对于未来的共产主义社会是什么状况，马克思总是十分慎重，很少做具体设想和描述，只是总体概括了若干特征：社会生产力高度发展，产品极大丰富，人们各尽所能、按需分配，全体人员都具有高度的觉悟和高尚的品质。列宁曾经用一句话评价马克思，我觉得讲得特别准确。他说："马克思丝毫不想制造乌托邦，不想凭空猜测无法知道的事情。马克思提出共产主义的问题，正像一个自然科学家已经知道某一新的生物变种是怎样产生以及朝着哪个方向演变才提出该生物变种的发展问题一样。"也就是说,马克思是基于实证、基于对客观规律的精准把握,提出了共产主义这个学说。

哈佛大学的经济学教授约瑟夫·熊彼特曾经这样评价马克思,他说世界上有很多很多的学说,有的是一顿饭的工夫就被人忘记了,有的影响100年,最后烟消云散了,但是马克思的思想几经湮没复又出现,一直在影响人类社会的进展。从这个意义上来讲,马克思称得上伟大,"伟大"一词是可以用在马克思身上的。习近平总书记讲,共产党人特别是领导干部,"如果心里觉得不踏实,就去钻研经典著作,《共产党宣言》多看几遍"。纪念马克思诞辰200周年时,习近平总书记作了重要讲话,对《共产党宣言》作出了非常科学、非常精准、非常全面的评价。我们要继承马克思的思想,因为马克思从理性的角度描绘了人类的美好未来。同学们想一想,我们是应该听马克思的呢,还是听那些空想社会主义者或者是宗教人士的话呢?我觉得只要是有头脑的,只要是有思辨能力的,都会相信马克思的学说,信仰马克思主义。

第二,共产主义是极其崇高的价值追求。一提共产主义,很多人都想,共产主义还没有实现,即使实现了,跟马克思当年说的也不一定一样,共产主义好像没什么说服力。实际上,学习马克思主义的人都知道,共产主义有学说,有运动,有制度,有文化,共产主义文化是一以贯之的。共产主义文化是什么?就是共产主义所蕴含的崇高价值。在《共产党宣言》中,马克思、恩格斯指出,代替那存在着阶级和阶级对立的资产阶级旧社会的,将是这样一个联合体,在那里,每个人的自由发展是一切人的自由发展的条件。共产主义作为一种价值观,用最简约的话表达,就是要实现人的全面而自由的发展。我觉得这是人类历史上最简洁、最崇高、最能反映最大公约数的一个表述。很多人问,西方"普世价值"不是很好吗?"民主""自由""人权",这些价值观从字面上来看没什么问题,但是实际上有陷阱,因为被美国和西方纳入了特定的话语体系,带有特定的烙印。

美国如果真的向往自由,它为什么支持达赖喇嘛?达赖喇嘛是搞农奴制的。在新中国成立之前，美国没有一个人去过西藏，也没往西藏打过一个电话、发过一个电报。1945年之前都是英国人在那儿折腾。为什么美国热衷于支持达赖喇嘛，策划他搞流亡政府？就是因为美国将达赖喇嘛作为制衡中国共产党的一个重要力量。搞流亡政府，达赖喇嘛很高兴，搞得规模很大、预算很大，而且到美国去流亡。美国一看这不行，到身边来了。它说你找个近点儿的地方，人少点儿，别花那么多钱，然后就找了印度。如果美国追求自由，为什么支持李洪志？"法轮功"反宗教、反科学、反人类，美国为什么还支持它？因为李洪志还反共产党，所以它就拿点儿钱给李洪志花。大家出国的时候会看到有白人和黑人在那儿发传单、举旗帜，他们都是小时工，10美元站多久，20美元站多久，时间一到他就自己回家了。美国的这些做法都是包藏祸心的。英国相信自由吗？英国本土的民主和自由发育到最成熟的时候，恰恰是殖民压迫最深的时候。英国殖民地面积最大的时候，达到地球陆地面积的四分之一。所以它讲的自由，是部分人的自由：自己有自由，别人没自由；西方有自由，东方没自由；发达国家有自由，发展中国家没自由。直到现在，西方发达国家还是不把发展中国家放在眼里，它们插手世界事务，特别是把中东搞得一片狼藉、血流漂杵、尸横遍野。这哪里是把这些国家的人权放在眼里呢？而马克思讲的共产主义，是全人类的解放，是每个人都可以尽情享受，又可以自由创造，没有压迫，没有剥削，没有异化，是一个美好的世界。

很多人问，共产党不是讲阶级斗争吗？斗争是一个阶段性的手段，是通向自由的过程。哪里有压迫，哪里就有斗争。我们现在要进行伟大斗争，建设伟大工程，推进伟大事业，实现伟大梦想，也就是常谈的"四个伟大"。同时中国共产党人把共产主义价值观跟中华民族的优秀传统完美地结合了起来。可以用三句话概括我们价值观的某些特征。第一，"和为贵"。第二，"和而不同"。君子和而不同，小人同而不和。君子和和气气，和谐相处，每个人都能保持自己的生命本色；小人则是联合起来干坏事。有学者论证，西方推行的全球化是同化，希望大家都跟美国一样。中国主张的全球化是大家都保持自己，都有自己的生命特征，都有自己的文化特质，"和而不同"。这是君子的追求。第三，"和气生财"。买卖不成仁义在，只有和谐才能发展，只有协调才能发展。人与自然和谐、经济与社会和谐、地区和谐、世界各国也要按照人类共同价值观来构建人类命运共同体，这就是和谐发展。所以说，共产主义价值观是人类极其崇高的价值追求。

第三，共产主义是最具现实意义的伟大事业。最早把社会主义和共产主义区别开来的是列宁。在马克思眼里，共产主义和社会主义是一个概念。从这个意义上讲，我们今天的中国特色社会主义就是共产主义的重要组成部分，是不可割裂的。我们要学习习近平总书记的思维方式，他认为理想和现实是不能割裂的。我简单捋了一下，在习近平总书记眼里，理想信念大概有五个层面：第一是共产主义远大理想；第二是中国特色社会主义信念或者叫共同理想；第三是中华民族伟大复兴的中国梦；第四是全面建成小康社会，这个在 2021 年就要实现了；第五是人民对美好生活的新期待。这个概括不一定准确，供大家参考。习近平总书记在同采访十八大的中外记者见面时，讲了一番特别暖人心的话，每个中国人听了都觉得温暖："我们的人民热爱生活，期盼有更好的教育、更稳定的工作、更满意的收入、更可靠的社会保障、更高水平的医疗卫生服务、更舒适的居住条件、更优美的环境，期盼孩子们能成长得更好、工作得更好、生活得更好。人民对美好生活的向往，就是我们的奋斗目标。"在习近平总书记眼里，理想是由远而近、直指现实的，而现实又是由低而高、通向未来的。理想召唤现实，现实向理想迈进，两者是不可分割的。所以说，共产主义是最具现实意义的伟大事业。

第四，信仰共产主义是中国共产党的核心竞争力。不要小看理想信念，对于我们来讲这就是核心竞争力。这么多年来，我们一方面坚持独立自主，把马克思主义同中国实践相结合；另一方面，我们始终坚定理想信念，高举共产主义伟大旗帜，为共产主义执着奋斗，百折不挠。我们可以比较一下，现在世界上共产党性质的政党有 130 多个，党员 1 亿人，中国共产党党员数量最多，有8900万人（2021年6月达到9500多万人），而且有480多万个基层党组织；共产党性质的政党执政的国家当中，中国发展得最好；人口过亿的国家当中，就一个美国的发展水平超过中国，其他都不如中国。

我查了一下数据，苏联刚解体时，俄罗斯的国内生产总值（以下简称"GDP"）占世界总量的2.4%；到了2016年左右，俄罗斯的GDP大概占世界的2.7%。这么多年他们也在努力奋斗，而且制定各种规划，要努力超过德国。经过多年发展，它的GDP占到世界的2.7%，只上升了0.3个百分点。在俄罗斯的GDP占世界GDP总量的2.4%的时候，中国的GDP只占世界的1.6%，很小很小。2016年和2017年，中国的GDP占世界的比重，我取了一个中等的数字——16.1%。还有更高的，按照有些学者的说法，已经超过美国了。我们不采用这么激进的说法，但中国已经稳稳当当坐在世界老二的位置上。这是多么伟大的成就啊！

曾经有台湾记者采访晚年的张学良，记者说按照您的体会、您的阅历，您觉得共产党跟国民党有什么区别？张学良说最大的区别，就是共产党打仗有主题，国民党打仗没有主题。我们的战士，红军、八路军、新四军在冲锋陷阵的时候，知道为谁而死。国民党不知道为谁而死，所以老吃败仗。看看蒋介石，早年也是《新青年》的热心读者，他也读列宁的书，读马克思的著作。这在他的日记当中有记载，他说马克思的书真难读，读来读去读不懂，但是偶尔也心领神会、柳暗花明。黄埔军校的课程，四分之三都是政治课，教人打仗、教人操练的只占四分之一。国民党到台湾第一站是高雄，大家想想看他会干什么？反攻大陆？蒋介石内心不是这么想的，他做的第一件事就是整党，不整不行了。用什么来整党？列宁主义，确定国民党是非民主结构的列宁主义政党。但这个时候为时已晚。蒋介石一生游离于各种主义之间，没有远大理想，所以他节节败退，这是历史的必然。我们想想看，我们共产党不仅打仗有主题，我们的革命、建设、改革都有主题，都有执着的理想信念；不仅共产党自己有主题，而且我们把共产主义理想信念变成全党全国人民团结奋斗的共同思想基础。因为万众一心、众志成城，共产党才能坚不可摧，中华民族才能兴旺发达。所以说，共产主义理想信念是中国共产党也是中华民族的核心竞争力。

上面，我从四个方面跟大家简单交流了一下为什么要信仰共产党。下面跟大家讨论一下共产党的意识形态。我认为，共产党的意识形态有以下几个特征。

第一，包容。共产党是非常包容的政党。党的二大把共产党定义为"为无产阶级做革命运动的急先锋"，十二大通过的党章把共产党定义为无产阶级的先锋队，十六大把共产党定义为既是中国工人阶级的先锋队，又是中国人民和中华民族的先锋队。所以共产党是始终代表中国最广大人民根本利益的政党，它没有自身的利益，不代表小集团的利益，胸怀是非常广阔的。

第二，高效。这个我刚才讲 GDP 问题的时候已经讲过了。

第三，开放。改革开放是我们的关键一招，最早一声春雷开启了特区建设的序幕，五大经济特区、14 个沿海开放城市、沿海开放区、沿江开放港口城市、沿边开放城镇、内地省会开放城市，梯度推进，进而实现全国的全面开放。这个历程是世界发展史上的一个奇迹。我们通过开放引进资金、借鉴技术、学习先进管理经验。今天的开放不仅仅是请进来、引进来，而且还走出去了。现在，要通过改革、通过制度创新、通过营商环境的建设，增强开放的新优势。可以预见，中国的未来是极其美好的。

所以，共产党的意识形态不是一个另类的意识形态，它是包容、高效、开放的意识形态。2008 年，中国成功举办了北京奥运会，开始逐步走向世界舞台的中心。倒是美国现在很闭塞。美国原来是主张全球化的，是全球化的举旗者，2018 年来了一个大转折，开始搞贸易保护主义、搞单边主义了，每四天就出台一个关于退出某个国际协定或者是加强美国贸易保护的文件。美国还对共产党搞歧视，搞贸易调查，调查这个单位有多少党员、多少党组织、多少天开展一次活动。我们共产党人是非常开放的，你搞你的资本主义，我们生意照做。但是在美国人眼里，你搞了共产主义，我就不跟你做生意。这是逆潮流的。

另外，跟大家介绍一下当前的意识形态形势。总的来讲形势不错，党心民心凝聚，主流媒体、主流声音影响力增强，海外看好中国的声音明显增多，总体上是向上向好。同时斗争依然激烈。一方面，文化交融交锋日趋激烈。不仅有交融，而且有交锋。大家要明确，意识形态斗争总是从文化领域切入，文化是意识形态的晴雨表。从新闻角度来讲，美国的 NBC、CBS、ABC、CNN 这几家公司发布的新闻数据和信息量，是世界上其他国家的 100 倍，是中国的 1000 倍。我们现在搞大数据技术、大数据分析，如果分析一下舆论传播的大数据，在全世界用汉语形成的新闻大数据仅占 5%。所以我们要把握意识形态的主导权，夺得我们的话语权。如果没有信息传播，没有对外的信息投放，我们的话语权怎么得来？所以这个任务很重，可以说是任重道远。

另外，大家可能也注意到了，美国从 20 世纪 50 年代就有一个对华工作"十条诫令"，提出要尽量用物质来引诱和败坏他们（指中国）的青年，鼓励他们藐视、鄙视并进一步公开反对他们原来所接受的思想教育，特别是共产主义教育；为他们制造对色情产生兴趣的机会，进而鼓励他们进行性的滥交；让他们不以肤浅、虚荣为耻；一定要毁掉他们一直强调的刻苦耐劳精神；一定要把他们青年的注意力从以政府为中心的传统引开来，让他们的头脑集中于体育表演、色情书籍、享乐、游戏、犯罪性的电影以及宗教迷信；等等。这个是有顶层设计的，并且已经做了几代人的工作了。美国是这么说的，也是这么做的。我们每年扫黄打非，打掉色情网站四五百个，90% 都是来自西方，90% 当中 50% 多都是来自美国。另一方面，国内错误思潮此起彼伏：用新资本主义解构深化改革；把搞混合所有制、建立现代企业制度说成是新自由主义；用西方的"普世价值观"消解社会主义核心价值观；通过网络利用各种方式歪曲中国的历史，让你不相信自己的历史，不相信自己的英雄，概括来说，就是虚无历史、矮化英雄、扰乱人心、制造意识形态事件；还抹黑反腐倡廉，散布新版本的"中国崩溃论"。

很多人，包括极少数党员领导干部，不问苍生问鬼神。有一个副部长，身上老挂着桃符，因为有人告诉他挂个桃符胆子可以大一点；有一个人背后老摆块大石头，意思是我有靠山，我怕谁；有人老在迁祖坟，据说还有人给自己修了一个坟墓，装上空调，里面可以打麻将。浦东干部学院曾经调查领导干部的信仰，信风水、信算命的很多，数据不容乐观。腐朽思想在明星当中也有所表露，明星吸毒嫖娼属于多发事件。

还有，"颜色革命"蠢蠢欲动。我记得 2011 年，美国就准备导演北京的"茉莉花革命"。美国驻华大使在王府井走两圈，叫了一帮西方的摄影摄像记者，把机器一架。很多逛街的人以为是拍电影或是有什么新闻，就在那儿看，最后被他们拍下来，说中国发生了街头革命。美国就是这样无中生有来制造混乱的。我们连夜起草宣传提纲来稳定舆情。美国在中国搞"颜色革命"很难得逞。为什么？我们警惕性高，我们的思想比较牢固，而且防备系统也比较健全，社会主义制度有很多优势是他们想象不到的。但是我们对"颜色革命"也要重视。"颜色革命"有剧本，美国就出了一本《从独裁到民主》的"颜色革命"、街头革命的剧本，它有战略规划，提前想好了对策。谁在导演？就是NGO。主演是谁？就是美国在各个国家的代言人，这些人都是经过长期考察的。美国看准了一个人，就给你投钱，让你闹点儿大事。然后选群众演员。没有群众演员，光杆司令也唱不好这个戏。群众演员当中，年轻人是比较多的。格鲁吉亚有个组织叫"受够了"，乌克兰的组织叫"是时候了"，吉尔吉斯斯坦的叫"我知道"，白俄罗斯的叫"大学生在行动"。他们蛊惑年轻人，然后投入资金，因为没有钱是闹不起来的。香港的"雨伞革命""占中行动"，也是有团体提供财力支持，最后钱花完了，闹事的人就回家了。所以我们不能小看"颜色革命"，要提高警惕，因为他们有剧本、有导演、有主演、有群众演员、有资金。

现在，网络成为意识形态斗争的主战场。习近平总书记反复讲，人往哪儿聚，我们的工作重心就要朝哪儿转移。现在网络聚集了多少人？网民7.51 亿人（2021 年 6 月达到 10.11 亿人），手机网民 7.24 亿人（2021 年 6 月达到

10.07 亿人）。我去腾讯调研，他们告诉我，目前我国微信用户 10 亿人，QQ 用户 3 亿人。可以说，现在新媒体的用户量是非常惊人的。2016 年的时候，我让搞大数据的把《北京日报》64 年来产生的数据梳理一下。64 年，《北京日报》生产了多少字？9.87 亿字，我估计现在到 10 亿了。美国的《纽约时报》50 年生产了多少英语字符呢？30 亿。推特一天生产多少字符呢？80 亿。也就是说，推特一天生产的字符超过了《纽约时报》半个世纪生产的字符。我们现在一天生产多少条信息？300 亿条。微信一天生产多少条信息？120 亿条。所以，网络形成了新的舆论场。

习近平总书记早就提出，我们要加快发展手段先进、形态多样、具有竞争力的新型主流媒体。人家都在网上了，你主要精力还在搞传统的媒体，那就慢了半拍。当然，党报还是要办好，但仅有报纸就不行了，必须推进媒体的深度融合，一体两翼、比翼齐飞。要不断扩大我们党媒体的影响力、覆盖面，这样才能有强大的舆论引导能力。现在，舆论变成了一种政治动员力量，它具有社会动员能力。如果舆论掌握在别有用心的人手里，它可以将个人诉求夸大为群体关切，把发展问题说成是制度问题。比如，大家生活在北京，北京有雾霾，这是事实，但是北京的雾霾可不是世界上最严重的，世界上污染比较重的城市当中，北京排名是靠后的。印度的新德里每天污染都爆表，美国不去关注它；如果中国有个爆炸，忽然来个塌陷，死几个人，美国操控网络舆论都可能把它引申为共产党领导的结果。因此，我们一方面要加强网络空间的治理，另一方面要加快自己网络话语权的建设，确保我们的意识形态能够朝着正确的方向发展。所以说了半天，意识形态的本质是什么？表象是文化，焦点是制度。说文化不是在说歌舞升平的事情，也不是在跟你讨论哲学，它聚焦于你的制度，说你的制度不行，实质是要动摇、分割你的利益。像美国这样的国家，只要能从你这里得到利益，什么都敢做。所以，意识形态表面是思想文化，根本是国家利益。

意识形态没有局外人，事关我们在座的每一个人，事关每一个老百姓。

如果共产党被瓦解了，中华民族伟大复兴的进程终止了，是不是每个人的福祉都烟消云散了？共产党的意识形态是一种积极的意识形态。为什么这么说呢？一种意识形态如果在发展实践中被证明是有效的，那它就不仅仅反映了政党利益，而且代表了国家利益、全体人民的利益。宣传工作，实际上就是意识形态工作。我总结了一下：第一，意识形态没有局外人，不要以为意识形态就是搞政治的人搞搞，宣传部长搞搞，不是，它事关每一个人的利益，事关国家利益、人民福祉。第二，意识形态不能试错。我们搞科技创新、大众创业、万众创新，我们优化营商环境，可以有容错、试错的机制，错了再来，没事。但对谣言、反动观念、颠覆我们制度的行为，是不能试错的。第三，要防止资本控制舆论。现在，很多民营的网络公司新媒体阵地很大。我到腾讯去调研，跟他们交流了三个想法。首先，我说你现在生产内容，1000 多种内容，就不是个普通的平台，而是具有媒体性质的平台，所以你就不能仅仅是一个企业家，而要具有政治家的站位。当然，不是要你来当官，而是要有政治站位，心中有大局，心中有方向，心中有定力。其次，要把追求产值、经营产业跟发展事业统一起来。产业是你自己的，但是事业不一定，它也是党和国家的，你要把追求产值跟传播价值统一起来。财务报表上的利润可以上涨，但是传播的价值必须是正能量，必须是主旋律。最后，满足需求跟服从需要统一起来。搞文化生产、文化建设、媒体传播，不能简单地满足需求。我们一方面要满足老百姓阅读欣赏的需求以及娱乐、抒情、审美、学习的需求，另一方面要通过文化传播、文化建设构建我们的精神家园，夯实我们共同奋斗的思想基础。这是党执政的本质要求。它跟老百姓的需求本质上是统一的，但具体到某一个服务、某一个产品，不一定是一一对应、实时咬合的。网络公司、网络平台既要满足老百姓的需求，又要服从党长期执政的需要。这就是政治站位。《今日头条》的总编辑跟我见面，他说他们很有社会责任感。我说光有社会责任感还不行，还要有政治责任感。搞媒体必须要讲政治，旗帜鲜明讲政治，一点不能含糊。

我们现在 50 多岁，对年轻人的需求已经掌握得不那么精准了。网络上有很多稀奇古怪的现象，比如游戏，大家玩得很上瘾，在游戏里用真正的钱买虚拟的刀。买一把屠龙刀需要多少钱，你们有知道的吗？ 50 万元！买到屠龙刀就可以在游戏当中随便杀人。有一个网络公司的老总，说有一个人想给他账户上汇 120 万元买装备，他想来想去没有卖。还有卖皮肤的，哪一种皮肤看上去更鲜艳、更亮丽、更能抓住人的眼球，就卖得比较好。据说赵云的皮肤，腾讯一天就卖了 1.5 亿元。还有抖音、快手这些网络视频平台，首先内容要积极健康，不能搞庸俗下流的东西，也不能过度占用年轻人的注意力，因为有很多正事等着大家去做呢，如果一天到晚就拿着手机看，看抖音、看快手，一个人就会走到坑里，掉下去了。注意力是最重要的资源，我们年轻人要集中注意力，把自己的功课学好，将来才有能力创业，做更大的事情。如果整天沉迷在游戏当中，沉迷在抖音、快手的视频当中，这不是一种好现象。我跟网络公司讲，你们要把需求和需要结合起来，不能过度创造新的需求。所以，当腾讯公司跟我讲他们还有很多新的技术准备投放，我说你们投放一种新的产品，必须确保有能力把它管住，管不住就不要去投放。如果管不住，就不仅仅是毁几个人，不仅仅是受众受到影响，往大了说，我们民族文明进步的脚步都会受到阻碍。这是一个很重的政治责任。因此，每一个从事文化内容生产、媒体传播事业的人，都要把社会责任、政治责任牢牢地扛在肩上。

/ 三 /

下面，我们一起探讨一下新时代文化建设的着力点。

习近平新时代中国特色社会主义思想，是马克思主义中国化的最新成果，是党和国家必须长期坚持的指导思想。我们不仅将其载入了党章，还通过修宪把新思想载入了宪法。习近平新时代中国特色社会主义思想是当代中国的马克思主义、21 世纪的马克思主义，也是中国精神的时代精华。其核心要义是什么？就是中国特色社会主义。其核心内容是"八个明确""十四个坚持"，这是习近平新时代中国特色社会主义思想的"四梁八柱"。总任务是实现社会主义现代化和中华民族伟大复兴。为了实现这个总任务，我们有"五位一体"总体布局、"四个全面"战略布局。不断完善和发展中国特色社会主义制度，推进国家治理体系和治理能力现代化。

习近平新时代中国特色社会主义思想把指导思想和行动纲领统一起来，从理论和实践相结合的角度引领中国未来发展方向。它博大精深，我今天不能作全面的阐释，就跟大家一起讨论以下几点。

第一，新思想是中国特色社会主义文化建设的逻辑起点，是当代中国意识形态的主题和核心。

改革开放以来，我们党全部理论和实践的主题是中国特色社会主义。中国特色社会主义最本质的特征是什么？是中国共产党的领导。中国共产党是怎样去领导的？党对一切工作实行全面领导，要全覆盖，负总责。要实现党的全面领导，关键是什么？就是要维护党中央的权威和集中统一领导。要实现党中央的权威和集中统一领导，最大的前提是什么？就是要维护习近平总书记党中央的核心、全党的核心这个地位，牢固树立"四个意识"，特别是核心意识。很多人在问：为什么要提核心？为什么要树立核心意识？我认为理由有三：其一，树立核心是马克思主义政党学说的基本要求。马克思有大人物论，认为每个社会、每个时代都需要自己的大人物；如果没有这样的大人物，这个社会、这个时代就要把他创造出来。恩格斯有权威论，说政党就好比在大海上航行的巨轮，如果没有一个权威，没有一个舵手，它就会淹没在汪洋大海之中。列宁有领袖论，他说任何一个阶级，如果不推举出自己的领袖，就不可能取得成功。群龙无首，怎么可能干成事？毛泽东也讲，一个桃子剖开来有几个核心吗？不，只有一个核心。要建立领导核心，反对一国三公。好像大家都在做主，实际上谁都说了不算。邓小平很明确，他说没有核心的领导是靠不住的。其二，我们党90多年的历史证明：有核心，党的事业就会发展，我们就会从一个胜利迈向另一个胜利；没有核心，党的事业就会停滞甚至倒退。毛泽东成为党的核心之后，中国人民的解放事业就开始从一个胜利迈向另一个胜利。大家注意，并不是每一个总书记、每一个国家主席都能成为核心的。其三，党的十八大以来，以习近平同志为核心的党中央治国理政的实践证明，习近平同志已经成为全党拥护、人民爱戴、当之无愧的党的核心、军队统帅、人民领袖。所以有这么一个核心，是人民之福、民族之福。

新时代坚持和发展中国特色社会主义，必须坚持党的领导。为什么？我认为起码有以下两个原因：其一，中国特色社会主义最本质的特征是共产党的领导，党是领导一切的。这就说明我们不会去搞多党轮流坐庄，不会搞"三权分立"，不会搞联邦制。西方搞多党制，实际上是多党轮流坐庄，是党派之争。中国历史上有一个时期是类似联邦制的，就是战国时期，最后东周王朝想开一个会议都开不起来。其二，中国共产党是中国最高政治领导力量，当今中国没有任何一支政治力量可以代替中国共产党。没有共产党就没有新中国，共产党始终在为人民谋幸福，为民族谋复兴，为世界谋大同。只有共产党能够实现社会主义的本质要求：公平、正义、共同富裕、全面发展，其他哪个党派都做不到。

第二，以中国梦来凝心聚力。中国梦是我们看得见、摸得着的，它承前启后、近在眼前，要以中国梦来凝心聚力，实现国家富强、民族振兴、人民幸福。改革开放以来，我们的强国目标实际上可以分为五个阶段：第一个阶段是到 1990 年；第二个阶段，2000 年初步实现小康；第三个阶段，2020 年全面建成小康社会；第四个阶段，2035 年基本实现社会主义现代化；第五个阶段，到本世纪中叶，也就是 2050 年，我们要建成富强民主文明和谐美丽的社会主义现代化强国，实现中华民族的伟大复兴。到这个时候，中国梦基本上就能实现了。与邓小平讲的"三步走"——温饱、小康、中等发达国家水平相比，我们加快了现代化的进程。

中国梦是三个指标：国家富强、民族振兴、人民幸福。如果细化一下，还可以从以下四个方面来理解。

第一个是江山永固。中华民族要实现伟大复兴，首先要守得住江山。如果山河破碎、国土分裂，就谈不上复兴。所以，我们要寸土不丢，要有能力捍卫自己的祖国。在历史上，我们强大的时候，国土都是非常辽阔的，虽然没有准确的数据，因为每一个朝代、每一个时期都不一样。汉代，汉武帝开疆辟土，北伐匈奴，东并朝鲜，到汉明帝时期，国土面积达到 1050 万平方公里。唐代的国土面积最大的时候是 1251 万平方公里。元代国土面积更大，能够实际治理的达 1680 万平方公里。清代国土面积也非常大，我曾经整理过一个数据：1200 万平方公里。北京社科院的一个历史学家看到我的讲稿，给我打电话，说清代的国土面积起码有 1400 万平方公里。国土完整、祖国统一是中华民族复兴的保证，我们要牢固树立国家意识、国防意识。所谓的"台独""藏独"都是痴人说梦。

第二个是民族团结。中华民族的历史是 56 个民族共同创造的。几千年来，各民族之间通过战争、册封、贸易、迁徙、国家统一等各种方式不断交往交流交融，形成了中华民族大家庭。要继续加强民族团结，56 个民族要亲如一家，共同创造灿烂的中华文化。

第三个是国力强盛。GDP 当然不是主要目标，但是国力不强盛，就谈不上复兴。英国有个著名的历史经济统计学家麦迪森，他写过一本书叫《世界经济千年史》，罗列了世界各国经济 1000 年间的表现。他觉得中国还是很不错的：公元零年，中国的 GDP 占到世界经济总量的 26.3%，怎么算出来的我也不知道；公元 1500 年，中国的 GDP 就是世界第一了；公元 1820 年，中国的 GDP 占到了世界经济总量的 32.9%。这个时候，欧洲 12 国的 GDP 加起来，也就占世界经济总量的 12%。可见当时中国的 GDP 是很强的。但是光靠 GDP 有没有用？我觉得不全部管用。习近平总书记在视察中关村时就发表过重要讲话，提到中国历史上有好几次战争都是在 GDP 比别人高好几倍的情况下打败的。比如鸦片战争时，英国的 GDP 仅是中国的八分之一；甲午战争时，日本的 GDP 仅是中国的四分之一。当然，也有人说，麦迪森的估算不准确，他高估了中国的经济实力；而且，中国古代 GDP 之所以能长期居于世界前列，完全得益于人口众多，如果按照人均 GDP 计算，中国明显处于劣势。

大家都知道，英国有一个使节马嘎尔尼，1793 年率领一个庞大的使团来到中国给乾隆皇帝贺寿——也有人说马嘎尔尼根本不是来给乾隆皇帝贺寿的，只是到的那一年刚好赶上乾隆皇帝八十寿辰，中国的地方官员为了讨好皇帝，就说这些英国人是来贺寿的。他提了七点要求，都被乾隆皇帝驳回了。他提出要和中国通商，乾隆皇帝说，我们地大物博，不需要。他又说俄罗斯人在北京有一个使馆，我也想在这儿建一个使馆，可以不可以。乾隆也驳回了。乾隆说，你们有自己的皇帝，弄几个人在北京，天天想家，不好。他还带了很多礼品，地球仪什么的，都很先进。乾隆觉得是贡品，不是外交礼品，收下来之后，还看不起对方。这个人从南到北考察了中国，得出结论说：中国外强中干。后来就是几艘英国的舰艇、一些英国人加上印度人，发动了鸦片战争。到了道光时期，中国被打败之后，皇帝还在奏折上批呢，说英国在哪里，不知道；英国人为什么要卖鸦片给我们，不知道；英国怎么是个二十几岁的姑娘在那儿当皇帝（英国女王）？她结婚了没有？光瞎操心了，对世界一无所知。可见，国力强盛不光是经济总量，而是一个国家的综合实力。

没有科技，发展是非常艰难的。1800 年之前，人类经济要翻一番，需要1400 年，每年 GDP 的增长约 0.05%；有科技的驱动后，就非常快了，中国的经济 10 年翻了一番。中国在鸦片战争中失败，当然是因为清朝的腐败。我研究了一下，我们之所以打不赢，还有一个直接的原因，就是科技落后。我们的炮台布得很密，但是都是固定的炮位，船只如果左右移动，就打不着了；我们的炸药还停留在鞭炮的水平，杀伤力比英国的差好几倍；另外，我们的步枪要用明火来点，而英国的枪支早已是自动点火。种种迹象表明，科技落后也是鸦片战争失败的重要原因。我们现在要实现中华民族的伟大复兴，要推动国家实力不断增强，就要把科学技术作为第一生产力，像现代航空发动机、芯片等，这些国之重器一定要举全国之力研究出来。习近平总书记早就讲了，关键核心技术是要不来、买不来、讨不来的。中国要强大，除了 GDP 要上来，还要调结构、转方式，推动建立现代化的经济体系，建立实体经济、科技创新、现代金融、人力资本"四位一体"相互协调的产业体系。要建立宏观经济体制有活力、微观经济主体有效率、政府宏观调控有力度的经济制度。

第四个是文化昌明。一个男生如果光有肌肉，没有文化，女孩子也看不上你。一个国家也是这样，不但要有力量，还要有魅力。发展文化、实现文化繁荣发展、构建自己的软实力，就是增强魅力。没有软实力，硬实力发展到一定阶段就会停滞，甚至会减弱。如果大家来不及全部读完《资治通鉴》的话，可以读读《贞观之治》。从公元 626 年到 649 年，那是一个刚柔相济的时代，唐太宗开设了文学馆，有 18 学士，都是大家，荟萃人才，开拓文化。结果那些部落、小国家纷纷归附，可谓近悦远来。所以说，唐太宗得天下不都是靠打下来的。比如贞观五年（631 年），康国请求归附唐朝。康国离长安很远，和唐朝来往非常少。唐太宗开始很高兴，最后一想这事不行，康国归附万里之遥，劳民伤财，他就没同意。我们中国有个少数民族叫柯尔克孜族，唐代称其为"结骨"，《资治通鉴》上讲，他们是"赤发绿睛"，长得又高又大。这个部落的酋长来了之后，唐太宗请他吃饭，酒过三巡，面红耳热，唐太宗觉得这些少数民族的酋长们自己归附唐朝，是国家繁荣的象征，高兴得不得了。这是中国人的治理观。可见，"软实力"的概念中国早就有。中国要发展、要强大，一定要发展自己的软实力，要建立繁荣、有影响力的文化。

江山永固、民族团结、国力强盛、文化昌明，这四者是统一的。经济、政治、文化、社会、生态文明协调发展，我们才能更强大，才能达到富强民主文明和谐美丽的目标，才能实现中华民族伟大复兴。

第三，核心价值铸就灵魂。新时代标定了文化发展的坐标，我们要努力推进新时代文化的发展。首先，党和国家迫切需要文化发展进步、引领支撑。其次，我国社会主要矛盾发生变化，迫切需要文化高质量发展。最后，我国日益走近世界舞台中央，迫切需要增强文化软实力。

文化这个概念是最说不清楚的。我在北京西城区当宣传部长的时候，西城把四合院、王府看成是文化，海淀把电脑作为文化，平谷地区把大桃作为文化，我们都在推动文化建设，但是说的不一定是一件事情。不仅中国如此，外国也是如此。美国学者洛威尔说过一句话：除了不在我们手上，文化无处不在。文化的问题如此复杂，我觉得文化学者要负一定的责任，他们在定义文化的时候，把文化的本质和文化的载体混淆了，仿佛全世界所有东西都是文化，但又无从研究、无从建设。从本质来看，我个人觉得文化是指向心灵的，是精神层面的价值和意义。文学艺术之所以被称为文化，是因为它们用文字、色彩、线条描绘了人类心灵共同的欲求。物质环境被称为文化，是因为这个物质、这个器物、这种环境或多或少反映了人的想法，体现了人的本质力量，人的价值通过物质形态表现出来了。如果山上滚下来一块石头，不精致，没有打磨，没有意义，你把它称为文物，别人肯定会笑话你。所以我们研究文化，一定要把文化的本质和文化的载体区分开来。

在座的各位都很有知识，但是我不能直接称大家为知识，大家是教授，是博士，是老师和学生。美妙的音乐通过二胡、小提琴、钢琴弹奏出来，但是我们不能直接称这些乐器为音乐，它们是演奏音乐的工具。所以，关于文化建设，我觉得以下三点值得大家关注。

其一，在文化建设过程中，价值是靠载体传播的。我们搞文化建设，推动文化发展繁荣，没有文化产品怎么繁荣？美国有文化霸权，所谓霸权就是领导权，它的文化有人在欣赏，它的文化有主导权。在文化竞争的格局当中，美国领导欧洲，西方主导东方，中心主宰边缘，这是西方学者说的。虽然西强我弱的形势现在正在逐渐扭转，但美国还拥有文化霸权。美国文化是怎么强大的？美国从来不给我们发红头文件，但是它通过世贸协定要求我们每年看三十多部好莱坞电影，它的跨国公司的产品成为它的文化产品，企业家成为它的文化的代言人。这给我们一个深刻的启示：要搞文化建设就要搞文化生产，不但要生产文化产品，而且普通的消费品也要具有民族特征和文化素质，使其成为文化的产品，具有文化的价值，这样我们才能把中华文化推向全球。

其二，载体只有蕴含价值才是文化载体。我们统计文化产业的时候，口径太宽。有一次，我在北京跟领导干部作交流，其中正好有一个国家统计局的领导，他跟我讲，现在已经改变了，之前都是把跟文化直接相关、间接相关的产品、器材、设施都统计为文化。我们的文化产值有时候很大，但是这个产值只能表明它的经济意义，不能直接反映我们的文化软实力有没有提升。英国前首相撒切尔夫人是很精明的，她是新自由主义忠实的践行者，在她执政期间，英国的公共产品很多都卖给私人了：铁路卖给私人了，邮局卖给私人了。但是英国有两样东西不卖：一是白金汉宫，二是BBC。BBC是英国的喉舌，是英国文化传播的工具，是有生产价值和意义的，这个不能卖。她还说过让中国人很不高兴的话，她说永远不要害怕中国人，中国人只能生产电视机，而不能生产电视机里面的内容。如果我们只能生产电视机，而不能生产播放的内容，那我们搞文化建设意义何在？如果一直这样，是不可能达到我们的目标、形成我们的文化软实力的。这就提醒我们，搞文化产业，搞文化事业，一定要生产内容，要创造意义，要传播价值，不能只搞房地产、开火锅城。

其三，价值和载体不是一一对称的关系。生产一种价值，并不是只能靠一种载体来表达，一种载体也不是只能表达一种意义，往往产品越抽象，可能蕴含越丰富。人们可以根据自己的阅历、知识、经验、想象力来对每一个新产品作出与众不同的解读，1000个读者就有1000个哈姆雷特，1000个观众就有1000个林黛玉。毛诗大序中有一段特别经典的话：情动于中而形于言，言之不足故嗟叹之，嗟叹之不足故咏歌之，咏歌之不足，不知手之舞之，足之蹈之。说一种感情从内心萌发，我们用语言把它表达出来，"言之不足"，通过写、说已经不过瘾了，我长吁短叹、长啸一声也是抒情。嗟叹之不足，那就放声歌唱，长歌当哭，最后是手舞足蹈，或者干脆让我们跳舞吧。在古人心目中，跳舞是最具抒情意味的表达方式。

一种感情可以有多种表达方式，一种价值可以有多种载体，所以我们的文化创新创造要始终紧扣社会主义核心价值体系、社会主义核心价值观，通过寻找新鲜的素材、寻找感人的细节进行新的文化创造，这是我们文化生产和创新的一个本质要求。我初步的体会就是，我们搞文化研究，实际上是通过载体来寻找文化价值，这个过程就是文化研究。文化建设是什么呢？就是为价值寻找合适的载体，为社会主义核心价值观寻找各种各样的为老百姓喜闻乐见的载体。什么是文化传播？就是让价值随同载体影响世界每一个角落。

文化的投入与产出、文化的创造有很多特点。很多地方在搞文化产业、文化建设、文化生产的时候，比较着急，觉得这跟普通的经济生产、商品生产是一样的，一手钱一手货，早上投入，晚上产出。这是不对的。文化的投入与产出有三个特点，也可以叫"三此三彼"。一是此时投入，彼时产出。今天投入，今年不一定见得到收益，甚至明年也见不到，10年也见不到，但是天长日久，就会有源源不断的收益。比如长城、故宫、金字塔、罗马的斗兽场，在当年它们也许没有多少文化收益，但是时光让这些建筑获取了文化价值，你看看今天有多少人进故宫，多少人去看金字塔，多少人去罗马的斗兽场，收益源源不断。所以我们搞文化创造不能急功近利。习近平总书记讲，我们今天在享受前人的遗产，也要为后人留下遗产。所以，我们今天搞文化创造，一定要精致，一定要有精品意识，着眼于为后人留下遗产。

二是此处投入，彼处产出。文化投入，直接投入的地方不一定有收益，但文化设施周边的收益却可能源源不断。北京大学是国家办学，投入很大，北京大学周边的地价、房价就很高。北京有北京大学、清华大学、北京科技大学、北京理工大学、北京航空航天大学，等等，有这么多大学，还有很多重要的文化设施，如国家大剧院等，这个城市的底蕴变得更加深厚，城市整体升值。所以，这也是一种文化投入与产出的关系。

三是此种投入，彼种收获。前几天，搞文化产业的同志跟我讲，很多文化企业要政府补贴，要让它承担社会责任，实现社会效益和经济效益相统一。

我就跟他们说，宣传部就是花钱搞宣传，文化企业就是靠赚钱搞宣传，赚不到钱，它就别干了。但宣传系统、教育系统、其他从事公益文化生产的系统，都是花钱的，要花财政的钱，虽然它不一定能挣到钱，但是它有产出。我们搞精神文明建设，搞意识形态建设，如果真正巩固了马克思主义在意识形态领域的指导地位，巩固了全党全国人民团结奋斗的共同思想基础，这个钱花得就值，而且可以继续花下去。所以对于文化投入，我们要具有长远的眼光，要掌握它的规律，要从长计议。但也不能说从长计议我就不管了，放一放，那也不行。一方面只争朝夕，一方面从长计议，履行好今天的每一份责任，把事情做得更加扎实、更加有效。

第四，着力构建大宣传工作格局，共筑美好精神家园。这是习近平总书记在"8·19"重要讲话当中提出来的。我将其总结为三个"大"。

第一个是大家一起上。现在很多东西都喜欢跟"大"挂钩，该大不该大可以讨论，但是宣传一定要大，一定要大家一起上。我们的宣传系统、教育系统，我们的党政领导干部，都应该关心宣传文化事业，而且要一把手亲自抓。我在西城工作的时候就说，我是第三宣传部长，第一宣传部长是区委书记，第二宣传部长是区长，第三宣传部长是我。我是小宣传，我的小宣传通过规划、通过服务来推动大宣传。宣传工作是无处不在的，思想政治工作也是无处不在的。为了完成一项重要任务，比如动员开工、动员救灾，领导干部的讲话，前三页都是宣传，要把意义讲清楚，到底为什么而干；前三页讲不清楚，这个事情做不成。要做到讲政治，领导也需要有宣传意识。首先，要重视宣传，跟党中央保持一致。很多人认为搞宣传就是把自己的事鼓吹出去、抖搂出去。如果自己有什么好的经验，当然要宣传，但是宣传部、宣传处的基本职责、第一任务是宣传党的科学理论，让我们各个层级的党委、党组在第一时间跟党中央保持一致，向总书记看齐。其次，重视宣传说明你重视软实力建设，是一个有魅力的领导。光会用权不是最好的领导，要善于把权力转化为权威，转化为威信，转化为你的魅力，要通过无形资产来治理。在管理学上，管理和领导是两个概念，管理是保值增值，领导就要通过文化、通过魅力来调动团队，使团队整体提升。再次，重视宣传，说明你善于追求新知识，善于用智慧领导大家。如果宣传部长天天说一样的话，大家会觉得非常乏味，所以要学新理论、新知识，要与新时代同步，与新思想同步，要与人民对美好生活的追求同步，这样的领导才是合格的领导。

第二个是大尺度。不能关起门来搞宣传，特别是在北京这种地方，中央单位多、驻区的单位多、外来人口多，要夯实共同奋斗的思想基础，如果只把几个认识的人思想基础夯实了，其他不认识的随他去，那是极不负责任的。所以我们要有大尺度的宣传，在区域内充分运用各种机制。你是外来的，我有触角，能延伸到你那儿；你是中央单位，我可以通过各种协会、学会、联谊会的方式把你团结起来；你没有北京市的身份，我赋予你一个身份，你就被团结过来了，就会关心北京的发展。总而言之，就是要有大尺度的宣传，视野要宽，境界要开阔。

第三个是大众化的宣传。习近平总书记指出，宣传马克思主义，就要让马克思讲中国话，让大专家讲老百姓的话，把基本原理变道理、根本方法变办法。这里面是很有学问的，是大有可为的。习近平总书记在"8·19"重要讲话中对我们提出要求，一方面要旗帜鲜明，要大胆地举旗亮剑，这是看得见的宣传，另一方面也要做看不见的宣传，善于把你的态度、动机、趣味隐藏在故事、情节、细节背后，让受众看了之后、读了之后潸然泪下，恍然大悟，这才是真正的润物无声的宣传。看不见的宣传才是高手。习近平总书记曾经举例，他说美国好莱坞有些电影，你以为它没有意识形态？你以为它没有美国优先的表达？实际上它都有。我曾经看过一个叫《2012》的电影，讲世界末日，地动山摇，海平面上涨。这里面谁最先发现世界末日的？是美国的科学家。谁最先安排在中国的西藏制造诺亚方舟的？是美国人。是哪一个国家的总统不愿意到诺亚方舟上来，不坐空军1号，要跟老百姓同生死的？是美国的一个黑人总统。全世界都在讨论让谁上诺亚方舟、不让谁上诺亚方舟的时候，美国的总统，一个黑人，毅然地选择跟市民在一起。这个电影有没有美国的价值观？它是有的。前几年搞电影节，北京市把卡梅隆请过来，在北京饭店聊天的时候，他说中国人特别喜欢《泰坦尼克号》，特别是 3D 版的《泰坦尼克号》，他就提出能不能搞一个 3D 研究所，推动 3D 事业发展。他说的时候我在想，中国人不是喜欢 3D 事业，而是喜欢这个故事，因为它太感人了。邮轮在大西洋行驶时撞到了冰山，千钧一发、危在旦夕之际，船长、船员镇定地把妇女儿童送上救生艇，毅然返回自己的工作岗位。人都站不住了，摇摇晃晃，但演奏者仍穿着燕尾服，很镇定、很潇洒地演奏乐曲。特别是两位主人公，已经掉在海水当中了，抱着小浮木。如果两个人都抱着这根浮木，两个人都会死。男主人公放手还是不放手？他认识那个美女没几天，但是他作出了正确的选择，他说了一句话"答应我，你一定要好好活下去"，然后毅然松开双手，慢慢沉入无边无际的大海。这一幕感天动地，无数人为之落泪，"答应我，你一定要好好活下去"成为道德世界的最强音。

好几年前我看到一个帖子，说如果泰坦尼克号上都是中国人的话，早就乱成一团了：发现船马上要沉了，船长会慌慌张张地走到头等舱最高首长那里，说船要沉了，我给你准备了一个救生艇，我们从边上悄悄过去。然后通知手下，局长、处长、科长，按级别慢慢通知。还没通知完，船就裂为两半了。一会儿衣服漂上来了，一会儿水桶漂上来了，一会儿妇女儿童冰冷的尸体漂上来了。这是道德的悲剧。这个帖子很深刻，当时我在想，写这个帖子以及跟帖的人，对中国只知其一不知其二。中国是有一些人不讲法律、不守规矩，但是从民族整体来看，中华民族是伟大的，每当有困难、有灾难的时候，都有人挺身而出，无数抗震救灾的故事都证明了这一点。

前几年，北京电视台《档案》栏目讲唐山大地震的故事：1976 年 7 月 28 日，唐山发生了 7.8 级的地震。这时候在煤矿深井 400 多米处，还有 1000 多人在工作，领头的是个退伍军人。当时地动山摇，眼前一片漆黑，他的第一个念头就是要把这些人安全疏散出去。但是从最远的地方走到通风口，千回百折。于是成立了两个组织，一个是党支部，一个是指挥部，两个组织开了一个短会，研究如何撤离。经过简短的讨论，决定帮忙的人先撤。为什么？因为他们是客人。一线采煤的工人接着撤。为什么？因为他们最辛苦。然后临时到井下来帮忙的干部先撤。为什么？因为他们不懂得井下生存的技巧。然后是一般工人，然后是总指挥部的人，然后是他自己。撤离的时候有两个要求：一是老年人要有青年人的搀扶，二是女同志一定要有两三个男同志协助，前拉后推，一个都不能落下。大家知道，由于地震，深井设施已经无法作业，走到通风口，垂直100米的铁梯冰凉，如果没有专业设施，爬上去也有可能掉下来。在后来的撤离过程中，尽管前拉后推，很多女同志爬到三分之一仍喊着要下去。在他的指挥下，撤离有序展开。到早晨八点半，他最后一个撤离。他的脑袋刚刚露出地面，全场齐声欢呼。他一言不发，两泪双流。这时候，他一方面是说不出话；另一方面，这个时候也不需要说话，因为整整五个小时的撤离过程，证明了他是一个男人，是一个响当当的中国人，是一个优秀的共产党员。我看了这个故事之后，对唐山人有了更多好感，由衷地崇敬，他们太了不起了！对我们民族更增加了一分自信。中华民族了不起，在生死攸关的时刻，我们的党员、领导干部、男同志，把生的机会留给了客人，留给了最辛苦的人，留给了女同志。在深井之下，人性和党性的光辉同放光芒。我曾翻看资料，核实泰坦尼克号这个故事到底是真是假。后来我找到了一个答案，中国人民大学出版社出的一本书里面有记载：泰坦尼克号头等舱有319人，成功逃生的229人，生存率是72%；二等舱269人，最后生存117人，生存率43%；三等舱669人，生存率是25%。在资本主义这个最豪华的大邮轮上，生命的价值、生存的机会是跟你的舱位挂钩的。中国是了不起的，每个人平等，而且我们的共产党员、领导干部，我们的男同志，把生存的机会让给了别人。所以，我们在搞文化建设、文明建设、思想宣传的时候，一定要抓住生活中鲜活的例子，好好地把中国故事讲出去。习近平总书记讲，天边不如身边，道理不如故事，谁能把故事讲好，就是最棒的。

我看过一本经济学著作，里面有一章是专门讲怎么讲故事的。这本书的作者说，人类之所以产生许多动机，是因为我们经历了一些故事。如果没有这些故事，生活便只是一个接一个该死的事情。他认为人类思维模式是以故事为基础的，成为领袖的前提是要讲好经济故事，企业家要讲好道德故事。我给他加了一句：文学家要讲好爱情故事。我们一定要讲好发生在身边的真实的、鲜活的、能打动中国人乃至外国人的中国故事。讲好故事，挖掘其中的精神，让故事传播开来，来感染我们这个城市、这个社会的柔软灵魂，我觉得这就是我们新时代文化建设的最好起点。

谢谢大家。

》 主编按语

傅华先生的这个报告从新时代的文化特征、意识形态与文化安全、新时代文化建设的着力点三个方面阐述了新时代文化自信问题，内容丰富、信息量大、视野开阔、思想深刻。报告中至少有两处令我格外关注：第一，关于意识形态安全，提出意识形态问题没有局外人、意识形态问题不能试错、意识形态问题要防止资本控制舆论。第二，在新时代文化建设中，一定把社会主义核心价值观通过适当的载体呈现出来。中国的社会主义建设中不缺积极向上的感人故事。唐山大地震中，一位共产党员组织 1000 人有序、有礼地从矿井中撤退，让客人、妇女、弱者、非党员干部先撤退的事迹，一点也不比泰坦尼克号的故事逊色，问题在于我们的文化载体对这样的故事展示得不足。这的确需要引起我们深思和重视！

故宫如何变得"人见人爱"

单霁翔

曾任北京市城市规划管理局副局长，北京市文物局党组书记、局长，中共北京市房山区委书记，北京市规划委员会（首都规划建设委员会办公室）党组书记、主任，文化部党组成员及国家文物局局长、党组书记，故宫博物院院长。现为故宫学院院长。

老师们好！同学们好！非常荣幸和大家来交流。

/ 一 /

今天是个特殊的日子——文化和自然遗产日，过去叫文化遗产日。2005
年，国家启动了第三次全国文物普查。为唤醒更多的民众关注文化遗产保护，
我们觉得应该有一个标志、一首歌曲和一个纪
念日。

对于文化遗产标志，当时在上千种征集方
案中，没有找到特别理想的方案。最后经国家
文物局讨论，确定了文化遗产标志：中间一个
太阳，有12道光芒，外面四只神鸟逆时针飞
翔，既动感又非常端庄。我觉得这个标志还是
很美的，是非常理想的标志，沿用至今。

我跟当时的文化部孙家正部长说，想创作一首文化遗产保护歌曲，能
不能找到一个词作家作词。孙部长说，第一段他已经写出来了。这就是后来
成为中国文化遗产保护公益歌曲的《寻找与守望》，它的歌词里有这样两段：
寻找寻找寻找寻找，一千遍、一万遍地寻找，寻找源头，寻找根脉，寻找回
家的小路，寻找我的魂牵梦绕；守望守望守望守望，一千年一万年地守望，
守望初衷，守望未来，守望精神的家园，守望一个民族的骄傲。我觉得这是
一首非常好的歌曲，可惜谱曲时做的是独唱，如果是合唱，可能传唱得更
广泛。

文化遗产日的设定过程比较复杂。我提了一个关于设立文化遗产日的提
案，但是有关主管部门说，国家已经决定不再设日了，现在什么耳朵日、眼睛
日设得太多，导致每天都有纪念日。我就只好作罢了。结果那个时候国家批准

了一个航海日，他们说这是国家领导人特批的。于是，我就请一些专家给国家领导人写了一封信，结果获得了批准，设立了文化遗产日。这些年，国家在文化遗产日不断举办各种系列活动，2019年的系列活动是在延安举办的。

/ 二 /

我是在第三次全国文物普查结束的第二个月来到故宫工作的。依我的工作经验，在这样一个有600年历史的地方，也需要寻找，也需要守望，寻找这些文化遗产重回人们社会生活的途径，守望这些文化遗产世代传承的安全。

我到故宫博物院工作的时候，对这个地方虽然不陌生，但我还是细心地进行了温习，我知道它有三个名字：第一个名字叫紫禁城，表明它是明清两代的皇宫。第二个名字叫故宫，是末代皇帝1912年退位后的新名字。今天，它是世界文化遗产，是全世界收藏中国文物最丰富的一座宝库。第三个名字叫故宫博物院。1924年11月，末代皇帝被驱逐出宫；不到一年的时间，1925年10月10日，故宫博物院正式成立。今天，它是全世界接待观众数量最多的博物馆。

真正到这里工作以后，我发现上面说的这些"世界之最"其实没有被擦亮，它们有很大的提升空间。比如，故宫号称馆舍宏大，但是我看到70%的馆舍前都立了一个牌子，上面写着"非开放区，观众止步"，人们是进不去的。99%的藏品都在库房里，拿出来展示的不到1%。确实，故宫博物院从来不缺观众，但是他们真的是观众吗？他们往往只是跟着导游往前走，听着不专业的讲解，看看皇帝睡在什么地方，在什么地方结婚，最后在御花园休息一会儿就出去了。实际上他们根本没有感受到故宫博物院应有的魅力。

对于一名观众来说，从他走进故宫博物院到离开，究竟能获得什么才是最重要的呢？这些"世界之最"真是最重要的吗？它们是很重要，但是不是最重要的。什么才是最重要的呢？我认为，这些文化遗产资源究竟在多大程度上为人们的现实生活作贡献才是最重要的。习近平总书记讲，要让收藏在禁宫里的文物、陈列在广阔大地上的遗产、书写在古籍里的文字都活起来。"活起来"三个字，我当时听起来觉得又兴奋又新鲜，因为过去我们无论从事文物保护，还是进行考古、历史研究，都往往把身边的这些文化遗产视作已经失去生命了，它们已经远离了今天的社会，它们只是被观赏、被研究的对象。但是"活起来"就是告诉我们，它们有生命力，它们不但有灿烂的过去，还应该有有尊严的现在和健康的未来。所以，我们要重新思考对待观众、对待文物的态度。

过去，故宫的门前广场是商业广场，买卖全国的商品，实际上和故宫文化没什么关系；现在，我们进行了清理，先把门前广场搞得清新、庄重、典雅。过去，观众排队买票进入故宫是很困难的，往往要排半个小时、一个小时，甚至一个半小时。好不容易挤到窗口买完票，还是进不去，因为还要验票、安检、存包。这些方面一定要改。过去，端门广场一侧的房子是出租的，办了很多格调不高的展览，比如太监展、宫女展、武则天展，都不是故宫办的，我们收回以后进行了清理，建成了售票的服务机构，一下开了32个窗口，据说是当时全世界开窗口最多的博物馆，保证观众三分钟之内就能买上票，在买票的环节就省了半个小时、一个小时，这样就会有更多的观众来参观我们的展览，观众和我们都受益。

过去，故宫博物院明明有三个门洞，但是买票的观众只能走两边的小门，中间的门不能走，因为中间走贵宾的车队，导致两边总是排长长的队，中间总是空的。一次，一位东北老大爷跟我商量，他说他一辈子就来一次故宫，想像皇帝一样走中间的门进去。可以看出来，人们的意见很大。我们经过一段时间的申请，终于获准，午门三个门洞全部打开，让观众自由选择，想当皇帝当皇帝，想当大臣当大臣。

过去，来故宫的外国元首都是开车进来的，下车还问我到故宫了没有、到哪儿了。2013年初，我们发布公告：故宫开放区内不允许机动车驶入。第一位步行进入故宫的外国元首是法国总统奥朗德，他是带着女朋友一同进入的。

过去验票，观众要从三个缝儿挤进去，安检机就堵了半个门洞，验票和安检都要排队，完全是人为的，每天挤作一团。后来，我们把栏杆拆掉了。对于我们来说，这就是一场管理革命，要重新审视我们过去的一切做法，究竟是以方便自己管理为中心，还是以方便观众为中心。如果以方便自己管理为中心，就会设置很多不方便观众的设施；如果以方便观众为中心，过去我们的做法该改变还是要改变的。于是，我们设了 24 个验票安检口，来多少观众都不需要排队。五年前，人们挤在不大的空间里面买票、验票、安检、存包，每天都在广播您家的孩子找到了，到哪儿领去。还没进故宫，孩子就丢了，心情能好吗？现在 8 分钟、10 分钟就可以走进故宫博物院。

大多数观众都是第一次来故宫，但是我们的标识牌不明显，就堆在那儿，爱看不看。针对这一情况，我们抓紧设计有故宫特色的标识牌，第一年就设立了 512 块标识牌。在经常被问路的地方、十字路口、有展览的地方、有卫生间的地方增加了标识牌，同时还增加了很多电子标识牌。我们还增强了自动讲解机的功能，故宫博物院的自动讲解机现在有 40 种语言，既有外语，也有民族语言、地方方言等，是全世界博物馆讲解语言最丰富的。同时，加大免费 Wi-Fi 设置，解决了讲解的问题。

经过大数据分析，我们得出一个结论：故宫里面女洗手间应该是男洗手间的 2.6 倍，于是我们按这样的比例进行了调整。虽然是举手之劳，但是节省了人们大量的等待时间。我们进行了"厕所革命"，把洗手间不但搞得清新，还要搞得典雅一些。欢迎在座的各位到故宫博物院的时候参观一下我们的卫生间。此外，我们设置了第三空间，以方便母亲带着男孩子上洗手间；设置了母婴室，以方便给太小的孩子换尿不湿，使孩子们也能有尊严地享受生活。

过去，经常有人抱怨：在故宫博物院休息只能坐在台阶、铁栏杆上，就不能设一些座椅吗？我们的老员工说，座椅经常出问题，因为不经常维修，螺丝钉出来了，把孩子的腿划伤了，就得带着人家去医院；木头把裙子划破了，还得赔裙子。所以，我们重新设置了座椅。新座椅的第一个特点就是结实，再也没有发生伤害观众的事件。第二，椅子面是实木的，便于清洗。第三，椅子是通透的，便于每天清扫。第四，坐着很舒服，但是躺不下来。第五，椅子的颜色是故宫红，因为故宫红跟环境协调，大家都很喜欢。第一年我们做了1400把，随着开放区的扩大，椅子也在不断增加。现在，故宫博物院可以使11000名观众有尊严地坐下来休息了。

现在，故宫博物院的开放区没有一片垃圾。过去，开放区是有垃圾的，矿泉水瓶子、餐巾纸到处丢。当时我们的笨办法就是号召大家一起捡，但是最终解决这个问题还是要靠制度。我们重新制定了招标文件，明确规定一片垃圾落地，两分钟之内保洁人员就要走过去清扫。虽然条件很严苛，但是中标单位马上尝到了甜头，因为他们打扫干净以后，就没有人再忍心往地上扔一片垃圾了。环境是可以影响人的。

人们还抱怨：故宫的大殿都是黑黑的，外面越亮，大殿越黑，就不能点亮吗？我们无数次跟观众解释，这是木结构的建筑，不能通电，里面都是古物，不能用灯光长期照射。道理很硬，但是确实很不方便，孩子往里挤，老人也往里挤。真的不能改变吗？当然不是，今天科技进步了，我们选择了LED灯，灯具不发热，开灯的时候，两边各有一名员工值守，反复测敏感部位的光线，不能超标。我们不断地比对，在不同的室内，什么样的光线能让观众看得更清楚，请观众来体验。这样我们就开始点亮了紫禁城。过去，我们每三个月要系统地保洁一次；今天，两个星期就要做一回保洁。这些做法，都激励我们更加认真地保护文物。

/ 三 /

作为文化机构，确保安全非常重要。我们编制了一个《平安故宫工程》文本，上报国务院，里面清晰地阐述了故宫存在的七项隐患：第一是火灾隐患。这两年，发生了一些人类文化的灾难。比如，2018 年，一把大火把巴西国家博物馆 90% 的藏品烧掉了；2019 年，法国巴黎圣母院发生火灾，整座建筑损毁严重。故宫都是木结构的建筑，我们也有过教训：1987 年，景仁宫被雷电击中，烧掉了。第二是盗窃隐患。第三是震灾隐患。华北地区有发生地震的危险，但我们文物防震的水平很低。第四是自然损坏隐患。第五是文物库房隐患。第六是基础设施隐患，管线经常出现问题。第七是观众安全隐患。

这个文本上报给国务院后，很快获得批准，马上建立了强大的安全防范新系统，设立了五个中控室，中控室里面有 65 面大屏幕，连接着 3300 个高清摄像头。一个现代博物馆有一两个中控室就了不起了，而故宫需要更强大的安防系统才能监控到各个角落，做到 24 小时动态监测。同时，加强防震，在展台、展柜下面安装防震设施，把易碎的藏品装入密集柜。加强灭火系统，重新布局消防栓系统，提升防雷系统，设计更强大的消防装备。故宫博物院仅有一些大型的消防装备是不行的，因为很多庭院它们是进不去的，还要研发一些小型的消防装备。我们年轻的义务消防队员每个星期都要集训，全体员工还要参加消防运动会，以提高消防意识、消防技能，此外，每年还举行大型的实战消防演习。出现警报后，如何把我们的文物抢救出来，除了消防战士要演习外，我们的机器人也要演习，一旦出现火情，它要率先冲入火点，把明火扑灭。总之，这些防火的日常培训要经常做。

当然，我们还要注重日常防范。比如，故宫博物院有 1450 名员工，其中将近 400 人是吸烟的，尤其是一些老烟民，戒烟总是不成功。但在木结构建筑里面吸烟是很危险的。我们开了动员大会，我说国家批准了《平安故宫工程》，为了确保故宫平安，从明天开始，故宫博物院的员工在故宫博物院里不许吸烟了，不同意的举手，结果没人举手。我就赶快让办公室发通稿，故宫博物院的员工从此在故宫博物院里不许吸烟。第二天他们的代表来找我说，能不能人性化管理，设几个吸烟区？于是，我们设了三个吸烟区，放置了灭烟头垃圾箱，每天允许上午吸一次、下午吸一次，他们一边吸烟一边骂院长。我们有

3300 个高清摄像头，如果因为吸烟被举报了，整个部门的安全奖就没了，所以一根烟影响了很多人的收入，也就没人吸了。

员工不吸烟了，我们就可以理直气壮地告诉观众不能在故宫里吸烟了。我们发布公告，规定打火机、火柴不能进入故宫，2015 年 7 月 20 日开始实施。第一天就查没了 8000 个打火机，第二天上万了。我说赶快找处理危险品的单位帮忙处理一下，结果一询价，北京有五家，最低还要买一辆防爆车、两个防爆箱子，每天给他们运过去，还要收我们 400 块钱。给他们那么多打火机还收我们的钱，太不划算了！于是，我们改变了思路，在前面收的打火机，1 小时后往后面运，在出门的地方设一个打火机领取处，观众如果需要，可以拿走一两个。这样做有三大好处：第一，不用花钱处理打火机；第二，观众不用去商店买；第三，节约了资源。

/ 四 /

做完上面这些工作后，我们全院动员，进行了三年的大清理、大扫除。在室内，进行了 10 项清理：第一，把散落在各个房间里还没有建档的文物收藏起来，把它们列入馆藏。第二，把屋子里面堆放的建筑构件保存好，该真空包装的真空包装，该继续使用的继续使用。第三，清理了随处可见的门窗。这些 20 世纪 50 年代、60 年代卸下来的门窗一直堆在通道上，其实它们是建筑很好的组成部分。第四，清理了箱子、柜子。200 多个房间里都堆着一些大箱子，里面什么都没有，是当年装文物用的，有樟木的、紫檀的、皮革的，其实它们都是很好的文物。我们建了三个大型的箱子仓储库房，把它们保管了起来。第五，清理了毯子、被子、褥子，消毒以后建立了专门的库房，把它们保管起来。第六，清理了展览柜。这些展览柜占了很多房间，我们把这些房间打扫了，把展览柜用到了该用的地方。第七，清理了闲置的物资。几十年不用的桌子、椅子、凳子、沙发、运动器材，堆在上百个房间里。能用的单位领走，但是最后基本没被领走什么，都处理了。第八，清理了杂物垃圾，把十几年、几十年没人进入的房间全部清理干净。第九，修理了床具。第十，清理了贴在墙上的书画，如皇帝、大臣写的字、画的画，它们是非常好的文物，但都没有得到很好的保管，我们把它们取下来进行了修复。总之，经过三年的文物清理，几千个房间被收拾得干干净净，故宫的开放区域从 30% 增加到 80%。

在室外，进行了 12 项清理：第一，清理火灾隐患，如树枝、树叶、杂物等。第二，清理地面上的杂草。第三，清理几十个院子里堆着的石刻构件。第四，清理室外的杂物，如帘子下、通道下的杂物。第五，清理建筑物上的杂草。有些草根扎在瓦里，但是屋顶是不能有杂草的。我们就去除草根、草籽，忙活了两年，终于做到古建筑上没有一根草了。第六，清理裸露电线。第七，清理市政管道。市政管道穿越故宫的红墙，挂在古建筑上，到门的地方还拐两个弯，非常复杂。后来我们经过两年半的设计、一年的报批，终于同意我们在红墙以外地下 8—14 米的地方，绕过红墙、古建筑和文化层等，修成一条共同沟，把 17 种管线全部入地，再也不用穿越古建筑了。这项工程很大。平常故宫白天正常开放，每天夜里都在运土，运材料和物资。第八，清理不开放的庭院。第九，清理广场。过去是水泥地面的广场，一下雨就积水，于是我们就用传统的建材铺平地面，解决了积水问题。第十，改善保护设施。御花园里的石雕和奇石，过去是用铁栏杆围住的，再加一层铜栏杆保护，地面是黄土地，一刮风就尘土飞扬。现在我们把它用绿篱围起来，石雕和奇石不但能得到更好的保护，而且黄土不露天，环境也得到了改善。第十一，提升施工环境。以前一个施工队伍进来以后，用铁皮一封，人们不知道里面在干什么。现在我们把施工遮挡变成通透的，人们可以看到施工现场，了解施工的技术手段。第十二，拆除临时建筑。经过几十年，故宫积累了 135 栋临时建筑，其中 59 栋彩钢房是最危险的。彩钢房不阻燃，两三个星期就能搭建好，一旦着火，会迅速燃烧。我们率先向彩钢房宣战，举行了拆除仪式，因为太多的部门拥有彩钢房，靠他们自己是下不了决心拆除的，只能强行拆除。我们把才用了半年的彩钢房拆掉了，把用彩钢建的大食堂拆掉了，把古建部和宫廷部的彩钢库房拆掉了，把三个部门办公的彩钢房区也拆掉了。除了彩钢房，还拆掉了车库、职工浴室等临时建筑。

总之，经过三年艰苦卓绝的环境整治，故宫的面貌发生了很大的变化。10 月 10 日院庆的时候，我们把最后一栋彩钢房拆掉了，终于实现了我们的诺言。五年前，我们对社会宣布，要把一个壮美的紫禁城完整地交给下一个 600 年。紫禁城是 1420 年建的，2020 年是它 600 岁生日。我们希望人们再来这里时，看到的只有古建筑，没有任何影响环境、影响安全的现代建筑。我们做到了。

但是作为一名观众，走在故宫里，不仅要看古建筑，还会注意自己的脚下和周边的环境，所以这方面还要提升。于是，我们一边拆违章建筑，一边开始提升环境。五年前，故宫所有的道路都是 1971 年重新开放时铺上去的沥青地面，当时广场铺的都是水泥做的砖，市政管道通过去，坑坑洼洼。绿地都是用铁栏杆围上的，所以绿地养护得不好。还有，高高低低的井盖、各种灯杆与环境很不协调，都需要改变。我们用了两年半的时间把它们改变了。现在故宫地面铺的都是砖，去除了全部的铁栏杆，绿地养护得更好了。我们要把那些井盖做平，就必须经过市政等部门的批准，所以我们用了两年半的时间把 1750 个井盖全部做平，这样残疾人轮椅、婴儿车走上去才不会出问题。过去的柏油地面现在都变成了传统建材铺的地面，平平整整的。我们还把 300 盏普通电灯换成了 300 盏宫灯。总之，我们希望通过不懈的努力，让人们到故宫博物院时，看到的是绿地、蓝天、红墙、黄瓦的美景。现在，除了蓝天我们有时候做不到，其他的我们都做到了。

我们希望人们在这里能看到一个温馨的环境。故宫博物院里有 200 多只野猫，它们很有身份，可能是明清皇家养的猫的后代。现在它们生活得很幸福。每只猫都有名字，一叫名字它就过来了。每天都有人给它们送猫粮，特别是这两年，有从上海、沈阳寄来的猫粮，上面写着这个猫粮是给慈宁宫的猫的，喂的时候还要拍照片给他们。每天下午五点半，我们的员工下班以后，这些猫就开始站岗了。这么大的故宫博物院，没有一只老鼠，我们的摄像头一只都没拍到。如果有老鼠，我们的文物就不安全，所以故宫的猫功不可没。

我们希望故宫整体是一个美丽、温馨的环境。我们把所有地方都进行了美化，春天可以看到牡丹，夏天可以看到荷花。我们和华为签署了协议，准备建设5G故宫，一是可以更加严密地监控文物和古建筑状况，二是可以更好地为观众服务。再过一段时间，大家到故宫打开手机后，就可以知道故宫当天有多少个展览，每个展览的内容是什么，准备要看的展览在什么地方，展厅有多少人；如果想上洗手间，就知道离得最近的洗手间在什么地方，有几个坑位是空着的；如果想喝茶，就知道故宫有几个茶室，如何就餐。对于这些，一个手机就可以做到。

/ 五 /

以上这些都是比较简单的，保持了、提升了就可以。真正复杂的是为每个观众服务好。四年前，我们提出了一个口号：全年无事故，全年无投诉。这是一个很具挑战性的口号，挑战在于观众数量增长得太快了：2002年，第一次突破700万；2003年因为有"非典"，下半年都没人来；过了10年，到2012年，观众数量翻了一番，达到1500万。全世界没有一个博物馆的观众数量增长得如此之快。我就是在这个时候到故宫工作的。我们要平衡观众的增长速度、参观质量和文物安全，所以我们选择放缓观众增长速度，等待开放区的扩大。2017年，故宫的开放区从过去的30%增加到了76%；2017年，故宫的观众数量为1670万，世界第一。那一年，观众数量世界第二的是卢浮宫，830万，还不到故宫的一半。所以我们的压力还是很大的：如果一天接待

4万观众，很轻松，三分钟就能买到票；如果一天接待8万观众，就饱和了；如果一天接待18万观众，就崩溃了。每到这个时候，我们总要站在北面的大台阶下面，喊破了嗓子，告诉人们注意脚下，因为故宫高高低低的，如果发生踩踏，老人、孩子是很危险的。故宫博物院94年来没有踩死过观众，这已经是奇迹了；如果观众数量再增长就很难说了，所以我们高度紧张。

我们每年除了要接待1700万买票的观众，还要接待大量不买票的观众，特别是要接待60多万免票的同学，因为每周二对于集体参观的学生是免费的。所以一到学生们放暑假，我们就画了一道线，每天只接待8万观众。我们通过广泛的宣传，把旅游团引导到淡季，在淡季设立了免费日，如教师免费日、医务人员免费日、大学生免费日、志愿者免费日，通过免费日对观众进行宣传。慢慢地，人们都接受了，更多的人选择淡季来参观，虽然全年观众数量还在上升，但是没有人山人海的问题了，这几年都很平稳。

特别是在2019年1—3月，我们举办了"紫禁城里过大年"活动，50%的北京市民进入了故宫博物院。过去，北京人是不太进故宫博物院的，他们觉得我们小时候去过，就是那样，但是这次他们在淡季走进了故宫博物院，每天8万人。这个对于我们来说是很大的成功，我们很兴奋，于是开始"得寸进尺"，采取了分流、全网预约购票的方式。如果预约的话，就不用早起挤到窗口买票，可以睡一个懒觉。全网购票，这是经过了几年的努力才成功的。2014年，我们告诉观众可以在家里买票，10天之内都可以预约，如果不来可以退票，结果只有2%的人选择预约；2015年，有17%的人选择预约；2016年，国家批准使用支付宝预约，选择预约的观众达到了41%；2017年，国家批准使用微信预约，选择预约的观众超过了70%。于是，我们就关闭了所有售票窗口，开始全网购票。第一天，我们嘱咐售票员，一定在里面待命，结果第一天平稳地过去了。大屏幕上有信息，告诉大家怎么支付、怎么进入。当时媒体告诫我们，中国已经进入老龄化社会了，60岁以上的老年人将近15%，老年人不习惯预约，不习惯网购，得为他们多设点咨询台。我们信以为真，设了五个咨询台，结果过了一段时间发现，很少有老年人来咨询。因为中国的老年人对于先进设备学得特别快，他们很早就退休了，拿着手机全国旅游，连买早点、吃冰棍都用手机支付，所以老年人几乎不需要咨询。年轻人也不需要咨询，来咨询的主要都是中年人，再就是外国人。总之，所有人都顺顺当当、平平安安地进来了，分流实现了，全网购票实现了，人山人海的故宫博物院一去不复返了。

/ 六 /

没有了人山人海，只是第一步。如何让人们参观得更好呢？就要靠扩大开放，扩大开放的前提就要把古建筑修好。我的前任郑欣淼院长在故宫当了10年院长，那是故宫发展最好、做事最多的10年。他刚一上任就启动了故宫整体维修保护工程，下决心要把1200栋古建筑全部修好。这是非常了不起的计划。当时第一个修的就是武英殿，修好后就成了现在的陶瓷馆；还修了西部最大的宫殿慈宁宫。郑院长还做了一件非常伟大的事，他锲而不舍把当时在故宫里面的13家外单位一家家清走了。这是很难办的事，对此我是有体会的，因为这里面有7家是国家文物局的下属单位——之前故宫博物院是由国家文物局领导的。我当时在国家文物局工作，我的工作就是把我们在故宫里的7家单位搬走。但是万万没想到，最后一家搬走以后，第二年我就到故宫博物院当院长了。我的体会是，每个人一定要牢记，要多做好事，因为好事最后可能会落到自己头上。

我们还要不断地收回过去由于历史原因被占用的区域，比如北海和景山公园中间的大高玄殿。我进去看过，当时一片狼藉，清理了四个多月，然后举办了修缮工程的开工仪式。那天下雨了，第四任院长讲话的时候，第五任院长给他打伞；第五任院长讲话的时候，第六任院长给他打伞。这就叫前赴后继，每一任都应该为下一任的工作打好基础。

文物建筑修缮是一项科学的工作，要最大限度地保留历史信息，不改变文物原状，还要传承传统工艺。这些都是充满故事的地方，室内室外文物非常密集。故宫里建筑最密集的地方莫过于乾隆花园，位于故宫西北侧，160米长、38米宽，前面已经开放了，但后面从来没有开放过，那里亭台楼阁和假山林立。我们制订了七年的修缮计划，要用原工艺、原材料、原技术把每一件文物修好，从墙上摘下来的牌匾都要准确地测绘，修好后要丝毫不差地放回原处。我们按照这种理念把一栋一栋的建筑都修好了，一派江南风光。其间，当我们对一幅画进行修复的时候，发现它原来是用一种植物做的。经专家研究，这种植物当年取自安徽砀山梨。后来我们找到了传承人，经过上百次研发，终于成功了，对这幅画重新进行了装裱。人们看不到修复工作的复杂过程，但是我们问心无愧，因为我们秉持了一个理念，就是为未来保护今天。当200年、300年后，我们的后人再修复这幅画的时候就能知道，乾隆时期使用了什么材料、什么工艺、什么技术，这就是工匠精神。

修复文物建筑要有工匠精神，修复文物藏品同样要有工匠精神。不知道大家有没有看过《我在故宫修文物》这部纪录片。最令我感动的是，为这部纪录片点赞最多的是年轻人，特别是在校的学生们。我没想到的是，这个慢节奏的、充满文化情怀的纪录片真正打动了今天的学生们。这部纪录片上映以来，每年报考故宫的人迅速增长，2019年4万多人报名，详细解读报名要求以后，17000人参加了考试。这说明我们文物修复专家的工作精神、工作技艺得到了社会的认可。比如王津是钟表修复专家，他修好了300多个钟表。很神奇的是，四年前他在食堂碰到我，他说他要到美国去领奖，因为他获得了休斯敦国际电影节白金奖，他说他的工作状态被拍进电影里去了，然后就给了一个奖。多少电影演员、电影导演梦寐以求的大奖，王津到休斯敦拿回来了，这代表工匠精神得到了人们的赞美。

过去，我们修复文物的程序是：一件文物要修，从管理部门、使用部门送到文物修复部门，文物修复部门找权威专家修好后再送回去。但是如果将文物视为有生命的，就不会这样做，因为我们任何一个人得病到了医院，任何一个大夫都不会上来就给我们吃药、打针，一定要先进行诊断，没有诊断的修复是不科学的。所以，我们建立了人类的第一个文物医院——故宫文物医院，拿出 361 米长的院舍，拿出一些编制（我们的编制 20 多年都没增加过），就是要科学地保护文物、抢救文物。医院里的员工一半都是科学家，他们用自然科学的手段分析、检测、出报告、出治疗方案。我们这所医院建立以后，国际文物修复协会把全世界唯一的培训机构设在里面，过去五年已经培养了来自 32 个国家的 100 多名文物修复者。文物进入医院后，首先要体检。比如，如果是商代的青铜器，首先要了解它的历史，知道出土的地点、历代人叠加了什么不应该去掉的信息、金属成分是什么、比例是什么、得了什么病、通过什么手段能治愈，清晰的分析检测报告和治疗方案出来以后，才能送到青铜器修复专家手里。

我们为故宫文物医院配备了最先进、最实用的设备，最近添加了 100 多台仪器设备，比如分子结构分析设备，它是全世界最大的一台文物专用的 CT 机，第一批"病人"就是四年前出土的江西的青铜器。这些仪器设备的加入让我们的文物修复水平如虎添翼。比如曾经挂在乾隆花园的一幅大画，有 5 米多高，80 年前就堆落下来了。我们的老员工只能把它包起来，本来看似没救了，但现在我们把它修好了，让它"起死回生"了。修好了才知道，原来是董诰的一幅非常著名的画。还有更复杂的，比如唐卡。青海、西藏、四川有人做唐卡，但是没人敢说会修唐卡，因为不了解使用了什么技术，会修坏。故宫博物院现在掌握了这门技术，我们修复了挂在养心殿的 54 块唐卡，修的时候我们才知道它有 25 层，使用了 32 种不同材料，并联了 682 颗小珍珠。放大 20 倍以后，鼻子、眼睛、嘴可以清晰地呈现，小珍珠是怎么串联的也看得清清楚楚。这个时候我们才能骄傲地说，全世界只有我们能够真正地修复唐卡。现在，我们建立了 23 个科研实验室，支撑着数百种文物修复平台。

人们关心文物修复的情况，我们就开放了文物医院，观众可以看到文物修复的过程，可以看到文物修复的成果，每天能接待很多热心的观众。人们关心故宫的文物，但是长期以来，人们是不知道故宫有多少件文物的，故宫博物院的院长也是不知道故宫有多少件文物的，谁都不知道。但是，七年前我到故宫博物院工作的第一天，就知道故宫有多少件文物，是我的前任郑院长告诉我的，他用整整七年的时间，把故宫文物第一次清理了一遍。每一件文物都要建档，和历史还要对得上。我们后来又进行了再清理，清理了很多屋子。清理后知道，到 2018 年底，故宫一共有 1862690 件文物。这让我们知道了自己的家底，也知道了自己的责任——42% 的国家文物被收藏在故宫博物院。

为什么那么多珍贵的文物收藏在一个博物馆？因为故宫的文物藏品里93.2% 是国家定级的珍贵文物，几乎件件都是珍贵的。我们要把它们研究好、利用好，这就是我们的责任。于是成立了故宫研究院，成立了古建筑研究所、考古研究所、古文献研究所、陶瓷研究所、书画研究所、青铜器研究所、中医药研究所等 24 个研究所。故宫研究院里有 450 名高级职称研究人员，其中一些老先生已经退休多年了，有的已经不能自己走了，但他们一生的经验应该留下来。我们请 90 多岁、80 多岁的老先生们重新回到工作岗位，他们坐在那儿，身边有两三名年轻学者跟他们一起工作，这样他们的经验就传承下来了。

郑院长告诉我，在文物清理刚开始的时候，在图书馆发现了两个大箱子，打开一看，里面装的是乾隆写的诗，拿出来一数，28000 首。我们已经保存了他写的 17000 首，这证明乾隆一生写了不少首诗。乾隆的诗谁都背不出来，因为不好背，它是用来记事的，今天发生了什么、这段时间发生了什么、宫里发生了什么、全国发生了什么，他都认真地记，所以这些诗是非常重要的史料。我们还有一个富矿，就是老照片，18000 张老照片的玻璃底片直接诉说着历史，但是研究它们很吃力，因为要知道每张照片照的是谁，什么时间、什么地点照的，要科学研究好了以后才可以科学地定名。所以我们每天都有大量的研究工作，每天都会有一些研究成果进入我们的馆藏。

/ 七 /

古建筑修好了，环境整治了，文物修复好了，并进行了研究，文物安全得到了保证，我们就可以开更多的展览了。但这个时候发生了一件事，对我们产生了非常大的影响。过去，人们进入故宫博物院后，都是目不转睛地往前走，但是2015年的时候，好多观众进来以后就往西面跑，越跑人越多，于是有个网络媒体给它起了个名字，叫"故宫跑"。我到现场一看，确实有很多人争先恐后地跑。他们跑向哪儿呢？我一看是武英殿，那里正在举办石渠宝笈特展。于是，我们下午赶紧做了20个牌子、1000个胸牌。第二天早上不到七点，我们就把牌子立起来了，先来的观众领一个号，提前半小时开馆，观众按号入场，第一组入场、第二组入场、第三组入场。后来，我听说全世界博物馆举办入场式的只有故宫博物院，因为人太多了，一下子排了几百米、几千人。我们隔几十米就立一个牌子，告诉人们现在还需要多少小时才能进入。上午大家情绪还比较好，互相认识认识、聊聊天，但一到下午就不行了，特别是到闭馆前，人们情绪很激动，围着我说："今天能不能晚点闭馆，我们排了一天了。"我当时很感动，我说："今天最后一个观众走了咱们才闭馆。"结果很惨，持续到了后半夜，并且不是一天，是一段时间。到晚上八点我去看观众的时候，他们说累也要坚持，但是故宫怎么没水喝啊。因为我们过去晚上不开放，所以忽视了这点。于是赶快烧水，给观众递上去。夜里12点，观众说饿了。我们赶快开库房拿方便面，凑了800多盒方便面。后来我听说，全世界博物馆免费发放方便面的只有故宫博物院。夜里四点，最后一批观众才进去。又过了一个半小时，最后一名观众雄赳赳气昂昂地走出去的时候，天都亮了。

第二天，观众又开始排队。我们苦熬了一阵以后，得到了一个深刻的启发和教训，就是故宫要扩大开放，要举办好的展览，人们有这个需求，有这个愿望。于是我们坚定不移地开始扩大开放。过去故宫只开放 30%，2014 年达到了 52%，超过了一半；2015 年达到了 65%；2016 年达到了 76%。连续三年每年增加 10 个百分点的开放，现在已经超过 80% 了，大部分区域都开放了。很多过去的非开放区、观众止步的地方，现在都办成了展区。比如午门雁翅楼，有 2800 平方米的巨大空间，过去就是一个大仓库，里面有 39 万件文物，但它们是进不了故宫博物院的，因为它们不是宫廷文物，是民间的，所以保存状况很不好，最高摞了十多层。怎么办？正好国家成立了国家博物馆，当时只有 60 万件文物，我们就把这 39 万件文物移交给国家博物馆，然后把这个空间建成了巨大的、最有魅力的临时展厅。这个展厅很忙，这些年举办了来自印度的雕塑艺术展、来自阿富汗的国家博物馆宝藏展、紫禁城与海上丝绸之路展、卡塔尔的展览、摩纳哥的展览、齐白石艺术特展，等等。"紫禁城里过大年"活动期间，每天少则 2 万观众，多则 4 万观众进入展区，人们改变了以往进入故宫博物院后一直往前走的习惯，而是选择进来以后先看展览。

从 2014 年开始，我们推开了一座座大门，广阔的西部区域第一次开放。我们的员工把这片区域称为"女性的世界"，我认为不太准确，应该称为"退休女性的世界"，因为那里住的是皇帝的母亲。慈宁宫是嘉靖皇帝给他母亲建的寝宫，非常大。我们建了五个雕塑展厅，这里成了故宫博物院的雕塑馆。故宫博物院里有不同材质的雕塑，过去没有展厅，全在库房睡觉，而高大的雕塑连库房都没有。比如一尊有 1500 年历史的菩萨雕塑，三米多高，几十年来就在南城墙的墙根下站着。有的佛像就在地上躺着。每次我走在那儿的时候，感觉佛像脸色都不好。我第一次到库房的时候吓了一跳，说是谁躺在地上呢？他们说是周总理特别关心故宫博物院，秦始皇兵马俑出土后，给了故宫一件。这么珍贵的文物怎么躺在这儿？我们赶快进行了修复，现在建了保管空间，并且把它展示了出来。这些告诉我们，当我们的文物得不到保护的时候，它们是没有尊严的、蓬头垢面的；当它们得到保护、得到展示后，它们是光彩照人的。从那个时候起，我们就下定决心，一定要加大文物修复力度，让我们的文物每一件都必须光彩照人。我们做到了。我们开放了最西面的寿康宫，把老太后用的家具、日常用品都摆放在原处。乾隆是个孝子，每天早上都会给母亲请安。乾隆当年看到的情景跟我们专家布置的应该是一模一样的，只不过比那个时候少了一个老太太。经过努力，现在我们终于开放了故宫里所有的花园。故宫里有四个花园，两个明代的，两个清代的，最后开放的是慈宁宫花园，它是明代的，里面有 106 棵古树，非常幽静。我们开放了所有的城门角楼。故宫有完整的城墙，但是过去从来没有开放过。城墙上面四个城楼和四个角楼都是不开放的，几十年来一直做库房，但是它们在城墙之上，跑风漏气，做库房真是不合适。现在都已经开放了。我们还对东华门进行了修复，把东华门建成了古建筑馆。为了扩大展览空间，我们建了二层平台，这样人们就可以近距离看展览了，几乎每天都有学生在这里上课。

过去，人们走到神武门，就意味着要走出故宫了，但现在，走到这里还会有惊喜：那里有两个大型的展厅，可以举办引人入胜的展览；出了展厅，可以不出神武门，走在城墙上，去自己想去的地方，比如王府井、天安门。站在城墙上，可以看到故宫的景观，也可以看外面的风光。沿着城墙走还会有惊喜，可以走进角楼，在里面可以看虚拟现实的影片《角楼》，了解古建筑构件是怎么发挥作用的。

故宫博物院有非常跌宕起伏的历史，特别是日寇侵华时，我们的文物南迁，是非常悲壮的文物保护史。故宫博物院建院 90 多年，一共有七任院长，每一任院长都顶着非常沉重的安全压力，每个院长都全身心地扑在工作上，要把故宫保护好、建设好。我们不断地问自己，真的能承担这个责任吗？是承担不了的。但是现在我们找到了出路，因为文物保护不是一个部门、一个单位的专利，每个人都有保护文物的权利，也都有保护文物的责任。当把文物保护视为自己专利的时候，当然拿出来展示的文物越少越安全，所以我们 99% 的文物过去不拿出来。当把文物保护视为自己责任的时候，当然开放的区域越小越安全。但大部分区域不开放，该出事还是出事。现在我们知道，一定要把文物保护的知情权、参与权、监督权交给亿万民众，大家都来保护，文物才能安全。我们是通过实践得出这个体会的。

举个例子，过去人们要到太和殿，只能往北面走，一直走到御花园才可以看到。但其实太和殿两边各有一个门，西面叫右翼门，东面叫左翼门。从右翼门走出去可以看到十八槐的景观，从左翼门走出去能看见宽阔的广场。人们恍然大悟，原来一步之遥就有这么不同的生态景观。这样人们第二次、第三次来的时候，就不会往前面走了，人流就散开了。对于文物保护来说，这意味着什么呢？过去我们开放30%的区域，每天下午五点半以后，会有250多名员工拉网式清场。现在我们开放80%的区域以后，每天下午五点半以后，会有700多名员工拉网式清场，每个人手里都有接触器，几十个点，每个窗户、门、角落都要细心地检查，每天一遍，能不安全吗？白天，这些区域变成开放空间，众目睽睽之下，没人抽烟、刻画、扔垃圾了，这些区域变得安全了。

我们还要扩大开放。比如延禧宫，20世纪30年代建了库房，我们利用这个景观建了外国文物馆。在外国文物馆里，观众能看到故宫收藏的大量的精美的外国文物。中国博物馆里面缺外国文物，因为我们是文明古国，从来没有偷盗过别的国家的东西。但是故宫是个例外。500年间，24个皇帝坐在太和殿里接受万国来朝，外国使臣带来了大量的他们得意的礼品。18世纪以后，很多传教士进入故宫，带来了很多钟表仪器。比如西洋钟表数量最多、品质最好的决不在欧洲，而是在故宫，我们有1500件西洋钟表。2018年，我们开始开放库房了，由于有三期库房的建设，11万件文物都可以保存在库房里，特别是那些比较脆弱的文物全部得到了很好的保管，这样我们地面的库房就可以进行调整。我们最大的库房叫南大库，有156米长，我们把里面的材料、木料送到建材基地进行了修缮，建成了家具馆。故宫博物院有6200件家具，老员工都自豪地说不是紫檀就是黄花梨，但是我看到的是它们在94间小库房里面塞着。老员工说，这些家具几十年封闭在里面，不能参观，不能通风，小一点儿的家具摞了11层。我们下决心让观众看到这6200件家具，所以建了大型的家具馆。故宫里有一幅非常著名的藏画，画上有很多家具的组合，我们把它原景再现，把这些精品家具进行组合式陈列。我们打开了库房，不仅可以让观众流连忘返地参观，还能让家具通风。受此启发，我们坚决开放了陶瓷库房、古建筑构件库房，把能展示的都展示出来了。

/ 八 /

只有把这些文物展示出来，才能把它们修复得神采奕奕，人们才能看到、监督到，这样才是对文物最好的保护。但是我们知道，我们开放再多的区域，举办再多的展览，到故宫博物院参观的无非就是1000多万人，占全世界人口很少的一部分。我们不满足于故宫仅是一个千万级观众的博物馆，我们要靠互联网技术、数字技术进一步提升故宫的观众数量。经过几年的努力，2017年，故宫博物院官网的访问量达到8.91亿人次，居中国文化机构第一。我们把外文网站做得更加强大，方便世界各国人民了解故宫文化。青少年文化做得更加活泼，希望他们自愿走进故宫博物院。我们开始举办网上展览，率先把全部文物藏品都公布了，现在在网上就可以查阅到故宫的1862690件文物。我们把故宫的藏品和古建筑信息都放到网站上，人们在家里也可以看到全景的故宫、震撼的故宫。我们还加大了微信和微博的参与度，不断地在微信中增加新的内容，现在已经聚集了很多粉丝。根据人们的需要不断地对微博进行改版，每天加入新的内容。

我们发现，人们特别喜欢收集故宫的景观照片，会把春夏秋冬、早中晚的景观照片发朋友圈。所以，一到天气好的时候，我们就会拍一些美丽的照片放到网站上，比如《紫禁城的初雪》这组照片放上去以后，阅读量达到1425万。

这两年不下雪，我们着急啊。但是天无绝人之路，来了红月亮，照片的点击量达到 2000 万。2019 年终于下雪了，看照片的人比雪还多，阅读量高达 5000 多万。七年前，我们开始做 App，把古代书画立体化，点进去以后可以深度欣赏了解古代诗画、历史、艺术、人物，在里面可以看到当年的场景，可以听到当年的音乐，可以看到当年的舞姿。我们最得意的是《每日故宫》App，人们每天都会看到一份图文并茂的故宫藏品信息。我们认真做好每一天的《每日故宫》，已经坚持五六年了。2017 年，我们终于推出了《故宫展览》App，人们可以用手机进入故宫展厅参观了。同时，我们建立了强大的故宫社区，人们访问我们的网站、参与网上活动可以获得积分；获得积分以后，我们可以送他一块地；随着积分的增加，地上的房子会越来越大。现在，越来越多的人在"故宫"抢地盖房子，说这是北京城唯一不要钱的地、唯一不要钱的房子。

我们应用这些技术建立了数字博物馆。端门数字馆是目前全世界博物馆中最好的数字博物馆，它不但技术先进、设备先进，关键在于所有信息都是挖掘丰富的故宫文化信息后形成的原创。通过数字博物馆，人们可以看到一座座古建筑，可以调阅、临摹书法作品，系统还可以给你打分，留作纪念。我们还有数字绘画，点击以后，鸟就会飞、会叫、会吃食。通过数字长卷，可以清晰地欣赏书画，还可以放大，直到看到每个人的表情、服装。有一个地方叫漱芳斋，里面有一个多宝阁，很漂亮，人们可以在多宝阁前挑选自己喜欢的器物，可以放大看，各个角度旋转看，还可以分解来看。

我们把越来越多的器物的制作过程、使用方法告诉观众。故宫有很多狭小的空间，比如乾隆皇帝的书房三希堂，只有 4.8 平方米，即便开放展览，也只能进两个人，但通过虚拟现实技术，大家都可以走进三希堂。为了满足人们想穿古代服装的兴趣，我们推出了数字屏风，人们只要站在屏风面前，就可以穿起一套古代服装，看看是什么样。我们建立了虚拟现实剧场，经过多年的努力，现在一共有七部 VR 影片循环播放，告诉人们不一样的故宫景观。我们还会与时俱进，比如一些宫殿在修缮，人们进不去，非常遗憾，我们就把它做成虚拟现实的宫殿。比如养心殿在维修，人们进不去，我们就做了一个数字养心殿，人们不仅可以参观，而且可以体验坐在皇帝的宝座上批批奏折、盖盖印，软件还会告诉你，是你批得好还是皇帝批得好；还可以召见大臣，每个大臣都会说500多句话，你说什么他们都会积极应答。我们公布了御膳房的菜谱，人们用手机扫一下就可以做御膳。

我可以负责任地说，这是全世界博物馆中目前最强大的数字平台，功能在不断延伸，比如公众教育、文化展示、参观导览、文化传播、休闲娱乐、学术交流、电子商务。经过几年的努力，我们终于走向了数据场景化，又从数据场景化走向智能化。我们和腾讯合作举办了"文化＋科技"国际论坛，每年推出文化创意大奖赛，比如表情包的创意大奖赛、动漫创意大奖赛、游戏创意大奖赛。2018年，我们推出了"古画会唱歌"主题活动，拿出故宫博物院收藏的11幅古代绘画作品，请专家对这些作品进行深入解读以后，交给年轻人作词谱曲，形成了500多首歌曲，然后我们在故宫博物院举办了音乐创新大赛，让年轻人根据他们对故宫书画的理解、对传统文化的感受唱出自己的作品。

我们积极地参加深圳国际文化产业博览交易会，也在上海进口博览会上展示我们的成果。2018年春天，我们举办了《清明上河图3.0》高科技互动艺术展演，三个月里，有141万名观众参观了动态的《清明上河图》。814个人物、29条大船和所有柳树、河水都动起来了。人们可以体验民俗，观赏风光。2019年1月1日，故宫博物院和网易一起推送了我们第一款手机游戏，取得了非常好的反响。总之，我们会不懈地努力。2020年，我们将建成智慧故宫。相信到那个时候，我们的文化传播力量、安防会更加强大。

/ 九 /

今天，人们参观故宫博物院，两个小时、三个小时、五个小时肯定不够，人们要休息休息、喝点儿茶、吃点儿快餐，所以我们要为人们准备更好的休息环境。比如西部区域开放了，三分之一的观众要到那里去，但是那里没有观众服务中心。我们就找到了红墙后面的四栋古建筑，它们非常结实。我们用了一年多的时间建成了冰窖观众服务区，人们累了、渴了，可以在这里看书、喝茶、喝咖啡、吃快餐。这里可以容纳300人同时就餐，可以一边休息一边观赏冰窖风光。为了满足人们把故宫文化带回家的愿望，我们开始研发文化创意产品。过去叫文化产品，把书画、瓷器复制，摆在那儿，但很少有人买。现在，我们在文化产品中加了两个字，叫文化创意产品。什么是文化创意产品呢？我的体会就是，一要深入研究人们不断变化的生活。人们生活中需要什么，就研发什么。二要深入挖掘藏品的文化信息，把它们凝练出来，使人们能够把故宫文化带回家。比如人们参观故宫太和殿，对藻井印象很深，于是我们做了藻井伞；对宫门印象很深，于是我们做了宫门包。博物馆的商店不能是充满商业气氛的，应该是充满文化气息的，应该是人们参观博物馆的心情和感受的延续，所以我们的商店不叫商店，叫文化创意馆。人们在这里的感受像看展览一样，可以继续体验文化。我们给儿童建立了儿童文化创意馆。现在，国际上在定位博物馆的功能时，把教育提到了第一位，所以我们成立了故宫学院，培养故宫学者。它也是全国博物馆系统培训基地之一。现在，我们在全国10个城市建立了10所分院来传播传统文化和故宫文化。更多的教育活动会深入社区、深入学校。2019年，我们举办了6万多次教育活动。故宫知识课堂每天都会爆满，孩子们参与的活动全是免费的。我们把大量营销收入投到孩子们身上。当这些孩子们长大以后，一定是对传统文化有感情的一代。

我们和学校联合研发综合实践课程，现在已经有40多种课程应用于不同学校、不同班级、不同的学生群体。老师们结合自己的教学需要、同学们结合自己的学习需要来选择故宫教材。对于幼年的孩子，我们每个教材都有一个学习卡、一个材料包，孩子可以在老师的指导下阅读学习卡，自己打开材料包拼拼画画，把自己的得意之作带到学习生活中。当然，故宫还有一个得天独厚的地方，就是我们的几十个庭院都非常安全，春天、夏天、秋天都挤满了各个教育机构的同学们。

我们不断地举办讲座，每场都爆满。我们的培训进入各个社区，赢得了社区老百姓的欢迎。于是，我们的一个新品牌——紫禁书院开始走向更多的城市。我们希望外国人更加了解中国的传统文化，于是我们进行了国际教育。我们把故宫文化带到马耳他、新加坡、泰国、澳大利亚去，这些外国小朋友也喜欢中国文化。我们的国际博物馆协会过去六年已经培养了来自 72 个国家的 350 多名专业人士。我们与国外一些博物馆签署了战略合作协议，建立联合培养人才机制；与更多文物修复机构建立联合实验室。现在，我们源源不断地把世界各地的优秀展览吸引到故宫博物院来，使国人不出国门就能看到国外的展览，更好地走向大千世界。

过去六年，故宫博物院有 135 项展览走向全国各地，走向世界各地，无疑是全世界博物馆走出自己馆舍举办展览最多、最丰富的博物馆。现在，我们有一个新的展览——故宫文创展也开始走向世界各地。我们经过多年的努力，已经研发了文化创意产品 11900 种，并且和数字技术组合在了一起。我们把故宫文创展办到了日本、德国、泰国、韩国、新加坡，我们希望故宫博物院成为人们生活文化的绿洲。和文化是中华传统文化的精髓之一，当今世界是和平、友好、发展的世界。我们认真地完成了一次又一次的外事接待任务，通过故宫解读中华传统文化。故宫有红墙、黄瓦、蓝天，用红黄蓝三种颜色可以擘画出世界上任何色彩，我们的世界不能是单一的色彩。

我们在海淀区西北望镇建立了大型的博物馆，占地 62 万平方米，它的建成将使我们的文化传播力量更加强大。我们不断地推出人们喜爱的各种活动和展览。2019 年 1—3 月，我们举办了"紫禁城里过大年"大型立体展览，前所未有地拿出了 886 件文物藏品，组成了春节的主题；春联、门神挂起来了；经过半年的研发，在我们的任副院长的主持下，把天灯也研发出来了，因为过去明清两代每年春节都在乾清宫前设立万寿灯，所以立天灯是春节最重要的活动，现在我们把天灯重新立起来了，非常骄傲。人们在这里可以感受故宫博物院不一样的情怀、不一样的温度，我觉得博物馆就应该是这样。

我们在春节前一天接到通知，要把北京中轴线点亮。经过四天研发、八天安装，奋战了好多个日日夜夜，我们终于完成了任务。故宫第一次在夜间开放了，故宫的大部分区域第一次被点亮了，展厅里还有艺术家进行表演。故宫被点亮的景色通过 87 家外媒的报道传遍了世界，几十个国家的大使给故宫发来了感谢信，觉得之前从没看到过这样的景观。春节结束了，我们将拍卖所得的每一分钱都投向国家级贫困县，从广西的巴马到内蒙古的阿尔山。可以加入到扶贫的行列，可以帮助别人了，我们非常自豪。

习近平总书记说："我们从哪里来？我们走向何方？中国到了今天，我无时无刻不提醒自己，要有这样一种历史感。"中国要有道路自信、理论自信、制度自信、文化自信。文化是什么？它是一个国家、一个民族的灵魂。文化自信是什么？它是一个国家、一个民族发展中最基本、最深沉、最持久的力量。当我们一个人、一个单位、一个地区拥有文化自信，我们就一定会拥有未来。我在故宫博物院已经工作将近七年半了，我最深刻的体会是：什么才叫把文物保护好？不是把它们锁在库房里面死看硬守就是保护好了，而是一定要让它们重回人们的社会生活。只有让人们感受到文物的尊严和魅力的时候，人们才会保护这些文物。文物被保护好了，才能成为促进社会发展的积极力量。当文化遗产成为促进社会发展的积极力量时，它们才能惠及更多的民众，才能让更多的民众加入到保护文物的行列中，才能把文物保护得更好。什么是一个好的博物馆？不是建一个高大的馆舍，开放了就是博物馆。一定要挖掘博物馆的资源，凝成博物馆的能量，使博物馆不断推出好的展览，不断举办人们可以参与的活动。当人们感受到博物馆对现实生活的意义时，人们才会在休闲时想起走进博物馆；走进博物馆以后，才会感受到博物馆对自己的文化和智慧的启迪，才不愿意回家。回家以后还愿意再来的博物馆，才是好的博物馆。我们一直为此努力，虽然还不够，但是我们会继续努力。现在，经过我们的努力，我们可以自豪地说，我们已经把壮美的紫禁城完整地交给了下一个 600 年。

谢谢大家！

》》主编按语

单霁翔先生的这个报告，结合他在担任故宫博物院院长的六年时间里的亲身经历，对故宫文物的整理、修缮、保护，故宫文化的开发，故宫如何满足中国人民和世界人民的文化需要等，展开了生动活泼、细致入微的介绍。这个报告最大的特点就是真情、真爱、真付出、真幸福、真情怀，让我们真切地感受到新时代中国文化工作者守望中华民族精神家园的拳拳之心、殷殷之情。

报告中有两个关键词令人难忘：要让文物有尊严，要让文物活起来！要想文物有尊严，必须要有文化情怀；要想有文化情怀，必须对人民有情怀。故宫工作团队为了守望中国传统文化，为了守望故宫，为了弘扬故宫的文化精神，做了很多事情，从让观众少排队、多设女卫生间、延长开放时间、为饥饿的游客免费发放食品，到对文物排隐患、增加展品，再到深化文物内涵、多渠道开放故宫、设立文物医院等，无不展现出浓浓的文化情怀、人民情怀！这种浓厚的文化情怀背后所依靠的就是强烈的文化自信！"欲人勿恶，必先自美；欲人勿疑，必先自信"，新时代中国文化的守望者们做到了。当我们的社会成员都有了这种深厚的文化情怀来守护我们的文化，文化自信就会成为贯通天地的浩然之气！

中国的改革不符合主流经济学理论，为什么还能成功

林毅夫

北京大学新结构经济学研究院教授、院长，北京大学南南合作与发展学院院长，北京大学国家发展研究院名誉院长。2008 年被任命为世界银行首席经济学家兼负责发展经济学的高级副行长，是担任此要职的发展中国家第一人。在国内外多个有关发展政策、农业、减贫等的委员会、领导小组兼职，被选为发展中国家科学院院士、英国科学院外籍院士。2018 年荣获"改革先锋"称号。

/ 一 /

在座的老师、同学们，大家上午好！

今年是改革开放 40 周年，非常荣幸有这个机会来跟各位一起回顾并展望中国的改革和开放。

如果想找一个词来形容这 40 年，我个人觉得最合适的词是"奇迹"。因为在 1978 年我们刚刚开始改革开放的时候，中国是世界上最贫穷的国家之一。按照世界银行的指标，当年中国人均国内生产总值——这是衡量一个国家发展水平的很重要的指标——只有 156 美元。这是什么概念呢？一般我们认为，世界上最贫穷的地方是撒哈拉沙漠以南的非洲国家。在 1978 年的时候，他们的人均国内生产总值是 490 美元，我们连他们的三分之一都没有达到！

当时中国 81% 的人生活在农村，以农业为生；全国有 84% 的人生活在国际贫困线——一天 1.25 美元的水平之下。当时中国是一个非常内向型的经济，出口只占我们国内生产总值的 4.1%，进口占我们国内生产总值的 5.6%，两项加起来只有 9.7%。在 1978 年刚刚改革开放的时候，全国 90% 以上的国民生产跟国际是不接轨的。

这些数字听起来也许各位不会有很多感觉，下面我给大家讲一些小故事。

改革开放后的第一年，也就是 1979 年，我到中国大陆来，当时到北大来当研究生。我到了北大以后，感受最深刻的就是什么东西都要票：吃饭要粮票；快到冬天了，要去买棉大衣，要布票。当时在北大没有现在的共享单车，也不像现在有地铁，要进城很不方便，就想买一辆自行车，结果买自行车也要票。这种情形持续了很长时间。我 1982 年从北大毕业以后到芝加哥大学去读博士学位，1986 年毕业，在耶鲁大学做了一年的博士后。当时为了鼓励我们回到国内工作，有不少的优惠政策，其中一个优惠政策是可以免税带八件产品回国。

你回去问你父亲或者是爷爷，他会跟你讲在 20 世纪 80 年代、90 年代的时候，我们国内的人特别喜欢出国，因为出国回来的时候可以免税带三大件。我在国外待了那么久，所以特别优惠，可以带八大件。

我买了哪八大件呢？电视机、电冰箱、洗衣机、电热水器——因为在国外待了很多年，每天都要洗澡，所以有电热水器很方便。

还有四件带什么呢？我带了四个电风扇回来。我们家有四口人，我跟我妻子，还有一个儿子和一个女儿。那时候想，如果每个人自己有一个电风扇，那生活水平就太高了。根本就没有想到现在几乎每个家庭都有空调，连办公室都有空调。在当时是根本不可能想到的。

除了这八大件之外，还可以免税买一辆汽车回国。当时这是一个巨大的优惠，因为在 80 年代的时候，汽车进口关税是 200%。如果在国内买一辆汽车，价格是国外的三倍。这对我来说是极端的优惠，所以我当然带了一辆汽车回国。

我是 1987 年 6 月回到国内的，当时虽然有这个政策，但是落实起来挺不容易的。我花了九个月的时间，才把从国外带回来的汽车的各种证件办齐全。1988 年 3 月，要开两会之前，我去北京车管部门拿我的行车执照的时候，北京车管部门跟我讲，我那辆车是整个北京市第二辆私人拥有的小轿车。那是 1988 年。

我的小轿车真的很小，是 TOYOTA Corolla，排气量只有 1.6 升。1988 年，我开那辆小轿车出去的感觉，比开劳斯莱斯的感觉还要好。那辆车设计得很新潮。当时国内的车一般是上海牌，还有苏联的拉达牌，日本设计的小车形状比较漂亮，所以在路上开到哪个地方去，大家都是以非常羡慕的眼光看着我。我开到停车场，司机朋友们都过来围观。尤其那辆车是自动挡的，国内的司机朋友们当时还没有看过自动挡的车。那是 1988 年。

现在北京市有多少私人拥有的小轿车？ 600 万辆。当时我的同事从来没有人觉得他会拥有一辆小轿车，现在我的同事每个人都有。这个变化非常大。

从 1978 年到 2017 年，39 年的时间，我们的经济增长速度平均每年达到了 9.5%。这样的经济增长速度是任何人都没有预期到的。改革开放初期的时候，小平同志给我们提出的目标是 20 年翻两番。那时候我在北大当研究生，就想了解一下：20 年要翻两番，平均每年的增长速度是多少呢？现在要算起来很容易，因为每个人都有计算机，都有智能手机，都有计算器，你可以打进几个数字，就可以了解到平均每年的增长速度是多少。在 80 年代初可没有这个条件。我听到这样的增长目标以后很好奇，就用手算。怎么算呢？用逼近法，假定每年增长 5%，1.05 的 20 次方，结果太少了，翻不了两番。就变成每年增长 10%，1.1 的 20 次方，又太多了。算了一个下午才知道，20 年要翻两番，平均每年的增长速度要达到 7.2%。

当时有一个自然增长率理论：任何一个国家、一个社会，如果不是在受到战争或者自然灾害破坏以后的恢复期，经济很难以 7% 或者是更高的速度来持续增长一段时间。尤其是中国当时那么穷，那么落后，底子那么薄。所以当时作为一个学生，我内心里面有一种怀疑：这样的目标能达到吗？同学之间不太敢讨论，因为这是国家提出的目标。

当时北大有一位来自纽约州立大学的外教，名字叫 Bernard。我就去问外教，说我们国家现在提出的目标是 20 年翻两番，我算了一下才知道每年要有 7.2% 的增长，我问那位在美国教经济学、来北大交流的教授，有没有可能达到。他听了以后也是摇摇头，认为这是一个不可能达到的目标。

我当年认为 20 年翻两番是政治上的鼓劲儿。中国人有一句话："取法乎上，仅得其中"，把目标定得高一点，给大家鼓劲儿，即使不能达到 7.2% 的增长，6.2% 也不错，5.2% 也还可以。当时确实是这么想的。

现在 40 年的时间过去了，我们的增长速度不是 7.2%，而是 9.5%；这个增长速度的年限不是 20 年，现在已经是 39 年了。7.2% 跟 9.5%，每年的差距只有 2.3 个百分点，好像不多。但是从改革开放到现在，如果每年以 7.2% 的速度增长，我们的经济规模会是 1978 年的 15 倍。但因为我们是以每年

9.5% 的速度增长，所以在 2017 年的时候，我们的经济规模是 1978 年的 34 倍。这个差距非常大。

衡量改革开放还有一个非常好的指标，就是国际贸易，它代表国内经济跟国际经济的互动交流。从 1978 年到 2017 年，我们的国际贸易平均每年的增长速度达到了 14.5%。这 39 年间，我们的国际贸易增加了 199 倍。在这样的快速增长的态势下，2010 年，中国的经济规模按照市场汇率计算，超过了日本，变成世界第二大经济体。同年，我们的出口超过了德国，变成了世界第一大出口国。出口产品结构也发生了很大的变化。1978 年的时候，我们出口量少，占国内生产总值的比重是 4.1%，其中 75% 以上是农产品或者是农产品加工品。现在我们出口的产品当中，97% 是制造业产品，所以中国现在被称为"世界工厂"。

各位如果对历史感兴趣，也应该知道，在世界上最早被称为"世界工厂"的是英国，工业革命以后英国被称为"世界工厂"。从 19 世纪末到第二次世界大战以前，"世界工厂"变成了美国。第二次世界大战以后，"世界工厂"变成了德国和日本。现在，"世界工厂"变成了中国。

到 2013 年的时候，我们的国际贸易总量也就是进口加出口的贸易总量超过了美国，变成了世界第一大贸易国。而且我们的贸易依存度，也就是进口加出口占国内生产总值的比重，在所有大国当中是最高的。我所说的大国的含义是人口超过 1 亿的国家。我们现在的国际贸易占国内生产总值的比重大约是 35%，最高的时候曾经达到 50% 以上。但是在其他大国，国际贸易占国内生产总值的比重比我们低多了。比如，美国国际贸易占国内生产总值的比重只有 25% 左右，日本只有 20% 左右，我们达到了 35% 左右。

在 2014 年的时候，根据按购买力平价计算的国内生产总值，我们超过了美国，变成世界第一大经济体。前面我讲在 2010 年的时候，按照市场汇率计算，我们成为世界第二大经济体。市场汇率跟购买力平价有什么差异呢？因为同样的产品跟同样的服务，在不同的国家价格不一样。为了容易比较，经济学家就想出了一个办法，这个办法就是找一揽子的商品和服务，里面的东西是一样的，不同的国家，这一揽子的商品和服务，按美元计算各是多少钱。比如说一揽子的商品和服务在美国值 1 万美元，看看到其他国家值多少。通常在发展中国家都比较便宜。按照这样的计算办法，在 2014 年的时候，中国按照购买力平价计算的国内生产总值超过了美国，变成世界第一大经济体。

2017 年的时候，我们的人均国内生产总值达到了 8640 美元，达到了中等偏上的水平，从世界上最穷的国家之一，变成了中等偏上收入的国家。

在过去 40 年当中，我们有超过 7 亿人摆脱了国际贫困线，脱贫了。世界上很多国家从第二次世界大战以后，发展目标就是减少贫困；也有很多的国际机构，像世界银行、联合国开发计划署等，它们努力的目标也是要帮助发展中国家减少贫困。但是在过去这 40 年当中，如果把中国减少的贫困人口排除掉，世界贫困人口不仅没有减少，而且还在增加。我们过去这 40 年对世界减贫努力的贡献率超过了 70%。

这是人类历史上不曾有过的奇迹。在座的老师，都可以讲是这场奇迹的见证者，也是这场奇迹的参与者，同时也是这场奇迹的贡献者。在座的同学年纪稍微小一点，是这场奇迹的最大的受益者。

/ 二 /

在座的老师和同学还经常听到另外一种声音，就是中国经济即将崩溃。这个声音隔几年就来一次，但是中国是过去这 40 年来唯一没有崩溃、唯一没有出现金融危机和经济危机的国家。虽然老讲我们要崩溃，但是很多其他国家，包括美国、欧洲、日本和其他的发展中国家，在过去 40 年当中都出现过危机，出现过经济崩溃，但是中国是唯一没有经济崩溃的国家。

我们不仅自己没有崩溃，在过去40年当中，在其他国家、地区出现危机、发生崩溃的时候，中国对它们的复苏作出了巨大的贡献。最明显的是1997—1998年的东亚经济危机。东亚经济体是第二次世界大战以后发展最好的地方。像日本、"亚洲四小龙"，是第二次世界大战以后经济发展最好的国家、最好的地区、最好的经济体。突然间，在1997—1998年的时候爆发了一场危机，经济突然间崩溃了。当时大家预料东亚经济体可能要10年、20年以后才能缓过劲儿来。可是事后看来，东亚经济体在2000年以后就恢复了危机之前的高速增长。之所以这样，中国是最主要的原因。因为东亚经济体爆发危机的时候，中国宣布人民币不贬值，这对东亚经济的稳定起到了重要的作用。

为什么这么说呢？

任何一个地方发生金融危机的时候，货币一定大量贬值。这是因为，一国经济出现危机以后，就可能出现一些国际炒家，炒这个国家的货币贬值，就可能出现资金外逃。这样的状况之下，危机国的中央银行就要拿自己的外汇储备稳定汇率。但是国内的外汇储备总是有限的，所以很快就把国内的"弹药"——外汇储备花光了，本国货币价值就会直线下滑。

出现汇率危机的国家和地区如果想要保持经济稳定，必须要重新建立外汇储备，中央政府、中央银行才有能力维持汇率稳定。怎么来重新建立外汇储备呢？必须要增加出口。当然，货币贬值，国内生产的东西在国际上卖得比较便宜，有利于出口。中国当时出口也很重要，而且中国的出口产品跟这些亚洲国家和地区的产品是存在竞争的。如果东亚经济体货币贬值，出口便宜了，就会影响中国的出口。所以国际上本来以为中国为了维持自己的出口竞争力，也会让人民币贬值。如果人民币真的贬值了，其他国家为了重新建立它们的外汇储备，有什么选择呢？只好跟着继续贬值，这样就出现了经济学上所谓的竞争性贬值。

1997—1998年，中国讲我们是一个负责任的大国，在周遭的经济体出现危机的时候，我们要发挥大国的责任，人民币不贬值，避免东亚其他经济体出现竞争性贬值的不良后果。不仅是人民币没有贬值，给东亚经济体提供了一个安定的环境，并且我们当时的经济还维持了 8% 甚至更高一点的增长速度。中国的 8% 是当时全世界最快速的增长，帮助拉动了东亚经济体的增长。在国际上，大家公认在这个事情上，中国作出了巨大的贡献。

2008 年，美国股票市场崩盘，带来了世界性的经济危机。1929 年的时候，美国股票市场也发生过崩盘，导致整个 30 年代世界经济大萧条。这次也是来势汹汹，从股票市场崩盘和世界贸易萎缩的情形来看，这次比 1929 年那次的严重程度有过之而无不及。2008 年底，召开了二十国峰会，每个国家决定回去以后要采取积极的财政政策。中国从 2008 年底、2009 年初开始，推出了 4 万亿的积极财政政策。在 2009 年第一季度，中国经济就恢复了增长，带动了其他金砖国家和新兴市场经济体在第二季度的增长，也帮助了包括美国、欧洲在内的发达国家在 2009 年下半年停止了经济的继续下滑。所以说中国在改革开放以后，不仅改变了我们国家自己的面貌，也对世界经济的稳定和发展作出了巨大的贡献。

/ 三 /

有几个问题我们应该反思一下。

第一，为什么改革开放以后中国有可能发展这么快？平均每年 9.5% 的增长，这是人类经济史上不曾有过的奇迹，连小平同志这样伟大的政治家当时也没有想到。为什么能这么快地增长？

第二，同样的中国，同样的土地、同样的人民、同样的政府，为什么 1978 年以前发展那么慢，到 1978 年的时候还那么穷？

第三，既然中国在过去这 40 年发展得这么好，"中国崩溃论"为什么隔几年就来一次呢？

第四，在座的各位更关心的是，未来中华民族发展的前景怎么样？中国是不是还有可能维持比较高速的增长，实现民族伟大复兴的目标？

第五，我想跟各位探讨一下，中国改革开放40年所取得的成绩，对世界的意义是什么？对像我这样研究经济学的经济学家的意义是什么？

（一）

首先，为什么改革开放以后，中国的经济能够发展这么快？

要回答这个问题，我们首先必须理解，经济快速增长的含义是什么、机制是什么。所谓经济增长，当然代表我们的收入水平越来越高，就像1978年的时候我们的人均GDP只有156美元，现在人均GDP是8640美元。这是经济增长表面的结果。

收入水平不断提高的前提又是什么呢？就是劳动者的生产率要越来越高，生产出越来越多、越来越好的东西。怎么样让我们的劳动生产率水平不断提高呢？有两种方式。

第一，现有的产业——农业、制造业、服务业，不断地进行技术创新，每个劳动者有越来越好的技术，就可以生产出越来越多、质量越来越高的产品。这是提高劳动生产力水平的一种方式。

第二，不断涌现新的附加价值更高的产业。可以把资源——包括劳动力、土地、资本——从附加价值比较低的产业配置到附加价值比较高的产业上面去，这样劳动生产力水平也就能够越来越高。这是经济增长必然要依赖的机制。这个机制，不管是对于发达国家还是发展中国家，都是一样的。

但是发达国家跟发展中国家有一点不一样：发达国家现在收入水平很高，劳动生产力水平很高，现在使用的技术是世界上最好的技术，所在的产业是世界上附加价值最高的产业。只有这样，劳动生产力水平才能最高，收入水平才能最高。

现在的技术已经是世界上最好的技术了，怎么才能有技术创新呢？只能自己发明新技术。现在的产业已经是世界上附加价值最高的产业了，要实现产业升级，同样必须自己发明新产业。发明如果成功了，当然非常好，一本万利。但是发明有非常大的风险，绝大多数发明的努力是失败的。常讲的成语是"一将功成万骨枯"。如果一个年轻人去当兵，能当到将军，那是扬名立万，非常好。可是打仗的时候出 1 名将军，要死掉 1 万名士兵，风险是非常高的。发明基本上就是这样的特性。

工业革命以后，到 19 世纪末，发达国家平均每年的人均收入增长速度是1%；从 19 世纪末 20 世纪初到现在，发达国家平均每年的人均收入增长速度大约是 2%。再加上人口增长等，发达国家在过去 100 年左右的增长速度平均起来每年大概是 3%—3.5%。这是发达国家靠发明，靠新技术、新产业实现的平均增长速度。

中国是一个发展中国家。发展中国家代表我们的收入水平低，我们的劳动生产力水平低，但是我们要提高劳动生产力水平，同样必须有技术创新，有产业升级。但是什么是创新呢？创新的含义是说在下一次生产的时候，你所用的技术比现在的技术好，这是创新。我前面讲的发达国家的创新一定等于发明，因为发达国家的技术已经是最好的了。对于发展中国家，创新当然也可以是自己发明，但是还有另外一种方式：因为我们作为发展中国家，技术跟发达国家有差距，可以把发达国家已经成熟的、比我们现在用的技术好的技术引进、消化、吸收，并用于生产当中，这也是一种创新。这种方式的创新，成本和风险就会比发达国家低多了。

同样的情形，产业升级是在下一次生产的时候，附加价值比现在这个产业高。由于发达国家的产业已经在世界最前面了，所以它们要自己发明新产业。我们的产业附加价值水平低，同样可以把发达国家已经成熟的、附加价值比我们高的产业引进、消化、吸收，作为创新。

这种方式就让发展中国家有可能以比发达国家成本低、风险小的方式取得技术创新、产业升级，提高生产力水平，推动经济发展。

你有可能发展速度更快、风险更小，但是实际上能快多少，在理论上说不清楚。理论上只能说有正面的效应，但是这个效应会有多大，只能从实证的经验中获得。

第二次世界大战以后，有 13 个经济体利用和发达国家的技术差距——经济学上称为后来者优势——来加速经济增长，取得了每年 7% 或者是更高，持续 25 年或者是更长时间的快速经济增长。我前面谈发达国家每年的经济增长速度无非就是 3—3.5 个百分点。如果说你能够以 7% 或者是更高，也就是说以发达国家的两倍或者是更高的速度增长，如果能持续 25 年或者是更长时间的话，当然可以大幅缩小跟发达国家的差距。而中国就是在改革开放以后，成了这 13 个经济体当中的一个。

（二）

改革开放以后，我们取得了连续到现在，每年 9.5% 的增长，背后最主要的机制是什么？就是改革开放以后，我们发现了利用跟发达国家产业技术差距所带来的后来者的优势，加速了我们的经济增长。如果后来者优势是改革开放以后中国经济快速增长、财富快速积累的最主要原因，那为什么我们在 1978 年的时候那么穷呢？这个后来者优势应该长期存在啊。

从工业革命以后，西方发达国家产业技术发展非常快，收入水平不断提高。从 18 世纪到现在，已经两个多世纪了，为什么中国在后来者优势长期存在的状况之下，只有到 1978 年以后，后来者优势才变成了我们经济快速增长的动力呢？为什么在 1978 年之前中国那么穷呢？道理是什么呢？

我个人的看法是我们主动放弃了这个优势。

西方在发生工业革命以后，经济快速发展。到了鸦片战争，中国被西方打败，成为"人为刀俎，我为鱼肉"的一个国家。知识分子一直在追求中华民族的伟大复兴。1949 年 9 月 21 日，毛主席在中国人民政治协商会议第一届全体会议开幕式上宣布：中国人从此站立起来了！怎么样才能让中国人站起来呢？当时的目标是民富国强，想让每个人能够生活得跟发达国家的人一样富足，想让我们的国家可以像发达国家一样昌盛。这是我们的目标。

当时认为怎么才能民富呢？既然我们每个人都要生活得跟发达国家的人一样富足，那我们的收入水平是不是应该跟发达国家一样高呢？收入水平要跟发达国家一样高，劳动生产力水平就应该跟发达国家一样高。怎么样才能让我们的劳动生产力水平跟发达国家一样高呢？那就要求我们的产业技术必须跟当时的发达国家一样先进。同时，我们要国强。国强就必须要有强大的军事实力，而军事实力是建立在国防产业上面的，所以要让国家强盛起来，我们也必须跟发达国家一样拥有先进的、现代化的国防产业。

当时不管是民用产业还是国防产业，发达国家拥有的都是资本、技术非常密集，规模非常大的现代化的产业。为了实现民富国强的目标，我们国家在50年代提出了"10年超英、15年赶美"。因为只有我们能够跟发达国家一样拥有现代化、先进的大产业，资本很密集、规模很大、技术很先进，中国人民才能真正站起来，否则我们的人民不可能像发达国家的人那样富裕，我们的国家不可能像发达国家那样强大。

那些发达国家当时拥有的最先进的产业，都有专利保护，不能简单地拿来模仿和使用。更重要的是，这些先进的产业一般都是跟国防安全高度重叠的产业，你就是想付专利费，人家也不一定卖。他不卖，你想发展怎么办呢？只有自力更生，自己去研发。

自己研发，就是放弃了前面所说的后来者优势，放弃了引进、消化、吸收的可能性。这是主动放弃。

不仅如此，当时要发展的那些都是资本非常密集、规模非常大的现代化的产业。可是在1949年、1950年的时候，中国是一个贫穷落后的国家，资本极端短缺。资本密集的产业是资本丰富的发达国家的比较优势，而我们资本非常短缺，因此这不是我们的比较优势。因为不是我们的比较优势，我们要投资这个产业，生产成本会比发达国家高得多。在一个开放、竞争的市场当中，这些产业是一点竞争力都没有的。除非给它保护补贴，要不然在市场当中是发展不起来的。

为了把现代化的大产业建立起来，就只能靠国家直接动员资源、直接配置资源到这些优先发展的产业。为了保护补贴它们，就只好让它们在市场上有垄断地位，以及用各种价格扭曲的方式来补贴这些产业。价格的扭曲就会导致资源的错误配置。

一方面放弃了后来者的优势，因为必须要自己发明那些技术，不可以引进、消化、吸收，另一方面还必然导致各种资源的错误配置，所以效率必然会非常的低。

在效率低的状况之下，我们当时就穷。只有到了1978年以后，我们才改变了这种发展的方式，才开始发展劳动力密集型的产业。这种产业符合我们的比较优势，又是传统的、成熟的，基本上都已经没有专利保护了，所以我们就可以引进、消化、吸收了。同时政府为了把这种产业发展起来，还积极地招商引资，设立经济特区、加工出口区、工业园区，把它们的基础设施等都搞好了。所以就能够把这些符合比较优势的产业变成有竞争优势的产业，能够出口、创造外汇、积累资本。积累了资本以后，我们就能够逐渐地进行产业升级，投资到资本更密集一点的产业。但是因为是一步一步上来的，跟发达国家还有一定的差距，那些产业从发达国家的角度来看都是相对成熟的产业。因此我们就能够进口，能够引进那些技术，利用后来者优势。所以我想在1978年的时候，我们那么穷，是因为发展思路的问题。1978年以后，改革开放可以取得这么大的成绩，同样是因为发展思路改变了。

（三）

为什么在1978年以后，我们改变了发展思路，取得了这么好的成绩，可是这40年当中老是听到"中国崩溃论"的声音？老是在讲中国经济即将崩溃？为什么会有这样的情形呢？

主要的原因是我们转型的思路跟当时国际上主流的转型思路不一样。我们常讲，工业革命以后，发达国家利用它们的军事强权，在世界上占领了很多的殖民地。第一次世界大战以后，民主主义风起云涌。第二次世界大战以后，那些前殖民地、半殖民地国家都摆脱了殖民统治，开始追求国家的现代化。

20世纪50年代到70年代，所有的社会主义国家推行的都是跟我们一样的重工业优先发展的思路。即使非社会主义国家，像拉丁美洲国家，或者是非洲国家，以及一些亚洲国家比如印度，它们推行的其实也是跟中国大同小异的重工业优先发展的思路。有的人称之为进口替代战略。第二次世界大战以后，出现了发展经济学，当时发展经济学的第一波思潮是结构主义，同样是建议发展中国家靠国家动员资源、配置资源，来发展现代化的大产业。因为当时认为要赶上发达国家，就必须要有发达国家的生产力水平；要有发达国家的生产力水平，就必须要有跟发达国家一样的现代化大产业。这些大产业在市场经济当中都发展不起来。所以当时发展经济学的主流思潮——结构主义，也建议发展中国家利用政府的力量来克服市场失灵，配置资源、动员资源，发展现代化的大产业。

这样做的结果跟我们1978年改革开放之前的结果一样：似乎把现代化的产业建立起来了，但是基本上都没有什么竞争力，只能靠政府的保护补贴才能够生存下来。

我们1978年开始改革。到了80年代，基本上所有的发展中国家也都在进行改革。对于当时发展中国家的改革，国际上的主流认识（我们现在称为"新自由主义"的观点）认为，发展中国家之所以发展不好，是因为政府对市场进行了太多的干预、扭曲，导致了资源的错误配置。政府的干预、扭曲形成了租金，用经济学的话来讲就是会有寻租的行为，会有各种腐败现象，造成收入分配不公等问题。

新自由主义经济学在80年代的时候对发展中国家的认识就是这种观点，说发展中国家经济搞不好，就是政府对市场干预太多，导致资源错误配置，导致各种腐败现象，等等。既然要转型，从计划经济向市场经济转型，就要从政府对市场的干预转变为建立完善的市场经济体系。也就是说，这些发展中国家如果要把经济搞好，政府就应该退出市场，就应该建立一套像发达国家一样的完善的市场经济体系。怎么样建立一个完善的市场经济体系呢？当时提出的就是要私有化、市场化、政府财政预算平衡、自由化。当时为什么是这样的看法呢？因为你要建立市场经济体系，价格应该由市场决定，这就是市场化的含义。各种产品的价格应该由市场决定，这是市场经济的基础。

当时的看法是：如果企业是国有的，国有企业亏了本，国家会给补贴，在这种状况下，企业对价格信号不起反应：一方面，如果用的生产要素价格高，国有企业不会在乎，因为即便生产要素价格高、企业亏损，政府也会给补贴；另一方面，即使产品价格高，企业也不见得会多生产，因为他们认为赚的钱再多，也要交给国家，厂长和经理没有得到更多的收益。只有私有企业，老板为了多赚钱，才会根据价格信号作出准确的决定。所以当时的第二种思路就是必须要私有化。

同时，宏观的价格必须稳定，如果出现了恶性通货膨胀，价格就会失掉配置资源的功效。稳定物价，前提就是政府的财政预算必须要保持平衡。因为如果政府的预算有很大的赤字，必然用货币化的方式增发货币，弥补政府的财政赤字。如果增发货币，就会导致通货膨胀。通货膨胀高了以后，价格就失掉了引导资源配置的功能。

当时的这些改革思路好像是一环扣一环：要建立市场经济的制度机制，就要由价格决定资源配置。但是必须要有私有产权的制度安排，这样企业才会按照价格信号来决策，资源才会由市场来配置。同时，必须要由政府维持宏观经济的稳定，价格信号才会起作用。

发达国家一般是这样做的。当时认为既然计划经济国家，或者是像其他非洲的、拉丁美洲的政府主导的经济体，要建立起现代市场经济体系，必须要同时推行这些内容的改革。这些后来被大家称为"华盛顿共识"。

对于经济问题，经济学家经常会有一些不同的意见。比较常讲的笑话是：如果拿一个经济问题问五个经济学家，他们通常会给你六种不同的答案，每个人都讲得头头是道。但是在20世纪80年代、90年代社会主义国家向市场经济转型的时候，当时世界银行的副行长，也是首席经济学家，后来当过美国财政部部长以及哈佛大学校长的劳伦斯·萨默斯教授，在1992年的时候写过一篇文章，他讲，出乎意料的是，这次在经济转型的问题上经济学界有一个共识，这就是必须同时推行私有化、市场化、宏观经济稳定化这三个政策。

中国在1978年以后开始改革，并没有用当时被认为最好的办法，中国是按照一个渐进的、双轨的方式来转型。所谓渐进的、双轨的方式，就是我们在改革开放初期的时候，有很多资本很密集的大型的国有企业，当时如果不给这些国有企业保护补贴，它们是活不了的，因为资本非常密集，违反我们的比较优势。所以当时的转型方式基本上就是老人老办法——继续给这些企业必要的保护补贴，新人新办法——对那些劳动力密集的加工业，这些传统上受到抑制的、符合我们比较优势的产业，政府开放准入，乡镇企业、民营企业、外资企业都可以进入。而且不仅是开放准入，同时还积极地因势利导它们发展，包括设立工业园、加工出口区、经济特区，招商引资，给予各种的优惠政策，把那些劳动力比较密集的产业发展起来。

中国的这些做法跟当时国际上主流的看法正好相反。当时国际上主流的看法是计划经济不如市场经济；要建立市场经济，就必须要按照"华盛顿共识"，同时推行私有化、市场化、宏观经济稳定化这三个政策。

当时国际上还有一个共识，就是像中国那样渐进的、双轨的方式的改革是最糟糕的转型方式。如果按照这种方式转型，中国经济会比在计划经济的时候还要糟。他们的看法是这样的：在计划经济的时候，政府无非就是把资源提供给自己的国有企业。但如果像中国那样推行渐进的、双轨的方式转型，一方面，政府的保护和对市场的干预会造成市场扭曲，另一方面，放开了一些市场的准入，就会出现很多腐败现象。因为在政府控制的价格跟市场价格之间有一个价差，就会有人去寻租。在座的同学们可能没有听过"倒爷"这个词。在座的老师都知道，20世纪80年代有很多所谓的"倒爷"，政府规定的价格低、市场价格高，"倒爷"就到政府那边去批条子，把政府廉价的产品倒到市场上去卖，转手之间就能赚钱。这样就有了腐败，就会有很多的贿赂现象出现。所以他们认为这时候的中国经济比计划经济更糟。

这个现象在中国确实是出现了。可是我们现在看到，当时认为最好的转型方式是"华盛顿共识"所讲的"休克疗法"，但是推行"休克疗法"的国家结果怎么样呢？结果经济都崩溃了、停滞了，危机不断。而且出现在我国的腐败和收入分配问题他们也遇到了，并且比我国还严重。

为什么新自由主义的理论听起来好像非常清晰，好像在逻辑上一环扣一环，但是推行以后的结果却跟原来预期的效果正好相反呢？为什么按照"休克疗法"这种被认为最好的方式转型，结果经济却崩溃了、停滞了，危机不断，而且腐败问题还更严重呢？我想最主要的原因是这样的理论忽略了原来对经济干预、扭曲的目的是什么。干预、扭曲的目的是为了对资本非常密集、规模非常大的国有企业进行保护补贴。那些国有企业违反了比较优势，私有化以后，不给保护补贴，还是活不了。活不了会有什么结果？一方面是规模很大，雇了很多人，让它破产，就会有大量的失业，可能造成社会不稳定、政治不稳定。另一方面，这其中的一些企业的产品跟国防安全有关，如果没有这个产业，没有这些产品，就没有国防安全。最明显的例子就是乌克兰。乌克兰在转型之前可以生产航空母舰，可以生产大飞机，而且到目前为止还是全世界最大的飞机。它的飞机从机头到机尾是84米，到现在还没有任何一个国家可以生产这么大的飞机。但是在20世纪90年代转型的时候，它按照"华盛顿共识"，全部取消保护补贴。这些企业活不了了，所以就把它的航空母舰卖给我们，就是现在的辽宁舰；把大飞机的设计蓝图卖给我们，听说那些设计蓝图有十几吨重。结果怎么样呢？乌克兰一点国防力量都没有了。所以，俄罗斯要收回克里米亚就收回了，它一点脾气都没有；东部的边境跟俄罗斯老有纠纷，老要闹独立，它也一点办法都没有。

绝大多数的国家不会这么天真。比如说俄罗斯，从经济力量来讲，它是一个二线国家，为什么今天可以跟美国抗衡呢？因为它有强大的军事力量和国防产业。这些产业不补贴就活不了。但是又不能没有它，在这种状况下，是国有的时候保护补贴多，还是私有的时候保护补贴多呢？是私有的时候保护补贴多。

为什么呢？因为国有的时候，厂长、经理会跟政府讲，你不给我保护补贴我活不了，活不了你受不了，因为没有国防安全，所以必须给我保护补贴。但是拿了保护补贴以后，当时没有八项规定，多吃一点很难避免，但不能直接把国家的补贴放在自己口袋里。放在自己口袋里就是贪污，当时即使没有从严治党也是贪污，多的话可以抓起来，再多的话就是枪毙。做的话只能偷偷摸摸，小打小闹地做。

私有化以后，有没有私有老板会补贴国家？不会的。没有保护补贴我活不了，我活不了你受不了，所以必须要给我保护补贴。私有化以后，跟国家拿的保护补贴越多，放在自己口袋里的也越多，这是天经地义的，因为企业是私有财产。所以私有老板就有更大的积极性去跟国家要保护补贴。所谓跟国家要保护补贴，国家是谁啊？当然是由政府官员代表。这些私有老板会跟政府官员讲，你给我的保护补贴也不是你的钱，为什么不多给我一点呢？多给我一点，我在瑞士给你设立一个账户，咱们两个人二一添作五。

当时我跟很多人争论，实际上更重要的不是产权问题，而是它所在的行业是国家需要的，但是违反比较优势，我们称这是战略性的负担。有战略性的负担就有战略性的亏损，战略性的亏损就只能由国家负责。私有化以后，效率不会提高，而且保护补贴会更多，因为从激励机制来看是这样子的。你们看到的巴拿马文件里面有大量的记载，某些国家的政要周边的朋友都是亿万富翁。他们帮忙从政府那边给那些私有企业更多的补贴，私有企业就在瑞士、在巴拿马给他们设立账户，然后把财富给他们转过去。不仅是巴拿马的文件上有很多的记载，而且世界银行还有欧洲开发银行，包括俄罗斯和东欧很多经济学家所做的实证研究，都发现这些大型的国有企业私有化以后，实际上效率更低，而且给的保护补贴还更高。

而我们渐进的、双轨的转型，开始的时候被认为是最糟的，因为保留了扭曲，当然就会有腐败行为，会有寻租行为，会有80年代的"倒爷"。但是这些老的国有企业生存下来了，并且政府对企业还有一定的监督和约束，新的产业也发展起来了，所以能够维持稳定和快速发展。这是解放思想、实事求是的一种做法。而且现在来看，在转型过程当中，表现好的经济体，像中国、越南、柬埔寨，推行的都是这种渐进的、双轨的转型方式。东欧国家当中经济表现最好的两个国家——波兰和斯洛文尼亚，国有企业同样没有私有化。市场当然放开了，但是大型的国有企业没有私有化。另外在现在的独联体国家当中，两个经济表现最好的——乌兹别克斯坦、白俄罗斯，大型国有企业同样没有私有化。这些大型国有企业没有私有化，不是说它们有效率——因为违反了比较优势，怎么会有效率呢？但是这些大型国有企业没有私有化避免了经济的崩溃，而且避免了寻租、腐败的恶果。

现在经常有人讲我们有收入分配的问题，有腐败的问题，好像说政府取消补贴，就不会有腐败了。理论上讲是这样的，但问题是：你把企业私有化了，能不能不给保护补贴？如果不给保护补贴，就像乌克兰那样，又变成了人为刀俎我为鱼肉，任人宰割了。我们要避免那种情况。为了避免任人宰割，就必须要有国防安全和国防企业。如果私有化，给的保护补贴会更多，效率会更差，腐败现象会更普遍，收入差距也会更大。

那么，对于这些大型的、资本很密集的国有企业，当时为什么要给它们保护补贴呢？因为在20世纪80年代、90年代，我们是一个低收入的国家，资本极端短缺，如果不给它们保护补贴，这些企业就活不了。所以当时我们按照解放思想、实事求是的原则，老人老办法，雪中送炭，给它们补贴，让它们活得了。

现在，经过 40 年的改革开放，我国已经是一个中等偏上收入的国家了，随着资本的积累，许多老产业已经从违反比较优势变成了符合比较优势。既然符合比较优势，在开放、竞争的市场当中，只要管理好，就应该能赚钱，就应该能够面对市场竞争。在这种状况下，保护补贴就失掉意义了。从企业的角度来讲，肯定是保护补贴越多越好；从国家的角度来讲，给保护补贴就会有寻租、腐败的问题，会有社会代价、政治代价。

因此，2013 年，党的十八届三中全会提出全面深化改革。全面深化改革的一个主要内涵就是让市场在资源配置中起决定性作用。怎么样让市场在资源配置中起决定性作用呢？就是要把政府的保护补贴取消掉，现在取消是水到渠成。很多过去没有保护补贴就活不了的产业，现在很有竞争力了。比如装备制造业，像三一重工，在国际上很有竞争力。又比如徐州工程机械，是国有的，同样可以在国际上竞争。还有汽车产业，我们现在汽车产业年产 3000 万辆，全世界最多，产品可以跟进口汽车竞争，有一些汽车也可以到国际上竞争，有比较优势了。所以就可以把在 20 世纪 80 年代、90 年代为了帮助企业生存所给予的保护补贴取消了。取消了以后，市场才能在资源配置中起决定性的作用。当然政府还要发挥政府好的作用。

这个渐进式的改革，实际上是给我们后面的改革创造了必要的条件。同时，如果把各种保护补贴都取消掉，也可以对腐败现象产生釜底抽薪的作用，因为所有腐败就是因为政府的干预产生的寻租行为。如果说价格都由市场决定了，资源都由市场配置了，一般人就不用找市长了，就要找市场。我们现在有政府干预，所以要找市长，不找市场，那就有腐败了。如果各种资源都由市场配置，你找市长也没有用，只好找市场了。你不去找市长，当然就不会有腐败了。所以说，取消保护补贴对腐败有釜底抽薪的作用。

由于认识上的错误，很多国家采取了错误的转型方式，结果导致了失败。我们采取的实际上是最好的转型方式，但是当时经济学家普遍认为这是最糟的方式，所以只要我们的经济发展速度放缓一点，就认为中国经济快崩溃了，因为他们认为你既然采取了最糟糕的方式，经济怎么能够持续发展呢？所以我们讲，从 1978 年到现在，我们的经济平均每年增长 9.5%，但是并不是每年都增长 9.5%，高一点可以达到 11%、12%，低一点可以到 8%。那么只要出现了增速放缓，就马上说你经济要崩溃了。我觉得这主要是因为认识错误造成的。

（四）

对青年人来讲更重要的是什么？更重要的是中国的经济是不是还能够保持持续的快速增长。换句话说，中国经济是不是可以按照党中央、国务院提出的目标保持中高速增长，在 2035 年把中国建设成社会主义现代化国家，到 2050 年的时候把中国建设成社会主义现代化强国？

要实现这样的目标，前提是经济要保持相对快速的增长，这样才能缩小跟发达国家的差距。

这几年，大家对中国经济有很多的忧虑，同时"中国崩溃论"的声音也越来越多。为什么会这样呢？

我们实现了 40 年年均 9.5% 的增长，这是人类史上不曾有过的。日本和新加坡的经济快速增长 20 年以后，增长速度都放缓了。当过哈佛校长的那位萨默斯教授在三年前写过一篇非常有名的文章，他说世界上的常规经济增长速度是 3%—3.5%，像中国那样 9%、10% 的增长是非正常的。他认为中国也必然会恢复到常规增长。他讲的常规增长就是 3%—3.5%，顶多是 4%。

2016 年的时候，中国经济增长速度降到了 6.7%，是 1990 年以来最低的增长速度。2010 年以后，连续六年经济增长速度下滑，也是中国改革开放以后第一次出现。2017 年的时候恢复到 6.9%，但是 2018 年经济压力又非常大。在这种状况下，很多人关心是不是中国真的会像"亚洲四小龙"那样，经济增长速度掉到 6%、5%、4%，甚至会掉到 3%、3.5%，顶多是 4% 的水平。

怎么来看这个问题？到底中国经济增长未来的前景怎么样？

前面我提到了中国在改革开放中的快速增长，一个很主要的原因是后来者优势。我们作为一个发展中国家，收入水平低，技术、产业水平低，跟发达国家有差距。这个差距代表我们落后，但是从增长的潜力来讲代表着优势，这个是后来者优势。

现在的问题是，到底中国能不能保持政府提出的中高速增长——6.5% 左右的增长？要回答这个问题，关键在于要搞清这个后来者优势有多大。有的人的看法是，东亚经济体一般 20 年以后经济增长速度就放缓了，人家 20 年就把后来者优势用完了，我们用了 40 年，还怎么用？已经用完了。更何况世界常规经济增长速度是 3.5% 左右。

我认为，要厘清这个问题，不要看我们已经用了多少年后来者优势，而要看到底我们跟发达国家的产业和技术差距还有多大。如果产业和技术差距大，就代表后来者优势大；反过来讲，如果产业和技术差距小，就代表后来者优势小。怎样衡量产业和技术的差距呢？我想一个好的办法是看人均收入水平和人均 GDP 水平跟发达国家的差距。因为人均 GDP 水平实际上代表了一个国家平均的技术水平、平均的产业附加价值，人均收入水平代表着劳动生产力水平，也代表了平均的技术水平和产业附加价值。

一个可以用的历史统计资料是一个荷兰籍的经济学家——他 2011 年去世了——在 2010 年公布的一个数字，当时的数字是到 2008 年。在 2008 年的时候，我们的人均 GDP 按照购买力平价计算，是美国的 21%。这相当于日本在 1951 年的时候跟美国的差距水平，新加坡在 1967 年的时候跟美国的差距水平，我们的台湾在 1975 年的时候跟美国的差距水平，韩国在 1977 年的时候跟美国的差距水平。

这些东亚经济体利用和美国的差距所带来的后来者优势，实现了年均 8%—9% 的增长。它们也是我前面讲的第二次世界大战以后利用跟发达国家的产业和技术差距带来的后来者优势，实现了每年 7% 或者是更高，25 年或更长时间发展的成功的 13 个经济体中的几个。如果利用跟我们同样水平的后来者优势，能够实现20年年均8%—9%的增长，那代表什么？代表着从2008年开始，我们有20年每年增长8%的潜力。我这里用潜力，是因为既然它们能实现，就代表我们也有可能实现。

潜力怎么衡量呢？一棵树能长多高，这是由基因决定的。怎么知道基因决定这棵树能长多高呢？就要看现实当中这个品种的树能长到多高，这就是潜力。

既然从2008年开始，我们还有20年每年增长8%的潜力，那为什么从2010年以后，中国的经济增长速度却不断下滑呢？下滑到2017年的6.9%，2016年的6.7%，2018年可能要掉到6.7%或者是更低。为什么会这样呢？

这是因为，潜力是从供给侧的角度讲的，是从技术的可能性来衡量的。实际上能不能够实现，取决于需求侧的因素。需求侧的因素基本上包含三个方面：出口需求、投资需求以及消费需求。一般是从这三个方面来分析需求的。

从这三个方面分析可以发现，2008年以后，我们的需求侧受到了很大的抑制，主要原因是在2008年爆发国际金融危机以后，发达国家像美国、欧洲、日本，它们的经济总量占全世界的一半，但是它们的经济没有复苏，导致了进口需求相对缓慢，从而导致整个国际贸易增长缓慢。2008年之前，国际贸易的增长速度是国际经济增长速度的两倍以上。2018年以后，国际经济的增长速度放缓了，国际贸易的增长速度比国际经济的增长速度更慢，当然对我们有影响了。

发达国家从19世纪末以来这100多年的平均增长速度，每年是在3%—3.5%之间。现在，即使大家认为发达国家当中复苏最好的美国，经济增长速度也没有达到3%—3.5%的水平。美国在2016年的时候增长速度只有1.5%，2017年的时候增长速度只有2.3%。2018年，大家认为美国经济复苏得比较好，按照世界银行的预测，美国今年的增长速度也只有2.7%。而且在一个发生危机以后的国家，如果真正复苏，一般会有几年的反弹，应该有几年会出现比3.5%更高的增长。

为什么呢？

在发达国家，汽车很普及，一般一个家庭七年就要换一次车，一辆新车用了七年就要换成另外一辆车。发生危机以后，经济发展的前景不好，很多人汽车用了七年了，还在将就着用，因为未来前景不明，舍不得花钱，该换车的时候不换。如果经济真正复苏了，就会把几年积累起来该换汽车的这个需求同时释放，所以汽车的需求量会突然间大增。

发达国家一般的住房跟我们国家的住房也不一样。我国的住房一般是钢筋水泥建的，发达国家的住房一般是木头建的。木头建的房子，隔几年就要大修一次。如果大家对未来的前景不看好，房子也会将就着住，该修的时候不修。等到经济好了以后，应该会有很多家庭都要修房子。

所以，如果经济真正复苏，会带来几年的经济更高速的增长，甚至可以达到4%、5%、6%，持续一两年。美国从2008年到现在还没有出现这样的增长，即使今年比较好，也只达到2.7%，明年可能要降到2.5%的水平。

欧洲比美国更差，一直在2%的水平上下摇摆。日本更糟，从1990年经济泡沫破灭以后，已经连续27年在1%的水平上摇摆。这就导致发达国家的需求增长非常慢，进口增长也慢，导致整个国际贸易受到影响。

我前面讲了，我们国家从1978年到2017年，国际贸易的增长速度平均每年是14.5%。我们的出口增长更快，平均每年增长15%——这是39年间平均每年的增长率。2015年和2016年的时候，我们的国际贸易出现了负增长。2017年的时候，出口增长好一点，达到了7.8%。2017年，我们的经济增长速度之所以能维持在6.9%，出口的增长对我们经济的回暖是作了贡献的。

2008年国际金融危机爆发以后，每个国家都采取了一些积极的财政政策，修铁路、修公路、修港口，作为缓解危机的应对措施。我们用了4万亿元的积极财政政策，维持着我们比较高速的增长。积极财政政策投资的项目现在都已经建完了，可是国际经济并没有完全恢复。在这种状况之下，民间的投资意愿就减少了。如果政府没有新的财政政策支持，投资当然会疲软，会抑制经济的增长。

从我们国内的数据来看也是一样的。

在第十一个五年规划期间，也就是 2006—2010 年之间，我们国内平均每年的投资增长率是 25.5%。在第十二个五年规划，也就是 2011—2015 年期间，我们的投资增长率降为 19.3%。2016 年的投资增长率是 17.9%，2017 年投资增长率进一步下滑为 7%。

国内的消费相对来讲好一点，因为我们就业维持得还可以，家庭收入还在增长，所以消费增长率保持在 8% 左右，这才让我们能够维持 6.5% 以上的增长。

上述出口增长放缓、投资增长放缓，影响的不仅仅是中国，其他发展中国家、金砖国家都受到了影响。这也是俄罗斯、巴西等国家经济都是负增长的原因。印度经济的增长也同样是放缓的，这是一个普遍的现象。

展望未来的发展，我国年均 8% 的增长潜力应该是到 2028 年。从 2018 年到 2028 年有 10 年的时间，在这种状况下，中国的经济增长态势会怎么样呢？我想发达国家很可能步入日本经历的过程。日本从 1990 年泡沫经济破灭以后，到现在已经是 28 年的时间了，经济增长一直很疲软。从 2008 年的国际金融危机到现在也已经 10 年了，发达国家的经济增长率非常低。展望未来，我觉得也可能继续非常疲软。最主要的原因是，发达国家爆发经济危机一定有内部性的、结构性的、体制性的问题，应该进行一些所谓的结构性改革。发达国家应该进行结构性改革，这是一个共识，所以 2016 年二十国集团在杭州开峰会的时候，把结构性改革作为一个共识。

但是发达国家要进行结构性改革非常困难。因为结构性改革的内容是什么？减少福利，减少政府赤字，金融机构去杠杆。这些政策都是抑制需求的。发达国家现在已经增长慢了，抑制需求，会增长更慢。所以在经济疲软的时候，很难推行结构性改革。而如果不进行结构性改革，就有可能像日本那样，长期地增长疲软。

所以，我们很难依靠外生动力像改革开放前 30 年那样发展那么快。在这种情况下，我们国家的发展就必须更多地依靠内生动力，才能把我们增长的潜力挖掘出来。

我们国家是不是还有好的投资机会？我觉得还有很多。现在我们有不少产业的产能过剩，但是产能过剩的部门基本上都是中低端的、附加价值低的，像钢筋和水泥，我们还可以进行产业升级，还可以利用后来者优势进行产业升级，这个空间非常大。

还有基础设施。过去这些年，我们建了不少的基础设施，但是这些基础设施基本上都是连接一个城市和另外一个城市的，城市内部的基础设施还是严重不足的。比如说地下铁路非常拥挤，那就代表不足。还有地下管网也是严重不足，包括北京这个地方，下几天大雨都可能淹水，就代表地下管网资源不足。另外像环保。过去这40年，我们发展非常快，但是环境恶化的程度也是触目惊心的。我们要绿色发展，提高发展的质量，对环保也要进行投资，这些投资也有很大的社会回报。还有我们城镇化的过程。目前我国城镇人口占总人口的比重是58%多一点，不到59%（2020年，这一比例上升到63.89%）。发达国家城镇化的比例一般超过80%。所以我们的城镇化还在发展，农民还要到城市里面来。到城市里面来就要住房，就应该提供公共服务，这些都是要投资的。

所以讲起来，我们还有很多好的投资机会，这一点是中国跟发达国家最大的差异。发达国家现在经济疲软，照理说还应该搞投资。但是发达国家现在的产业在世界上处于最前沿，当它出现产能过剩的时候，很难找到好的投资机会。现有的产业有产能过剩，只能投资到新的产业。新的产业必须要自己发明，但每年的发明是有限的。比如说现在大家看到很多的电动汽车，像特斯拉，但特斯拉去年才生产了5万辆汽车。美国现有汽车产能是3000万辆，特斯拉的目标是生产50万辆。相对于3000万辆的汽车产能，即使是50万辆的投资，也是九牛一毛，没有办法拉动整个经济。

所以发达国家在经济疲软的时候，很难找到好的投资机会。同时它的基础设施也都有了，无非就是老一点。对老一点的基础设施进行投资，用一个形象的比喻，就好比挖个洞、补个洞，对提高经济效率没有多大的帮助。不像我们发展中国家基础设施的投资，是消除"瓶颈"，对效率的提高有很大的帮助。这样讲起来，发达国家在基础设施方面，好的投资机会也少；发达国家的环境是好的，同样没有多少投资的机会；发达国家的城镇化已经完成，也没有投资的机会。所以同样面临经济下行的时候，我们作为发展中国家，跟发达国家在投资机会上面有很大的差别。发展中国家有很多好的投资机会，发达国家不存在这样的机会。

有了好的投资机会，还要有钱。钱基本上有这么几个来源：一个是政府的财政资金。我们现在中央政府跟地方政府的负债加起来不到60%，中央政府17%，地方政府40%。地方政府40%的负债包括一些隐性负债、地方投资平台的负债。一般发达国家或者是其他发展中国家，政府的负债普遍超过100%。我们不到60%，空间还很大。

而且负债的内容也不一样。其他国家政府的负债普遍是用来支持福利和支持消费的；中国政府的负债普遍是用来搞基础设施投资的，是有资产的。上个月（2018年9月），国际货币基金组织刚发表了一篇论文。过去，国际货币基金组织只关心一个国家的负债占GDP的比重，最近它讲，还要看政府的资产。像中国政府投资这些基础设施，形成了资产，这些资产是有收益的，无非收益比较少。如果把资产也放进去，我们政府的净负债会比现在讲的57%更低。也就是说，我们财政的空间跟其他国家相比是比较大的。

如果讲我们政府的负债当中有问题，真正的问题不在于负债水平，而是我们过去规定地方政府的财政必须每年都平衡，不能有赤字。在这种状况下，地方政府为了搞投资，就设立了很多所谓的"投资平台"，这些"投资平台"就向银行或者是"影子银行"借债。这些债都是短期的债，1年到3年，投资的项目却是30年到40年的项目。所以真正的问题不在于债务水平，而是在于期限不配套。

解决这个问题的方式是应该让地方政府能够发长期的建设公债，用长期的建设公债来搞长期的项目。必要的时候，我们还可以采取很多积极财政政策的措施，来维持一定的投资增长率。

不仅是政府有钱，我们的储蓄率高达 45% 左右，是全世界最高的，可以用政府的钱来撬动民间的钱。此外，投资的时候必须要有外汇储备，因为你要进口机器设备。我们有 3 万亿美元的外汇储备，在全世界是最高的。投资的时候要进口机器设备和原材料，我们不会像其他发展中国家那样由于外汇不足而无法进口。所以，只要有必要，我们可以用投资的方式维持一定的经济增长水平。

如果有一定的投资，就会创造就业，家庭收入就会增长。家庭收入增长了，消费就会增长。所以我个人的看法，不管外部环境怎么样，只要我们维持一个合理的投资增长速度和消费增长速度，从有 8% 的增长潜力的供给侧的角度来看，我想到 2020 年维持 6.5% 左右的经济增长率完全有可能。

从 2020 年到 2030 年，我们还有可能维持 5%—6% 之间的增长率。对我们来讲，这是中高速增长——过去的增长率是 9.5%，现在降到 6%—6.5% 左右，将来在 5%—6% 之间。但是我们现在的 GDP 规模占全世界的 15% 多一点，如果维持 6.5% 左右的增长，每年对世界经济增长的贡献可以达到 1%，世界经济每年的增长也就 3%，所以 30% 多的增长还是中国贡献的。将来我们的增长速度可能是到 5%—6% 之间，但是实际上到那时，我们的经济规模也会更大了，每年还可以为世界贡献 1% 的增长，全世界 30% 左右的增长还是在中国。这样的市场增长，我想会给每个人创造很多的机会。所以中国还是经济发展态势最好的国家。

（五）

中国改革开放 40 年的增长，对世界以及对我这样研究经济学的人到底有什么意义呢？

第二次世界大战以后，原来的殖民地、半殖民地国家摆脱了殖民者的影响，取得了政治独立，都在追求自己国家的现代化和工业化。为了追求国家现代化、工业化，当时普遍有一种西天取经的想法，认为发达国家的发达一定有道理，把那些道理学会，就可以回到自己国家来指点江山，推动国家实现现代化。我自己原来也有这种心理，我相信在座的同学们普遍也有这样的心理。

有很多的国际机构，像世界银行、国际货币基金组织、联合国开发计划署、联合国工业发展组织等，都在帮助发展中国家发展经济，但是现在回顾起来，真正成功的非常少。比如说能从低收入经济体进入到高收入经济体的，目前只有两个：一个是我们的台湾，一个是韩国。到2025年左右，中国大陆可能会变成第二次世界大战以后第三个从低收入进入到高收入的经济体。

1960年的时候，全世界有101个中等收入经济体。到2008年国际金融危机爆发的时候，这其中只有13个经济体从中等收入进入到高收入。这13个当中有8个是欧洲国家，像希腊、西班牙、葡萄牙，本来跟发达国家的差距就很小，或者是石油生产国。另外5个是日本和"亚洲四小龙"。

从这些统计数据来看，从第二次世界大战到现在，将近三代人的时间，每个国家都非常努力，但是绝大多数一直陷在低收入水平或者是中等收入水平，没有办法实现赶上发达国家这个目标。现在回顾起来，每个国家都很努力，每个国家的政府和知识精英都普遍存在着西天取经的想法，但是实际上，到现在还没有一个发展中国家或者是经济体按照发达国家的理论做成功的。少数几个成功的经济体，他们的政策在推行的时候，在主流理论看来一般是错误的。

我们再来回顾一下上面说过的经济学理论。

第二次世界大战以后，为了帮助摆脱殖民地、半殖民地的国家实现工业化、现代化，现代主流经济学当中出现了一个流派，叫发展经济学。第一代的发展经济学，现在叫结构主义。这一派的经济学家认为，发展中国家为了实现民富国强，就应该去发展跟发达国家同样水平的、先进的、规模很大、资本很密集的现代化的大产业，这样才能有发达国家的收入水平和国防实力，才能民富国强。但是当时在发展中国家，这种现代化的大产业在市场经济当中发展不起来，所以当时的经济学家就认为发展中国家有很多市场失灵。市场为什么失灵呢？因为有文化的因素，有体制的因素，有一些结构性的因素。既然有这些因素，就应该发挥政府的作用，直接动员资源，直接配置资源，把现代化的大产业建立起来。这是当时结构主义的思潮，好像头头是道，逻辑非常严谨，讲得很清楚。

按照结构主义经济学的观点，过去产品是进口的，现在国内自己要生产，所以有进口替代战略。第二次世界大战以后，社会主义国家基本上都是按照这种方式发展的。斯大林模式的计划经济就是这样的。其他的像印度、拉丁美洲和非洲国家，普遍也是遵循这个战略的。不能说一点效果都没有，像中国，我们可以在一穷二白的基础上建立起现代化的大产业，20世纪60年代可以制造原子弹，70年代卫星可以上天，但是效率非常低，经济停滞，跟发达国家的差距越来越大。所以并没有真正实现民富，也没有实现国强，甚至这个国家维持下去都很难。

在50年代、60年代，日本和"亚洲四小龙"的发展不是从现代化的资本很密集的大产业开始的，它们是从传统的、小规模的、劳动力密集型的制造业开始发展的。50年代、60年代的时候看这些发展，认为走了完全错误的道路：人家发达国家发展的产业那么先进，生产力水平那么高，你发展那种传统的、落后的、劳动力密集的产业，怎么能赶上发达国家呢？所以认为它们采取了错误的战略和错误的道路，但是它们赶上来了。

80年代的时候，发展经济学被新自由主义替代了。新自由主义的观点是这样的：你们这些发展中国家、转型中国家的经济效率那么低，是因为政府干预太多了，因为政府干预就会有资源错误配置，就会有寻租和腐败。所以要转型，就要建立一个像发达国家一样完善的市场经济体系。完善的市场经济体系的制度安排我们前面讨论过了：价格应该由市场决定，产权应该私有，政府应该维持一个小政府，维持宏观经济的稳定就好了。这个理论逻辑非常清晰，也非常有说服力，所以才会成为 80 年代整个经济学界的共识。但是按照这个理论去做的都失败了，经济都垮台了。

我们渐进的、双轨制的改革，当时认为是失败的，但是从结果来看却成功了。为什么会是这样的呢？我是老师，研究理论；各位是同学，学习理论。我应该教给各位什么理论呢？是那种能把我们的问题看得很清楚，讲得很有道理，但是按照那样做却造成了经济崩溃、造成了经济停滞或者是危机不断的理论吗？理论是帮助我们认识世界的，但是更重要的是要能帮助我们改造世界。正是为了改造世界，我们才要去认识世界。但是现在普遍出现的情形是，这些理论好像认识世界很有力量，但是改造世界苍白无力。为什么会是这样子的呢？我想最主要的原因是这些理论都来自发达国家，总结的是发达国家的经验。在总结发达国家经验的时候，必然或明或暗地把发达国家的发展阶段、制度等作为前提条件。

我们知道，任何理论是不是适用，取决于这个理论的前提条件是不是存在。如果前提条件不存在，那这个理论必然不适用。同样一棵橘子树，如果长在淮南，结的橘子会很大；拿到淮北，气候条件不同，同样一棵树，长的橘子很小，因为条件变了。拿发达国家的理论到发展中国家来用，用发达国家作参照系，发展中国家肯定没有这个条件，所以最后的结果当然就跟预期相反。

各位仔细地想想，发达国家的理论在发达国家是不是一定就适用？也不见得适用。因为我们知道，社会科学的理论，不管是经济学、政治学、社会学，在发达国家通常都是一个理论盛行了一段时间以后就被新的理论取代了。为什么呢？因为发达国家条件本身也在变。等到条件变了以后，原来的理论就不适用了。如果发达国家的理论在发达国家都不能做到"百世以俟圣人而不惑"，拿到发展中国家，怎么能做到"放之四海而皆准"呢？

在这种状况下，我觉得我们发展中国家的学者有必要根据我们发展中国家的情况，来了解现象背后的原因，总结出自己的理论。因为任何理论都来自现象，发达国家的理论也是来自现象，无非是来自发达国家的现象。把来自发达国家现象的理论拿到发展中国家来，不一定适用。

所以我觉得我们发展中国家的学者如果负责任，就应该总结我们自己国家的经验，提出新的理论。这也就是习近平总书记在 2016 年 5 月 17 日开哲学社会科学工作座谈会的时候讲的。当时我们改革开放 38 年，取得的成绩是人类经济史上不曾有过的，而面对这样的成绩，从发达国家的角度却只能看到问题，所以老是讲中国要崩溃。但是我们是稳定并快速发展的。所以在这次会议上，习近平总书记号召理论创新。我个人感觉到很荣幸，当时有 10 位学者代表中国的学界去发言，我被邀请代表经济学界去发言。在那次会议上，我深受鼓舞。习近平总书记说，这是一个需要理论而且一定能够产生理论的时代，这是一个需要思想而且一定能够产生思想的时代。我们不能辜负了这个时代。包括在座的所有老师，以及在座的所有同学，我们不能辜负了这个时代，必须从中国自己的改革开放前后，以及其他发展中国家成功的经验和失败的教训中，总结出一套新的理论，这样的理论才能帮助我们认识世界，帮助我们改造世界。这也是我这些年一直努力做的。

最近也许你们关注到，我提出了一个新结构经济学，作为第三代发展经济学。第一代发展经济学是结构主义，第二代发展经济学是新自由主义，现在我提出来自发展中国家的第三代发展经济学——新结构经济学。简单来说，新结构经济学的主要内容就是：经济发展的过程是一个技术、产业、基础设施、制度安排不断变化的结构变化过程，劳动生产力水平的提高必须通过技术不断创新、产业不断升级。但是在提高劳动生产力水平的过程中，基础设施也必须不断完善，各种制度安排必须不断完善，这样才能降低交易费用。这就是马克思主义讲的经济基础决定上层建筑，上层建筑反作用于经济基础。

在这样的发展过程中，一方面必须要有市场，靠市场竞争来提供信号，决定什么产业我们有什么比较优势，引导企业家来按照我们的比较优势发展经济；另一方面，也一定要有政府来克服在经济发展过程中可能存在的问题，比如基础设施的完善、制度安排的完善。只有这样，才能够更好地发展经济。第一代发展经济学——结构主义强调市场失灵，只注重政府的作用。第二代发展经济学——新自由主义的关注点是政府失灵，强调市场的作用。我提出的第三代发展经济学——新结构经济学则认为，在经济发展过程中，既要有市场，也要有政府。

今天因为时间有限，不能跟各位详细介绍新结构经济学的内容。如果各位有兴趣，可以到网上找来看看，或者是将来上我的课。

这个来自发展中国家的理论，不仅有助于了解我们国家的问题存在的原因，而且能够提供有效地解决这些问题的方案。因为这个理论来自发展中国家，跟发展中国家的条件比较接近，所以这个理论对解决其他发展中国家的问题，帮助这些发展中国家实现跟我们一样的现代化的梦想，会有比较好的参考和借鉴价值。

谢谢各位！

≫ 现场互动撷英

北京大学法学院 2018 级学生：我有一个观察，但凡大国的崛起，都会以一次先进的技术革命为标志，比如说英国是依靠第一次工业革命的蒸汽机，美国是依靠第二次技术革命的电力革命。在美国，20 世纪 50 年代出现了石油化工技术，80—90 年代出现了互联网技术，从而带动了美国非常强劲的增长。当今的中国好像没有很鲜明的可以成为一个强国标志的代表性的技术。请问您怎么看待这个问题。

林毅夫：您的问题问得非常好。强国是不是应该有一个代表发展的标志？你讲的英国、美国，它们在变成世界最大经济体的时候，都带动着一个新的工业化。中国跟它们会有一点不同。因为在工业革命以后，英国是世界上最先进的国家，在引领整个工业化的进程。19 世纪末 20 世纪初，美国变成世界最大经济体的时候，其收入水平也是全世界最高的，这代表它的劳动生产力水平全世界最高，技术、产业水平也是全世界最高。它的技术创新、产业升级都必须靠自己的发明，所以一定会有一些新的产业由它推动。

现在从经济规模来讲，只要我们的人均 GDP 达到美国的四分之一，我们的经济规模就达到了美国的水平，因为我们的人口是美国的四倍。但是因为我们的人均 GDP 只有美国的四分之一，这代表着我们的产业和技术水平比美国低，还在追赶的阶段。在追赶的阶段当中，有很多可以引进、消化、吸收的机会，而且如果能够引进、消化、吸收的时候，其成本是比较低的，最好还是尽量地引进、消化、吸收。只有你不能引进、消化、吸收的时候，才需要自己的发明。你的观点是对的，中国按照购买力平价计算已经达到美国的水平，甚至超过了它，但是我们并没有像美国取代英国变成全世界最先进国家的时候那些标志性的技术成果。

如果往前看，也不用悲观，因为我们是一个大国，尤其是在未来，有很多新的机会。比如说我们在技术创新和产业升级当中，出现了一些新的机会。这些新的机会有一个特性，就是产品研发的周期特别短，而且产品技术研发以人力资本为主。这种在经济学上叫短周期的产业。像互联网、移动通信、人工智能，它们的研发都是以人力资本为主，以人的能力为主，而且产品的研发周期特别短，产品可能 12 个月、18 个月就换一代。

跟美国比较，我们有优势，因为短周期的产业以人力资本投入为主，需要的资本不太多。发达国家的资本积累了两三百年，我们才积累了 40 年，所以在需要大量资本投入的产业，我们没有优势。但是我们跟发达国家比较起来，首先我们人多，人是美国的四倍，在人力资本上我们有优势。其次我们有大市场，中国现在的市场购买力是全世界最大的。再次，如果产品需要有硬件，中国现在是所有产业最齐全的国家，所以在中国配套硬件很容易。如果想要把硬件变成产品，在美国可能需要好几年，在中国可能只需要三个月，所以这是中国的优势。

跟上述短周期的新兴产业相关的是一些"独角兽公司"。它们创业不到 10

年，还没有上市，市值就已经超过了10亿美元。目前这样的公司美国有120家，中国有130家。在前50名当中，美国有16家，中国有27家。所以中国有优势。有很多新兴产业跟"工业4.0"或者是第四次工业革命有关，像在人工智能等领域，将来中国很可能在世界上领先。目前我的看法是，在那些传统的、我们跟发达国家有差距的行业，还是应该引进、消化、吸收，但在新的、以人力资本为主的、中国有比较优势的行业，中国可以引领技术创新和产业升级。

美国、英国引领世界的产业发展，很多都是事后才发现的，在进程当中不见得会感觉到。我相信过20年、30年再来看这个问题的时候，中国也会像前几轮的世界强国引领世界工业发展的情形一样。

谢谢！

北京大学经济学院2018级本科生：老师您好。我们看到了中国40年的经济奇迹，我也关注到近几年印度也取得了不错的经济增长速度。我想请问您：您认为印度也有可能像中国这样再次创造一个奇迹吗？

林毅夫：非常好的一个问题。中国跟印度的比较确实很值得我们思考，因为在1978年刚刚开始改革的时候，国际上普遍认为印度比中国更有潜力。

首先，印度当时的发展水平比我们高。在1978年的时候，我们的人均GDP是156美元，印度是204美元，比我们高30%。其次，当时普遍有两种转型，一种是经济转型，另外一种是政治转型。像俄罗斯，在戈尔巴乔夫时期，他认为政治转型是经济转型的前提，所以先进行了政治转型，跟着经济转型。印度当时就被认为有世界上最好的政治体制安排——共和宪政，因为那是从英国统治者那里直接继承过来的。

40年过后，现在印度的人均GDP只有中国的20%。再往前看，这些年印度的经济发展跟过去相比好一些，但是能不能像中国这样保持40年的高速增长呢？有可能，但是要看采取什么政策。从新结构经济学的角度来看，一个以农业经济为主的低收入水平的经济体，在经济发展过程当中必须要按照比较优势来发展，这样要素生产成本才会最低；同时政府应该发挥作用，来解决基础设施、交通、金融等软硬基础设施完善的问题。如果这样，经济就能比较快速地发展。

收入水平比较低的国家在从农业社会向现代化社会转型的时候，还有一个普遍的共同特色——抓住了国际劳动密集型产业转移的窗口机遇期。比如说在第二次世界大战以后，日本就抓住了机遇，实现了高速增长。20世纪60年代，日本的人工费用增长，"亚洲四小龙"就开始发展劳动密集型的加工业，抓住了那个窗口机遇期，创造了大量的就业，把劳动力从农村转移到了城市，实现了工业化、现代化。80年代的时候，我们开始改革开放，同样是抓住了"亚洲四小龙"工资上涨的机会，发挥我们的比较优势，大量地招商引资，把那些产业吸引到中国来，帮助中国成为"世界工厂"。

这是一个低收入国家快速发展基本的道路：一是发展符合比较优势的产业，发挥政府和市场的作用。二是抓住国际劳动密集型产业转移的机遇期。如果印度能够抓住这个机会，我想它有可能快速发展。

印度现在的总理莫迪在印度的古吉拉特邦当了14年的首席部长。印度是联邦制，各个邦的首席部长就是这个邦的总理。各个地方的经济独立性很强，中央政府比较弱，地方政府比较强。他在当14年首席部长的时候，推行的政策就是东亚的政策：第一个是出口导向，第二个是基础设施，第三个是招商引资。这三个政策也是我们改革开放以后东部沿海地区发展的政策。他就靠比较好的经济增长速度和成绩，奠定了政治基础，被选上了总理。

当选总理以后，他就提出印度制造。因为印度在80年代、90年代的时候发展道路跟中国不一样，中国发展劳动密集型的加工业，印度发展信息产业。信息产业附加价值比较高，但是能够创造的就业比较少。印度发展很多信息产业的公司，做软件，帮美国的公司处理办公室里面的信息、记账、报账，帮助美国的公司做自动化，帮美国的公司接电话，信息产业的发展是世界最好的。

但是这种信息产业直接创造的就业机会只有 200 万人。因为工资比较高、收入水平比较高，间接创造的就业机会是 500 万人。两个加起来是 700 万人。印度的人口跟我们一样多，我们现在是将近 14 亿（2020 年底突破 14 亿），印度也是 13 亿多了。我们的制造业创造了 1.25 亿个就业机会，它的信息制造业创造了多少个就业机会？

印度这些年的发展表面上看起来也不错，经济增长速度达到了 6%、7%，甚至有的时候达到了 8%。但是能够像中国这样持续 30 年、40 年地高增长吗？这取决于印度能否按照它的比较优势发展制造业，靠市场和政府来因势利导，取决于这样的政策能不能推行。如果能够推行，那有可能维持 20 年、30年、40 年的发展。

1978 年的时候，印度也有这样的机会，但是由于思路不同，导致的结果就不一样。如果能改变思路，印度也有可能维持像中国改革开放以后那样的高速增长。但是这样的政策推行起来会比较难，因为它是联邦制国家，中央的政策不见得能在地方推行。而我们中央的政策在各个省区市能够推行得比较好，加上思路对了，就带来了我们 40 年的高速增长。所以对于印度，我不能说不可能，我只能说拭目以待。

谢谢！

北京大学地球与空间科学学院研究生：我想问的问题是：昨天我看了一个新闻，国内的首家民营航空公司发射火箭失败，但是新闻评论的标题是《这是值得铭记的一天》，可能是因为传统国企垄断的行业民企进去了。最近有一些学者根据一些"国进民退"的现象，说在社会主义市场经济中，民营经济已经完成了历史作用，要逐步退出历史的舞台。请问您对这样的看法怎么看？

林毅夫：一家民营企业发射火箭失败很正常。特斯拉公司的老板失败了至少几十次，而且还发射全世界最大的火箭。他也是像孙中山先生革命一样，一再失败，一再努力，最终成功了。我相信我们这家民营的发射火箭的公司，只要能够坚持，最终也能取得成功。

关于"国进民退"这个问题，其实有一点像"中国崩溃论"的说法，老拿发达国家的理论作为标准，只要我们经济发展稍微慢一点，就开始讲你要崩溃了，开始讲你要有问题了。中国政府对发展经济很明确有"两个毫不动摇"：我们要毫不动摇地巩固和发展公有制经济，也要毫不动摇地鼓励、支持、引导非公有制经济发展。

很多人认为国有经济是不该发展的，其实不见得，因为国有经济基本上可以分成三类：

第一类，资本极端密集，跟国防安全有关，没有保护补贴就活不了。在发达国家和地区，像美国、欧洲，国防产业也同样是保护补贴的。这些产业不管是国有还是私有，都要保护。比如说美国的国防产业，战斗机、航空母舰都是民营企业生产的，但是同样都是"钓鱼工程"。比如说要研发新一代的战斗机，开始跟国会报预算说2亿美元就够了，到最后没有200亿美元都做不下来。对必然要保护和补贴，而且不会有市场竞争的企业，重要的是要加强监管，应该对它有监管。其实有时候，可能国有企业会更容易管一点。所以不能从意识形态出发，认为国有企业就不好。

第二类，有一些行业，像电力、电信，必然是自然垄断的，而自然垄断的行业效率都不高，因为缺乏竞争。对自然垄断行业其实重要的是监管，不能毫无监管地让企业利用垄断地位把价格定得非常高，但是其他人又不能不用电、不用电信，所以需要对价格进行监管。问题是国有的时候难监管还是民营的时候难监管？其实可能民营的时候更难监管。20世纪80年代的时候，因为当时流行新自由主义的思潮，看到国有企业没有效率，就认为私有制是好的。所以80年代、90年代，大部分的国家把它的电信都私有化了。最有名的例子是墨西哥的电信，本来是国有的，效率不高，现在私有化了，变成家族的了，效率也不高，但是它利用垄断地位获取垄断利润，它的老板巴罗苏老是跟比尔·盖茨争谁是世界首富。私有化企业很难监管。墨西哥每隔几年就要选举，选举就要花钱。谁出这个钱？它垄断以后，很有钱，就会收买政治，就是研究经济或者政治的人所讲的"捕获政府"——可以用钱收买政府官员，制定有利于它的政策。所以说对于垄断行业的国有企业，实际上重要的是监管，而不是产权。

第三类，竞争性行业。这类行业符合比较优势。比如说钢铁产业是竞争性行业，资本很密集，但是经过这几十年的快速发展，实现了资本积累，现在民营企业里面也有发展比较好的，国有企业里面也有经营比较好的。到底是民营企业比较有效率还是国有企业比较有效率？很难说。

有一次，我跟沙钢的老板一起开会。我跟他说，你是民营企业的骄傲，经营得这么好。他自己说宝钢经营得比他更好。

三一重工经营非常好，但是徐工跟三一重工比起来一点也不差，而且它的产品线比三一重工还长，因为它所在的是竞争性行业。

我们现在很容易接受国外的理论，比如产权理论。这个理论认为私有的才是有效的，国有的必然是无效的。把中国的三种类型的国有企业加在一起跟民营企业作比较，民营企业都是在符合比较优势的产业、竞争性的行业，当然会比没有竞争的行业的效率高。所以一分析，好像国有企业的效率比较低，但是实际上，只是在那种没有比较优势的国防安全产业和没有竞争的自然垄断的行业，国有企业效率才比较低。这些行业在发达国家的效率也低。但是很多人如果接受了产权理论以后，很容易对号入座。

很多人看到国有企业效率不行，就希望私有化。但是私有化了以后，效率也不高。

"国进民退"的问题，跟经济周期有关。我们现在处于经济下行的时候，尤其是在经济下行的同时又在去杠杆。民营企业可以拿来担保的比较少，金融稍微紧缩以后，民营企业受到的影响就比较多。同时现在还在去产能的过程中。钢材产业产能过剩，要去产能。国有企业规模比较大，用的技术比较先进。民营企业有很多是小规模的，技术相对不是那么先进，能耗比较高。在去产能的过程中，把环境标准和产能标准确定以后，民营企业可能被砍掉的比较多。

你讲的"国进民退"是阶段性的问题。如果去产能，肯定是效率比较低的被去掉了。在去杠杆的过程中，如果有的民营企业效率比较低、能耗比较高、产能比较过剩，价格下降的话，倒闭的会比较多。但是总体来讲，只要我们的经济继续发展，我相信民营企业发展的空间也同样是越来越大。实际上在改革开放初期的时候，将近80%的企业是国有企业，其余是集体所有制企业。现在国有企业占20%，所在的行业就是我前面讲的三种：一种是涉及国防安全的行业，一种是垄断行业，一种是大规模的竞争性行业。

现在从税收上来讲，民营企业的贡献率达到了50%以上。从每年的固定资产投资来讲，民营企业所占的比重达到了60%以上。从研发的角度来讲，民营企业中的高新技术企业占到了70%以上。对城镇就业的贡献，民营企业占到了80%以上。每年的新增就业，民营企业的贡献率占到了90%。我相信民营企业的比重会继续提高。现在占到了70%，再过5年、10年，占到80%，我一点都不惊讶。

但是在发展过程中，由于所在产业、地区不一样，受到经济周期波动的影响不一样，有时候民营企业发展得更快一点，国有企业的比重下降得更快。有时候在经济萎缩的时候，民营企业萎缩得快一点，国有企业的比重会相对高一点。

现在的"国进民退"只是这种周期性的倾向，但是从长期来讲，随着中国经济的发展，民营经济规模会越来越大，贡献也会越来越大。

谢谢！

　　林毅夫教授这个报告的最大创新点，就是用他自己创立的新结构经济学的原理，全面分析了改革开放40年中国创造经济发展奇迹的原因。

　　第二次世界大战结束后，西方先后出现了结构主义和新自由主义等主流经济学理论。结构主义强调在市场失灵的情况下，要注重政府对于经济的干预、引导作用；新自由主义忽视政府在经济发展中的干预指导作用，强调市场对于经济发展的关键性作用。这两种理论都是基于西方国家的国情总结出来的，对于中国这样的超大规模的、具有特殊国情的发展中国家来说并不适合。20世纪60年代之后兴起的新自由主义，更无法解释中国改革开放成功的原因，所以一旦中国改革开放遇到困难时，他们就预测"中国崩溃"，但一次次被中国的发展所证伪。这说明西方的经济学理论陷入了认识误区。新结构经济学为中国道路提供了理论解释和学术支撑。这一理论能够完美地解释中国改革开放成功的原因，并且预测在2020—2030年中国还有可能维持5%—6%的增长率。对于与中国有相似国情的广大发展中国家来说，这一理论也具有借鉴意义。

中国经济如何转型

刘世锦 ⸺⸺⸺⸺⸺⸺⸺⸺⸺⸺⸺⸺⸺⸺⸺⸺⸺⸺

　　曾任中国社会科学院工业经济研究所研究室副主任、
国务院发展研究中心产业经济研究部部长、国务院发展
研究中心副主任。现为全国政协经济委员会副主任。

各位老师、同学们好！非常高兴来到北大百年讲堂，并和大家分享我关于中国经济转型和供给侧结构性改革的研究。

/ 一 /

首先，咱们看看当前中国的基本经济形势。关于这个问题，我觉得可以用一个词来概括，就是"新常态"。

"十三五"规划提出一个目标，就是到 2020 年我国要全面建成小康社会。其实"十三五"只是重申这个目标，大概在 20 年前这个目标就提出来了，但是"十三五"经过测算发现，要在今后五年内实现这样一个目标，经济增长速度必须保持在 5% 以上。这是一个底线，如果低于这个速度，到 2020 年全面建成小康社会的目标就很难实现。

在 2016 年的两会上，《政府工作报告》预期我国 2016 年的经济增长目标是 6.5%—7%。能不能完成这个目标？怎么才能完成这个目标？首先有认识的问题、理解的问题。这和最近几年中国整体经济的下行直接相关。中国经济经历了 30 多年的高速增长，2008 年遇到金融危机的冲击，2009 年实施 4 万亿元的经济刺激计划，2010 年一季度达到经济发展的最高点，以后就开始回落，到 2016 年 4 月，超过六年的时间，呈现出下行的态势。现在看起来还没到底部。

底在何方？这是大家共同关心的问题。为什么我们过去 30 多年是高速增长，过去的六年又一直是下行的态势？怎么看这个变化？关于这个问题，是有着不同说法的。有人认为这就是周期性的变化，因为经济增长是有周期的；有人认为是由于国际经济形势不好，2008 年国际金融危机以后，整个国际经济形势不行了，全世界经济都在往下走，中国是受到外部影响了，中国经济本身没有问题；还有人认为中国还会有高增长的潜力，如 7%、8% 还可以搞二三十年，因为现在我们的人均收入只相当于美国的 20% 左右，日本在 20 世纪 50 年代时人均收入也是相当于美国的 20%，但后来保持了 20 多年的高速增长；等等。

关于这个问题，我在国务院发展研究中心领导的研究团队曾在 2009—2010 年做过一项研究。我们观察了第二次世界大战以后工业化革命时期各个国家的发展经验，当时先后有几十个国家开始了工业化的历史进程，但是大多数是不大成功的，只有 13 个经济体超越了中等收入阶段，进入高收入发展阶段。这 13 个经济体中，比较典型的就是大家所熟知的日本、韩国、中国台湾地区、中国香港、新加坡等。在 20 世纪五六十年代，日本经济年均增长速度达到 9% 以上，1972 年开始下降，七八十年代降到了平均 4%，90 年代以及 21 世纪前 10 年降到了 0.1%—0%，可以说，日本经济发展经历了四个平台。韩国经济增长速度放缓发生在 90 年代中期，中国台湾地区经济增长速度放缓发生在 80 年代末期。我们发现，这些现象背后是有规律性的。当这些经济体的人均 GDP 达到 11000 国际元以后，经济增长速度就会放缓。这里的国际元是 PPP（Purchasing Power Parity，即购买力平价），是国际购买力的指标。这个指标是麦迪森的方法。麦迪森的数据集涉及上百个国家，指标具有可比性，据此做一些长期的比较，可信性也是比较高的。

据此我们分析中国的情况，第一是把中国作为整体进行评估；第二，中国有 31 个省、自治区、直辖市，地区发展差异比较大，我们将其分成六组分别进行评估；第三，我们算了其中重要的人均使用量。用不同的方法进行测算以后，都显示从 2013 年开始，中国经济发展出现下行趋势的可能性比较大。

这个结果也出乎我们的意料，但是深入分析发现有规律可循。所以在当时有一个判断，就是中国经济将会在 2013 年之后的一段时间内出现转折点，由高速增长转向中速增长。这个判断得出的时间是 2009—2010 年。当时提出这个判断，几乎没有人相信，大家都感觉中国经济增长挺好的，特别是 2008 年面对国际金融危机的冲击，我们是率先回升，风景这边独好，速度怎么会降下来呢？但是我们还是坚持了自己的观点。在过去六年的时间里，其实共识是在加强的，不是因为进行了多少讨论和争论，而是因为事实。事实证明中国经济已经在发生这样一个转变，就是由高速增长转向中速增长。

我们事后做了一个测算，2014年中国人均GDP达到了7500美元，相当于11000国际元。这说明我们的研究还是比较准的。另外，由于我国各个地区经济发展水平差别比较大，像上海、北京、广州和浙江，在2010—2012年经济增长速度就已经下降了，那时它们的人均GDP已经达到11000国际元，说明这个点是挺准的。我们当时做的这个研究基本上是经验性的，后来发现其他一些敏感的点也都出现了变化，包括工业的比重开始下降，投资的比重也开始下降，都在这个水平上。最近几年，这方面的研究是比较多的，已经开始从供给的角度讲中国劳动力发生的变化，包括劳动力总量开始减少。从需求的角度来看，一系列最重要的工业产品已经出现了历史需求峰值。从一个很长的历史阶段，比如工业化、现代化这个阶段，几十年、上百年的历史来看，这些工业产品需求的最高值已经出现了。所以供给和需求两个方面都发生了很大的变化。对后发的经济体，发展经济学研究的问题比较多，如落后的国家怎么能够起飞、经济如何加速发展等。但是起飞以后能飞多长时间？中间会不会落下来？从经验来看，日本、韩国包括中国，都算是成功的经济体，但到达顶点的时候还是会回落。

中国最近几年发生的这些变化，没有现成的理论能够解释，于是就出现了很多新的理论，各种各样的说法，在社会上都有一定的位置，但没有大家共同接受的理论。这应该是发展经济学一个很大的缺憾。现在实践经验已经很丰富，但是缺少理论概括，所以说这个领域还有很大的理论创新空间。

如果仅仅看速度，那肯定是增长速度越快、持续时间越长越好。比如按10%的速度再发展10年、20年，那一定超过美国。但一直保持高速度增长可能吗？不可能的。因为人均GDP到了11000国际元的时候，由高速增长转向中速增长是有规律性的。对中国来讲，经济增长速度在11000国际元这个节点回落，就算是成功追赶了。我们也在讨论中国会不会落入拉美式的"中等收入陷阱"，答案是不会。因为拉美这些国家落入"中等收入陷阱"的时候，人均 GDP 一般没有超过 6000 美元，我国是达到 7500 美元后回落的，把经济高速增长的潜力挖得差不多了，其实就是成功者。

从国际范围来看，中国 6%、7% 的增长速度，还属于高增长。有评论说印度超过中国了。对于这个问题，首先应该搞清楚印度处在什么发展阶段。目前，印度的经济发展水平大概相当于我们 20 世纪 90 年代的水平，是有高增长潜力的，速度起来是很正常的事情，发展速度超过中国也是很正常的。就像美国历史上也有比较高的增长速度，日本也经历过高速发展阶段。所以，印度经济增长速度超过中国了也不要那么着急，印度人民也要过好日子，而且印度经济增长以后对中国有很多好处，就像中国经济增长以后对美国也有很多好处，是一样的。

计算经济增长速度的时候，基数在变大，含金量就会不一样。比如 2000 年的时候，我们的经济总量是 10 万亿元人民币，增长 1 个百分点就是 1000 亿元人民币；2015 年，我们的经济总量是 67.67 亿元人民币，增长 1 个百分点最少也是 6000 亿元人民币。后者增长 1 个百分点相当于前者的 6 个百分点。分析增长速度的时候，其实每个基数所对应的新增量每年都是扩大的。

速度问题很重要，但是从某种意义上说，它可能是最不重要的。因为速度是个表象，速度发生变化是因为速度背后的结构在发生变化，所以更重要的是结构变化。三年前，或是国内的某个著名学者，或是国外的一个经济学家，甚至某个诺贝尔奖的获得者，他们很可能会指出中国的经济增长模式是不可持续的：工业比重不高，投资比重不高，更多依靠外部，经济增长模式不可能持续。我们自己也承认发展的不平衡性和不可持续性。但是这种情况在过去三年左右的时间已经发生了转折性的变化。从消费数值看，在过去，消费是一直在下降的，投资在上升。正常情况下，消费比重应该上升，投资比重应该下降。到了 2015 年，消费占我国 GDP 总量的比重超过了 50%，占 GDP 增量的比重超过了60%。现在，经济增长三分之二靠消费拉动，第三产业的比重已经超过了第二产业，第二产业的比重降到了40%，服务业的比重已经超过50%。出口方面，过去中国出口每年增长20%—30%，2015年出口已经是负增长了。2014年我们做过测算，出口增长速度会降下来，降到10%以下，大概在5%—10%之间。但是2015年是负增长，2016年头三个月还是负增长。有人说这是因为国际形势不好。其实金融危机以来，几个大国的经济还是逐步在恢复的，特别是美国，恢复得比较好。我们的出口为什么下降这么多？主要原因还是内因，就是我们现在各种要素，包括劳动力、土地、环境成本都在上升，出口竞争力相对在下降。所以，中国出口增速下降也是完全符合规律的。从国际社会来看，一个国家人均收入水平达到11000国际元时，出口速度都出现了回落，日本、韩国都是这样。最近两三年，全球经济出现了反弹。过去是贸易的增长速度快于经济的增长速度，这样才有全球化。但是最近两年，贸易的增长速度低于经济的增长速度，在这样一个比较特殊的时期，我国的出口增长速度降下来也属正常。

这也就意味着我们的经济增长不得不更多依靠内需拉动。就业问题一直让大家感到压力很大，政府也讲我们为什么要稳增长，稳增长就是稳就业。实际上大家注意到，最近几年我们的就业状况基本上还可以，总体来讲就业压力不算太大。这跟技术进步也有关系。2005年，GDP增长1个百分点可以吸收就业人口80万人；到了2015年，GDP增长1个百分点吸收的就业人口是160万—170万，翻了一番多。所以，尽管我们的经济增长速度由10%降到了6.9%，但是吸收的就业人口增长了一倍。由此可以看到，中国总体上就业压力不大，很多地方劳动力还是短缺，招工难的问题在不少地区还存在。随着我国经济结构的调整，处理过剩产能会导致一部分人离开工作岗位，由此带来了一定的就业压力。但是随着第三产业的发展，大学生就业难的问题将有所好转。

结构性的问题短期内还会存在。企业的经济效益问题非常关键。中国经济的转型，从某种意义上来讲是企业引领模式的转型。在产能既定的情况下，如果增长速度比较高，就意味着市场规模比较大，产能利用率比较高，单位产出的固定成本和可变成本都比较低，相应的收益率或者利润就比较高。这就是所谓速度效益型经济。这种经济引领模式对速度有很严格的要求，一旦经济增长速度下降，盈利状况就会迅速变差。

有人几年前曾经做过测算，如果速度效益型经济引领模式不变，当经济增长速度低于 7% 时，工业部门将有 40%—50% 的企业是亏损的。所以，最近几年我国经济增长速度回落以后，令人担忧的就是企业效益下降幅度过大。从实际情况来看，这种现象确实也发生了，虽然问题还不是很突出，但是从2014 年 8 月以后，企业效益开始明显下降，工业的利润、工业企业的利润出现了负增长。原因是什么？煤炭、钢铁、铁矿石、石油、石化、建材，六个行业产能严重过剩，利润大幅下降甚至亏损，把整个工业的盈利水平拉下来了。如果去掉这六个产能严重过剩的行业，工业盈利状况还基本良好。

为什么提出去产能？因为中国经济下一步要解决的问题是盈利模式的转型。最近这些年，美国 GDP 增长速度一般在 2%，最好的时候 3%，日本经济增长速度一般在 1%—0%，欧洲出现了负增长，但是这些国家的大多数企业是能盈利的。当中国经济保持 10% 以上的增长率时，企业盈利状况很好；到 7% 的时候，很多企业要亏损；如果增长速度降到 6% 甚至 5%，企业能不能适应？大企业能不能盈利？要解决这个问题，就要去产能。盈利模式的转型涉及的问题相当复杂，必须要解决好。这些问题解决好了，中国经济转型就算成功了。

财政收入波动幅度也很大。特别是 2015 年，财政压力是非常大的，财政风险也是加大的。中国财政金融风险更多，像地方债务的问题。2015 年出台了一个措施，搞置换，把地方的债务由短的项目变成长的项目，利率水平由高调低，使其压力有所降低。但现在最严重的还是企业的债务。尤其是要去杠杆，目前整个经济的杠杆是上升的。迄今为止，应该说我们还是守住了不发生区域性、系统性特别是全局性金融风险的底线。相对来讲，中国化解金融风险的能力还是比较强的，但是也不能掉以轻心。

同时，我们也面临着资源环境的可持续性问题。最近大家都在讨论雾霾，说北京只要不刮风，特别是冬天的时候，没有五级或者八级北风吹来，雾霾就来了。经济发展到底为了什么？过去是吃不好、穿不暖，现在好像是吃得穿得都不错，汽车也开上了，但是出门以后呼吸一口新鲜的空气反倒难了。我们有时候要活动活动，晚上 $PM_{2.5}$ 过了300，医生说不能出去，这时候出去锻炼得不偿失。经济发展如果到了这个地步，就要反思了：发展到底为了什么？

中国的经济增长速度最近几年一直在回落，是因为中国目前所处的这个阶段是转型期，由高速增长转向中高速增长，其实我个人认为就是中速增长。我注意到最近习近平主席到捷克去访问时的讲话，说中国经济就是由高速增长转向中速增长，是转型期。转型期关键看结构能不能转过来，同时保持一定的增长速度，不要掉得太厉害，就相当不错了。特别要看能不能控制住风险。其实从国际范围看，很多国家在这个阶段出了大问题，甚至陷入了危机。我们最近几年问题也比过去多，但是我们还没有出不可收拾的大问题。

应该说，我们在结构转型方面取得了具有历史意义的进展。从中国本身来讲，最近几年和过去比，经济增长速度确实下降了，但是整体来看，特别是从转型期的角度来看，做到目前这个程度是很不容易的。有一次记者采访我，说您给中国经济打个分。我说这分不好打，打高了大家不满意，打低了也不符合实际啊。但综合来讲，我觉得中国经济的表现还是可以打一个相当高的分数的。

党的十八届五中全会的文件提到，我们现在还处在重要战略机遇期。但是战略机遇期的内涵已经发生很大变化，就是我们讲的经济发展进入新常态。在这个新常态下，我们要保持经济的高速增长，关键看转型是否顺利。所以将来的重点是提升效率，这是新的战略机遇期新的内涵。也就是说，还是机遇期，但是标的物、内涵已经发生了很大变化。

/ 二 /

下面，我和大家讨论一下当前中国经济的转型问题。

关于经济转型问题，我不知道有多少同学关心，但是企业的同志、地方的同志太关心这个问题了，因为我们的经济下行趋势已经持续六年了。2016年一季度数据出来以后，看起来比前段时间稍微好了一点，但是还不容乐观。总的来讲，过去六年的时间，我国经济由高速增长逐步转向中速增长，而且目前这个过程还没有结束。过去这些年，我们有时候可能会看到，有些年份上半年经济走着走着就没劲了，年中一般要采取措施稳增长，下半年会好一点。有些同志就比较乐观了，说中国经济开始反转了，要重返高增长了。这几年已经没人这样说了。因为有一段时间经济发展可能看起来还不错，但是没几个月，又说下行压力比较大。其实下行压力一直是存在的，中间要有稳增长的措施。

那么，怎么理解中国经济的变化？我有一个分析框架，叫转型再平衡。搞研究的同志可能知道，过去 10% 左右的高速增长，那个点上有一些平衡关系；下一步将转入中速增长，是另外一个点，有另外一个供需平衡的状态。转型再平衡就是由那个平衡状态转向这个平衡状态。过去六年我们就在干这件事，而且还没干完。

实现转型再平衡，我认为有三个方面要成功地处理。

第一个方面是要处理高投资。从需求的角度来看，中国过去 30 多年经济的高增长主要是靠高投资带动的。看看《中国统计年鉴》，凡是增速高的时候，一定是投资的增长速度高；增速低的时候，一定是投资的增长速度下来了。刚才我也说了，中国的经济结构已经发生了变化。很多人强调消费的重要性，其实消费是稳定的，不会有很大的变化。学经济学的都应该学过边际效应。消费会升级，比如有一段时间买车买得很厉害，但是消费总量占比并不太大。最不稳定的是投资，所以高投资要处理。在过去相当长一段时间内，高投资主要由三项组成：第一是基础设施，投资占比大概在 20%；第二是房地产，占比 25%，有时候在 30% 左右；第三就是制造业的投资，占比在 30% 以上。这三项合起来可以解释中国投资的 85% 左右，剩下的 15% 就是农业还有服务业。所以重点是看这三项，其中制造业投资直接依赖于基础设施投资、房地产投资和出口。

怎么看待出口呢？出口对 GDP 直接作出贡献，条件是非常苛刻的。近几年一定要有净出口，也就是说出口比进口要多，多出来的那块叫净出口。光有这个条件还不行，还得满足第二个条件：这一年的净出口要比上一年的净出口多，要有一个增量，这样才能对当年的 GDP 有直接贡献。我们为什么特别强调出口的作用呢？其实出口对经济影响最大的是投资，因为卖出去的东西是在国内生产，会带动大量的投资，特别是制造业的投资。

所以高投资要处理，通俗的说法就是"三只靴子"要落地，就是出口、基础设施、房地产。出口这只靴子现在已经落地了。基础设施占整个投资比重最高的点在 2000 年左右，现在已经过去了。最近一些年，基础设施投资波动比较大。为什么？因为基础设施投资是政府手里最管用的工具：经济下行，要稳增长，别的事没法控制，出口多少咱们说了不算，房地产大部分还是市场行为，所以政府就加大基础设施投资的力度，这个时候投资速度就上去了；搞了一段时间撑不住了，没那么多钱了，投资回报率低了，投资速度就下来了。总的来讲，投资的最高点已经过去了。房地产一直在回落，基础设施投资基本往下走，制造业投资也是下降的态势。

我国的房地产市场维持了多年高速增长，2014 年开始回调。回调以后，说法比较多。有人说中国的房地产市场就是周期性的波动，过一段时间又会起来。但是我们的观点非常明确，它就是历史性的拐点。为什么这么讲呢？房地产投资中的 70% 是流向城镇居民住宅的，它的历史需求峰值是 1200 万—1300 万套，大体上相当于城市居民户均一套的水平。这是根据人口结构及国际上的经验等多种方法测算出来的，基本上得到了公认。这个历史需求峰值2014年的时候已经达到了，达到以后房地产的投资从总量来讲就是持平，然后逐步下降，不会再上去了。

房地产的问题比较复杂。我前段时间想在北京买房，突然间房价涨得很厉害，说房地产已经出现拐点了。为什么房价涨得这么厉害？原因也是比较复杂的。我想讲，房地产市场从来不存在全国性市场，都是区域性市场。在某个城市里，这个街道和那个街道，甚至转个弯，房价都可能差很多。

中国的城市化进程有三个重要的趋势。第一个趋势是我们讲得最多的农民进城，进城以后他要住房啊。第二个趋势是城市结构在发生很大的变化，一部分城市的基础设施在衰落，另外一些城市的基础设施在增长。像珠三角、长三角、京津冀这些地方，是大的城市带、城市群。为什么现在人们都朝这些地方去？现在的年轻人、大学毕业的同学们，一般都愿意到这些地方去，尽管有道路拥挤、住房困难等各种各样的问题，但是还是想去。为什么呢？简单说就是创业的机会比较多、挣钱的机会比较多，因为经济聚集，城市化程度比较高。这就是城市化的规律。最近东北现象值得研究。东北有些数据，可能不太准，说是最近几年每年至少有200万人往外走，导致当地的房子卖不掉。这就涉及农民进城进哪个城的问题。当地的老百姓特别是农民，不进东北当地的城市，直接到北京、上海、深圳这些地方去。中国的城市正在分化，一部分在衰落，一部分在更快地发展。很多地方是在市场化、国际化、现代化的过程中完成的城镇化，也有的是以前形成的城镇化，特别是有些城市自豪地说，我这个城市1000多年前就有了。1000多年前的城镇是不是有竞争力，要画很大的问号。所以我觉得现在不要简单说三四线城市怎么样，三四线城市也分在什么地方。在几个大的城市带、城市群，三四线城市的房地产市场也不会很差。如果是人口净流出、没有竞争力的城市，就算是在省城里面，房地产市场也在严重地衰落。第三个趋势就是大城市包括北京等特大城市，闹市区相当一部分人想往外走，即所谓"郊区化进城"。像我这样年龄大一点的，有些离退休的，或者有些不用坐班的——北京有些单位比如科研院所也不一定天天坐班，他们就愿意在郊区买房子，朝外走。大都市里面特别是闹市区，太拥挤了，还存在空气不好、交通不好、生活成本太高等问题。所以到发达国家去看，基本有钱人都住在郊区，在城里住的基本都是低收入者。这种情况在中国也已经发生了，要好好研究。

一线城市房价涨得厉害，还有一个很重要的因素，就是我们货币发行多了。货币多了以后到什么地方去？投资的标的物太少了。在深圳推高房价的资金，相当一部分来自投资或者投机需求。政府采取措施还是比较及时的，最近一两个礼拜，深圳、上海等地的住房成交量包括价格都开始回落，有些回落幅度相当大。媒体上有些标题说一套房子一晚上掉十几万元、100万元，等等。当然，那是大房子，听起来也有点炒作了。

这反映出中国经济一个很大的问题：投机性的东西太多，对中国经济转型升级很不利。一方面，抬高了这个城市的生活成本。比如深圳，之前大学毕业生很多人愿意到那儿去，现在很多年轻人已经去不了了，房子买不起。另一方面，有些企业也准备往外转移。所以，经济问题很复杂。

关于怎么看房价，我稍微多说一点，我觉得大家可能感兴趣。全国房地产投资过去一些年基本保持年均20%—30%的增长，2014年降到10%左右，2015年的时候降到了1%，8月份以后同比出现了负增长。我有一个判断：最近一段时间，因为一线城市的房价折腾了一下，房地产投资一季度回升了一两个百分点，但是我认为这是不可持续的，将来还会是负增长的状态。房地产投资什么时候落地，高投资也就落地了，中国经济也就落地了。

第二个方面是减产能要到位。供给侧改革头一条就是去产能。前面提到需求是在下降的，三大需求——出口、基础设施、房地产往下走是符合规律的。满足需求供给的部门也在往下调整，但是调整得比较慢。这样便出现了严重的产能过剩。前面讲的六大行业，那是产能过剩的典型。

最近，选了产能过剩问题最突出的两个部门去产能。一个是钢铁，2016

年已有和在建的产能估计达到 12 亿吨，但 2015 年的产量是 8 亿吨，国内需求大约是 7 亿吨，1 亿吨出口，所以过剩产能有 4 亿吨，达到 30% 以上。煤炭行业 2015 年需求大约是 36.8 亿吨，各种产能算下来有 50 亿吨，多出来 10 亿吨左右。产能过剩导致了两个结果。一个是工业品出厂价格（PPI）将近 50 个月是负增长，最低到了 –5.9%；最近几个月稍微有所回升，现在是 –5.2%。这就是所谓的通缩。最近一段时间，对中国经济通缩问题的讨论比较多。通胀是涨价，通缩是价格往下走。中国的经济通缩主要是结构性的通缩，因为我们的消费品价格指数（CPI）尽管现在低到 2% 左右，但还是正的，主要是投资品价格指数、工业品价格指数是负增长。这个负增长时间长了会很麻烦，比如生产了同样多的钢铁、同样多的煤炭，但价值量大大下降，企业盈利也大大下降，工人的工资又不能减少，最后企业算账就亏本。此类问题很多。这个问题出来以后，有人就说通缩嘛，货币少了，货币政策放松点就行吧。这是通常给出的建议。像 2015 年，有段时间股市涨得很厉害。很多人不看经济总体水平的高低，认为货币政策放松就行，货币放水、货币政策宽松，股市就不停上涨。为什么呢？因为我们通缩了，就多放点货币。但是这能解决问题吗？这几年我一直有一个观点，中国的结构性通缩和发达国家的通缩完全不是一回事，放松货币政策是不能解决问题的。最近几年我们的货币政策相当宽松，但是通缩的问题缓解了吗？钢铁少了吗？煤炭少了吗？没有，解决不了问题。出路在什么地方？就是去产能。

通缩是一个现象，紧接着的结果就是工业企业盈利水平大幅下降。在重化工业比较集中的地区，地方财政收入大幅度下降，银行贷款质量大幅度下降，日子很难过。所以东北、中西部产煤大省，经济增长速度排在全国后几位。这还是其次，关键是企业不赚钱了。财政的问题、金融风险的问题怎么解决？所以一定要去产能。比如说过剩 30%，至少 20% 要去掉。我说的去掉是目的意义上的去产能，把煤矿关掉、钢厂关掉。关掉以后价格才能回升，价格回升企业才能盈利。这个道理不复杂。像钢铁企业，我不知道各位了解不了解，民营企业中间，中国钢铁企业还是很厉害的。民营企业最好的是哪个？沙钢，江苏的企业。国有企业中最好的是宝钢。2015 年，这两个企业也都开始亏损了。也就是说，这个行业里面最好的企业都开始亏损了。正常吗？不正常。说明过剩的问题太严重了，所以一定要去产能。但是去产能这件事情不容易。我做过一些调查，到地方去以后，相关企业都不大积极。什么原因呢？首先，产能一减，当地政府税收会减少。其次，去产能这个事是要博弈的。我刚才讲了，中国钢铁 2016 年的总产能有 12 亿吨，确实太多了，过剩产能有 4 亿吨，必须得解决。最近我做了一个测算，中国现在人均钢铁的存量是 6 吨；美国是 24.6 吨，相当于中国的 4 倍；日本达到了 40 吨。就是说，我们不要说达到日本的标准，就算达到美国的标准，今后还需要生产 300 亿吨钢铁的存量。减产能减到 8 亿吨的话，需要 40 年才能生产出 300 亿吨以上的钢铁。这个量还是很大的。所以有人说，钢铁行业去产能，行业就不行了。不是这样的。事实上，中国的钢铁行业去产能以后，还是很有竞争力的。因为全世界最好的设备、最好的人才都在中国，欧洲、德国工厂里面造钢铁的设备都落后了。我们以后每年还有七八亿吨的钢铁产量，长期需求还是有的。所以同学们，别说钢铁、煤炭去产能，这个行业就没有希望了，将来毕业以后不去干这个了，该干还是要干，这还是很大的产业。

但是现在产能过剩太多了，去产能以后还有 8 亿吨的产量。谁先去？去了以后产能减少了，不去的有盈利、有好处，所以大家都想让别人去，自己不去。煤炭也是一样。我到内蒙古去，那里有大家熟知的神华集团，煤炭资源、开采设备、物流水平，在全世界都算最好的了，煤炭产能在中国也是排在前面的。神华的同志说，山西应该去产能。但山西说，我是中国煤炭产业最大的，我们这几年转型升级，我们的水平在全世界也是数得着的，也不愿意减。这就是"囚徒困境"：都不减，大家就都很痛苦；即使减了，下一步还面临着人员安置、债务等问题。

我曾经到一个煤炭企业去调研，一吨煤当时售价 200 多块钱，挖一吨煤的成本是 400 块，基本一吨亏 200 块钱。我说能不能不挖了，他说必须挖，1万多名职工在这儿呢，不挖煤怎么办？我还到过江西一个有色金属企业，老总跟我一见面就抱怨，说现在面粉比面包还贵。面包是面粉做出来的，面粉比面包还贵的话，谁还做面包？但他还继续在做面包。为什么？因为还有那么多人在这个地方。

国有企业为什么减产能比较难？因为人是不能动的。我也注意到，去产能的问题如果分行业来看也是很有意思的。最近几年比较大的调整其实并不在重化工业领域，而是在出口领域，出口行业最近几年增长速度由 20%、30%降到负增长，地方有些企业经营困难，有些企业转到越南去了，有些企业转型升级了，还有更多的企业老板跑路了，某一天早上老板找不到了——这些企业基本上都是外资企业、民营企业。面粉比面包还贵，继续做面包这种事，民营老板肯定不干，不会亏着本在那搞生产，干脆就跑路了，所以民营企业很少有所谓的"僵尸企业"。"僵尸企业"就是企业处于亏损状态，靠政府财政补贴或者银行借贷维持生存的企业，这种企业基本是国有企业。

鄂尔多斯分南部和北部，北部是山区，民营企业较多。现在很多民营企业都关门了，一看煤炭亏本就关门了，还在坚持的基本都是国有企业。所以在去产能过程中，人的问题很大程度上是体制问题。国有企业还是过去那套体制，人的问题没有解决，所以最近也提了方案，要把人妥善安置：有些内部给点钱；有些人到了退休年龄就退休；有些人接近退休年龄或者再就业能力不强，怎么能养起来；还能干的人、有学习能力的，转岗再培训。我最近到东北去调研，东北有些钢厂包括黑龙江的石油企业、煤炭企业，很多依旧是十多年前国有企业那套体制，一提企业关停，工人就出来提很多要求。那些工人的处境确实令人同情，究其根源还是体制问题。所以，去产能实际上是国有企业深化改革的问题。

最近，中央财政拿出 1000 个亿，解决去产能过程中人的安置问题，解决整个国有企业转型问题。除了中央财政拿点钱，我们也建议把国有资本转成社保基金。这个已经讲了很多年了，一定要继续推进。针对刚才讲的"囚徒困境"——都愿意别人减，自己不减，口号喊得响，但是没有行动，政策不到位等问题，我提出一个类似碳排放权交易的方案。比如先确定去多少产能，然后中央制定政策，去1吨产能给你配多少资金，把这些指标按照现有的产能分配到各个省，然后允许配额交易。什么意思呢？比如河北唐山，唐钢，特别是首钢，水平是很高的，让它去产能或者干脆把它关了，不合适。另外，按照市场经济的规律，应该优胜劣汰。在这个方案中，好的企业虽然也分了去产能的指标，但你可以不去，你把这个指标卖给那些落后地区，比如内蒙古某些钢厂，可能去产能的指标是1000万吨，但是它那个地方有5000万吨的产能，而且没有竞争力，那它可以多减，除了减掉自己的1000万吨，还可以将发达地区竞争力比较强的钢厂的去产能指标接过来，然后得到一笔收入。这样既把产能去掉了，又多得一笔收入，还是比较划算的。通过交易实现优胜劣汰，这符合市场规律。

当然，这能不能落实还很难说。中央层面可以落实，到省级层面也可以这样做。前一段时间我到唐山去调研，唐山市政府已经有类似的思路：全省、全市去多少产能，各个地方分配指标的时候可以交易，他们现在已经在做这个事了。

第三个方面就是形成新动力。新的动力包括制造业转型升级、服务业的发展、机械化替代人工、精制生产等。关于创新，现在讲得很多，采用新的工业、技术、商业模式等，但是我想稍微泼一点冷水：对这个问题要有新的看法。首先我们要认识到，新旧增长动力是不对称的。我们经常听到这么一句话，说中国经济增长动力发生了转换，旧的下去了，新的起来了，一减一增，最后动力还是很充沛，因此中国经济还可以保持高速增长。如果这么简单地说说，大家可能感觉问题不大，其实问题很大。前一段时间我到中西部一个煤炭大省，当地领导告诉我，前几年煤炭行业形势很好，我们日子过得很好，发展很快，但现在不行了，因为国家说要搞战略性新兴产业，搞光伏发电，我们就算现在搞，也过剩了，你能不能告诉我下一步我们应该搞什么产业，把我们的经济带起来，保持高速增长？他这一问，其实把我问住了，我说我好好给你分析分析。我们确实也认真分析了一下，分析了全国。中国经济以后还能再找到像房地产、钢铁、汽车这种能够把整个经济带上一个大的台阶，并保持高速增长的行业吗？不会有的。我们会有新兴行业，比如战略性新兴产业，听起来很好，报纸上举了很多例子，电视上也说某地战略性新兴产业如何发展。实际上这样的产业在中国 GDP 中的占比还不到 10%，何况其中所谓光伏发电这类战略性新兴产业现在已经过剩了。

新的增长动力，如果利用得好，可以降低成本、提高效率、转变发展方式。但是现在所谓新的增长动力，相当一部分并不是增加代码，是在分代码。

现在大家身上穿的、嘴里吃的、平常用的，很多东西都是网购的，网购这几年发展确实比较快。但是与此同时，传统商业模式却在衰落，比如我们看到某名店关门了。

在出租车市场，优步、滴滴、快的这些发展很快，但是我注意到一个现象：全国各地从事网上约车业务的公司搞了很多，但是没有一个地方政府出来说这东西很好，我全力支持。作为消费者，他们约了车，个人感受还是挺不错的。但是作为领导者，他们要面对那么多出租车司机和出租车公司，更不要说出租车公司领导是谁、有什么关系。所以没有一个地方政府说他们全力支持网约车业务。前一段时间还有出租车工人罢工，因为就那么多人要打车，你的订单多了，他的就少了。网上约车，把碎片化资源利用起来，这是大势所趋，没问题。但是在这个过程中需要进行利益调整，其中有很多矛盾和问题，如果解决不好，新的东西再好，最后也搞不起来。全世界现在有不少的国家，像优步这样的公司，进都不让进。

来分既得利益蛋糕的，还有机器人产业。现在机器人很热，杭州把机器人产业作为大的产业来推动。没错，这个产业会有很大的发展，但是也要看到，机器人数量上升了，就业的数量就下降了，这个事也是挺麻烦的。我想最后一定是机器人越来越多，最后替代人的工作，这个潮流是不可阻挡的。

所以，我说要适当泼泼冷水：一个是从总量来讲，新旧动力是不对称的；再一个，新的东西出现，难免带来利益冲突，我们一定要推动它，而且要正确地推动它。

下面，回到咱们要谈的主题：中国经济增长的底到底在什么地方？从需求角度来讲，高投资的底将在 2016 年底或者 2017 年初达到。从供给的角度来看，要关注两个指标：一个是 PPI 能否开始回升，甚至出现正增长；另一个是企业盈利能否恢复增长，是否不再是负增长。这两个指标直接对应去产能的力度。去产能有没有比较大的进展，通过这两个指标就能反映出来。从 2016 年 3 月份的数据来看，房地产的投资略有回升，PPI 现在不再下降了，虽然还是负增长，但是已经逐步回升了，特别是企业盈利出现了正增长。但是我们得观察这个变化的可持续性。需求的底现在看来是比较可靠的，大概一两年会达到。我们最担心的是效益的底能不能稳定出现。这取决于我们去产能的力度和精度，因此还有相当大的不确定性。如果说需求的底到了，效益的底没到，中国经济可能会进入一个困难时期，增长速度相当低，PPI 很低，很多企业亏损。如果出现这种情况，财政金融风险会进一步加大。这是让我们担心，也是这两年我们特别要防范的现象。

在这种情况下，就会面临政策选择的问题。一种思路是靠需求侧的政策，另一种思路是靠供给侧的政策。其实需求政策和供给政策都是必要的，不能说哪一个政策好、哪一个政策不好，只能说什么政策解决什么问题。目前需求侧政策已经用了很多，作用已经很小了。像钢铁这类工业产品，包括房地产，峰值出现了，再刺激也刺激不出多少新东西来。对于结构性通缩、"僵尸企业"处理等这些问题，需求政策已经没用了，再拖下去就要耽误时机了。在这种情况下，提出供给侧的改革不仅是必要的，而且是紧迫的，所以供给侧改革不能拖。2015 年底召开的中央经济工作会议提出供给侧改革，这是经济工作思路的重大调整和创新。

/ 三 /

关于供给侧改革，现在谈得比较多。那么，供给侧改革的任务是什么？重点领域有哪些呢？

现在很多人呼吁减税。我觉得适当减一减是可以的，但是坦率地说，我们现在减税的空间不大，因为现在财政需要花钱的地方太多，经济下行以后财政水平压得已经够低了。有一个例子，有人去日本买马桶盖，后来说那些马桶盖是中国生产的。为什么中国企业包括外资企业在中国生产出产品后不在中国卖呢？因为我们以前需求不够。所以有一天，一个记者问我说你怎么看马桶盖这个事，我说这是好事，我最关心的是到日本买马桶盖的那个人是什么人。如果是亿万富翁，那就算了；如果是中产阶级，比如北京市一般家庭去买马桶盖，是很好的事情。为什么好？说明他们有需求，他们想买高品质的马桶盖。想想十多年前，咱们能在家里面用上马桶都很幸福。农村现在还有不少家庭没有用上马桶，中国首先要解决的是有没有马桶盖的问题。现在有人对中国的普通马桶盖不感兴趣了，要买日本的高级马桶盖，这是好事，说明需求已经升级了。如果是相当多的人有这个想法，国内需求就有了，我相信这个时候中国的企业一定会造出高质量的马桶盖。

那么，供给侧改革是要解决这些问题吗？我觉得是要解决深层次的体制问题。从经济学的角度来讲，就是要推动要素的流动和组合，纠正要素的扭曲配置，提高要素的生产率。比如说去产能的问题，国有企业动不了人，所以只好生产价格比面粉还便宜的面包。现在有些人说，为什么国有企业不能减人？这不是什么新鲜问题。上海曾经搞改革，实验过通过养一个企业养人好，还是拿钱直接养人好。因为我们对人一定要负责任，对职工一定要高度负责，一定要把他们管好。问题是如果企业亏损，这些人在里面待着也不舒服，即便有收入也很低，所以得解放人。这是我们供给侧改革要解决的问题。

国有企业改革问题、国有资本到底要干什么的问题、职工社保基金问题、再就业问题，这是供给侧改革要解决的问题。供给侧改革会导致汇率、股市波动比较大。我前一段时间去香港，跟他们讲了一个道理：中国经济经过六年的回调，已经非常接近底部了。最近讲供给侧改革，这说明什么？说明我们对中国经济有信心，我们认识到中国经济还有很多问题，但我们没有回避它，我们要解决它。

如果供给侧改革到位，中国经济的发展潜力还是很大的。但是如果改革不到位，潜力是出不来的。我们的改革就是要让这些潜力释放出来。中国搞供给侧改革，就是来面对问题、解决问题的，我们应该对中国经济更有信心。

目前，供给侧改革有五大任务——去产能、去杠杆、去库存、降成本、补短板。如果我们转型成功了，将会进入中高速增长平台，这个平台预期有10年左右的时间，这样我们全面建成小康社会的目标是可以实现的，而且能为我们提出的更长远的发展目标打下一个好的基础。中国经济如果发展正常，到2020年往后两三年的时间，按照现价美元计算，经济总量是有可能赶上或者超过美国的，那个时候我们的人均收入水平不到美国的四分之一。到2025年，中国的经济总量将会相当于两个美国，那时候我们的人均收入水平相当于美国的一半。如果你觉得达不到，那是你自信心还不够。我们的人均收入达到美国的一半，甚至接近它的水平，应该还是可以的。土耳其这几年也算是经济增长的明星，但是它的GDP只相当于我们国家每年的增量。所以中国经济的增长速度虽然下来了，但是每年的增量在全世界还是最大的，占到全世界每年增量30%左右的份额。前一段时间，外资企业开了个讨论会，很多人都在说李嘉诚从中国大陆撤资的事。我说这很正常，李嘉诚在中国搞的主要是房地产，房地产在中国的高速发展期已经过去了。中国现在正在转型升级，其他的外资企业到中国，最需要有好的技术、好的商业模式。有些外资企业老是埋怨中国，说自己有劲使不出来。不到世界上每年经济增量最大的国家中国来，一定不是中国的问题，是你自己企业的问题。外资企业对中国的预期都还是不错的，但需要拿好东西来，不好的东西中国不需要了。

从长期来看，供给侧改革还有更艰巨的任务。我刚才讲了乐观的方面，但同时也要看到，我们也面临着挑战。特别是在目前的阶段，中国的供给侧改革改什么？最主要的是提升要素的配置质量，提高要素生产率，让要素流动起来。话说起来容易，做起来太难。下面，我稍微点几个重点领域。

第一个就是基础产业，重点是行政区垄断的问题。像石油、天然气、铁路、医疗、教育、文化这些领域，或多或少都存在垄断。成本很高、价格很高，但效率不高。我最近讲得比较多的是电信这个例子。电信资费的问题总理都很关心。2015年，信息产业部说电信资费的问题落实了，电信公司也承诺要降资费。但是我最近听到一些讨论说不放心，你要让它降，而不是它自己要降，哪天拐个弯又会把资费涨起来。怎么做到你不让它降它自己都要降呢？就是要加强竞争。前段时间我在香港也注意了一下，手机一搜索信号，跳出五六个公司来。目前中国的电信市场是全世界最大的电信市场，理应成为成本最低的市场，但目前缺乏降低成本、提高效率的动力。我一直呼吁把这个市场放开一点。像电信行业、IT行业，民营企业已经很大了，以民营资本为主搞一两个电信运营商，让它们竞争一下，费用是可以下来的。供给侧改革其中一条就是降成本。现在，整个中国流通费用比美国高20%，说明竞争是不充分的。这些问题十九届三中、五中全会文件全都讲了，负面清单放开准入，关键是怎么破除行政性垄断。这是一个比较大的问题。

第二个问题就是城乡之间土地资源、人员要素的流动和配置。刚才我已经谈了，城里面的人现在想走出去，但是到北京郊区或者河北农村买农民的房子行吗？有人愿意买，我看现在网上也有些人卖，但是一看是包装过的，是有问题的，是不符合法律规定的，那就是小产权房，不受法律保护的。现在，农民的土地、宅基地这些东西，为什么他自己不能交易呢？我跟搞农业的同志讲，有些同志想保护农民的利益，这个担心是有道理的，但是农村中不管自己的生命只管喝酒的人占多大比重呢？这些人只是农村有，城里没有吗？如果把生活保障搞好，把保障性住房搞好，他是不是就一定要闹事呢？北京的北漂有多少人？有人说一二百万人，我觉得不止。有些人住的是地下室，他就一定要闹事吗？另外，在市场经济条件下，只有通过交易，价格才能得到显示。如果不让农民交易土地和宅基地，这些东西的价值是多少都不清楚，怎么去保证农民的利益？

所以，城乡之间土地、资金、人员要相互交流，提升整个发展的效率。最近不是讲京津冀协同发展吗，我觉得京津冀和珠三角、长三角有很大的差别。最近有一位同志告诉我，他们开了一次京津冀协调的专家讨论会，大概十几个人，到保定开会。去了以后问他们，谁以前来过保定？没有一个人去过。又问有没有去过石家庄的。有的人去过一次，有的人没有去过。天津也去得少，上海、深圳、武汉这些地方去得多。保定离北京就几十公里，为什么不来呢？因为跟自己没关系。城市之间是没关系，但在市场经济条件下，城市带、城市圈相互之间是有依赖、有联系的。所以，京津冀协同发展，文章要做在什么地方？不是在北京、天津、石家庄，而是在北京和天津之间、北京和石家庄之间、北京和保定之间。很多工业部门在大城市里面是不划算的，如果都转出去，会带动很多人到这些地方去。互联互通使得房地产发展潜力很大，但是土地制度一定要改。

供给侧改革应该干什么？就是要解决这些问题。供给侧改革是一场持久战，关键要在国有企业、土地、金融等领域取得进展，为有质量、有效益、没水分、可持续的增长打下牢固的基础。

以上是我个人的一些见解。很多问题还是有争议的，说得不对的地方请大家批评指正。

>> 主编按语

刘世锦先生的报告围绕我国宏观经济形势与供给侧改革问题，主要阐述了以下观点：第一，当前中国的基本经济形势就是进入新常态。在经历30年高速增长后，中国经济正由高速增长转向中高速增长。这是经济发展过程中的自然规律，我们不应有继续保持高增速的盲目幻想。日本、韩国、中国台湾地区的经济发展过程表明，经济发展中的阶段性回落是符合发展规律的。第二，关于当前中国经济转型。他指出，中国过去30多年经济的高速增长主要是靠高投资带动的，我们今后的经济发展不能再依靠高投资了，必须要转型，要依靠新的产业的更新换代。他以自己提出的转型再平衡理论解释了这种转型的具体目标。第三，关于供给侧改革的任务和重点领域。目前供给侧改革有五大任务：去产能、去杠杆、去库存、降成本、补短板。第四，关于中国经济的发展前景。他认为，中国不会落入拉美式的"中等收入陷阱"，因为拉美国家落入"中等收入陷阱"的时候，人均GDP一般没有超过6000美元，而中国是在人均GDP达到7500美元时经济增速才开始回落的，远远地超过拉美国家。

他的这个报告分析有理有据，把中国经济进入新常态的原因以及供给侧改革的目的、对象、步骤讲得很清楚，增强了我们对于中国经济发展前景的自信。

怎样看待中国的经济形势

张占斌 ────────────────────────────────○

　　曾任国家行政学院经济学教研部主任，兼任中国公共
经济研究会常务副会长。现为中共中央党校（国家行政学
院）马克思主义学院院长。

各位老师、各位同学，大家上午好！今天我将就我国当前的经济形势与经济政策跟大家作一下交流汇报。

我想从宏观的角度，或者说从政治经济学的角度，分三个层面来讨论。第一个层面，梳理一下习近平总书记、李克强总理等中央领导对于经济形势和经济政策的判断和分析。第二个层面，介绍经济学同行们对中国经济、中国经济政策的评论和观察。第三个层面，结合我个人参与国务院经济督察、第三方评估、"十三五"规划调研等工作，分享一下所见所想。在这个过程中，我们与各个省、市、县，大企业、小企业、微型企业开展座谈和交流，获得不少信息。希望这些介绍可以帮助大家理解我们国家正在发生的变化，以及国家在往哪个方向发展。

今天要讲三个问题。第一，中国经济发展站在了新的历史起点上，我们一起看一看，我们国家站在哪儿、往哪儿走。第二，中国经济政策分析框架。党的十八大以来，党中央在经济方面作出了重要的判断，进行了重要的思考，制定了一系列政策，形成了一个初步的政策框架。第三，2017 年的经济工作重点。结合两会精神、2016 年的中央经济工作会议精神以及国家的经济变化进行分析。

/ 一 /

今天，中国的发展站在了一个新的历史起点上。从经济角度讲，中国站在了从经济大国向经济强国迈进的新的历史起点上。我将从三个角度阐述这个问题。

第一个角度是 GDP。虽然 GDP 不是万能的，但是没有 GDP 也是万万不能的。2018 年是中国改革开放 40 周年，中国经过近 40 年的改革开放，中国 13 亿人民经过几十年的艰苦奋斗，应当说我们在各个方面都取得了令人瞩目的成绩。在经济方面，中国的经济总量在 2010 年超过了日本，成为世界第二大经济体，现在是 90 万亿元，已经把日本远远甩在后面了，离美国也越来越近。有经济学家和国际组织预计，在不远的将来，10 年或者是 15 年，我们的经济总量有可能超过美国。可能有人会说，我们在电视上、媒体上看了很多介绍，光在经济总量上超过美国有什么用呢？我国人口众多，人均 GDP 现在排在世界第七八十位，确实有点儿落后。但是总量能够超过美国，成为世界第一大经济体，这对中国来说意义是极为深刻的，是历史性的转折。

说到这里，让我们对照过去，这样感受会更深一些。在座的很多朋友比较年轻，很多历史是通过电视、书籍等了解的。应当说这个国家走到今天很不容易。40 多年前，中国还没有完全从"文化大革命"的灾难中走出来，这个国家遍体鳞伤、痛定思痛，思考怎么走下去。一大批地方干部开始了改革的探索。比如说万里同志，1977 年担任安徽省委第一书记时走遍了淮河两岸，看到有的老百姓家徒四壁，有些农民衣不蔽体、食不果腹，他难过得流下了眼泪，说我们新中国建设了这么多年，没想到安徽农村有些地方的贫困程度那样让人触目惊心，不改革能行吗？不对传统的体制进行突破能行吗？

现在，中国作为世界第一制造大国，200 多种工业产品产量位居世界第一；货物贸易总量、外汇储备、对外投资也位居世界前列。中国正以前所未有的姿态走向世界、影响世界。习近平总书记一再讲，我们要在国际舞台上有更大的话语权，要参与世界经济规则和标准的制定，要提高在世界经济治理中的话语权。这些话过去没怎么讲，是新话，有深意，说明中国不仅已经站在了世界舞台上，而且正在走向世界的中心。

如何理解中国日益走近世界舞台的中央？根据长周期的历史调查，世界中心随着重大历史事件不断转移。唐宋时期，特别是唐朝，中国创造了璀璨的农业文明，成为世界的经济中心和文化中心。随着工业革命兴起，世界中心转移到了欧洲大陆的英国。第二次世界大战结束后，这个中心又慢慢转移到了美国。现在，以中国为代表的东方正在崛起，世界中心开始向亚洲转移。这是一个历史过程，中国走上了世界舞台，正在慢慢走近世界舞台的中央。

现在，我们个人可能还有很多烦心的事，有时也会心灰意冷，在微信里发发牢骚。但是，如果跳开这些东西，将时间轴拉长，从长周期的历史、世界的历史、全球化的历史来看，中国确实处在一个上升时期，正在走近世界舞台的中央。从这个意义上讲，我们是幸运的。我是1979年上的大学，那时国家刚刚恢复高考制度不久，正好赶上改革开放的头班车，所以我一直感恩在怀。人必须有感恩之心。

面对新的任务、新的历史挑战，我们还要继续努力，作出更大的贡献。我们虽然是经济大国，但不是经济强国，还有很多的指标与世界先进国家存在差距，对此我们还要继续努力。

前几年，我的团队中标了中国国际经济交流中心的重大招标课题——"从经济大国向经济强国迈进的战略研究"。通过比较研究中国和外国的历史和现状，我们编制了经济大国和经济强国的量化标准，得出结论。中国可以说是响当当的经济大国，各个方面可持续发展的潜力是不小的。但是对照世界经济强国的标准，我们的差距还是很大的，确实还要加把劲，撸起袖子加油干。

我们正站在一个新的历史起点上，意义非常重大。一个宏大的历史场景将展现在我们面前，将来有很多事情可以做，我们青年人有更大的舞台和空间去发展。国家好，我们才能好。国家好，不是说别人干好了，个人"搭便车"就可以，也必须为国家做点什么。千千万万的人都为国家做好事，而不做坏事，这个国家一定会好；如果大家都没有责任心，都不想付出，都不敢担当，都想让别人去付出，这个国家肯定不行。

第二个角度是城镇化。在我看来，对于中国人来说，对于世界来说，城镇化是我们手里握着的一张大牌，甚至可以说是一张王牌，这张牌能不能打好，对我们国家非常重要。这几年，中央各种会议经常讲要走以人为本的新型城镇化道路。国家对城镇化的高度重视，是因为城镇化是现代化的必然趋势，也是广大人民的普遍愿望。城镇化的开始和进度有自己的规律，不是哪个领导说现在开始搞，城镇化才开始推进，它每天按照自己的规律在中国大地上演绎着，力量排山倒海。

国外的城镇化率只有一个数字，但中国的城镇化率有两个数字——户籍人口城镇化率和常住人口城镇化率。这是中国的特色，因为有了这两个数字，我们才能更好地看到国家的动态发展和动态进步。按照户籍人口计算，2016年底中国的城镇化率为41%。但是这个数字忽略了两三亿在中国大地上流动的农民工，所以后来国家统计局又提出了一个常住人口城镇化的概念。不管你是干什么的，只要在这个城市生活、工作半年以上，统计的时候你在，你就是这个城市的常住人口。

张高丽副总理在与我们座谈交流时，特别讲到这件事情。他还怕我们有些人不太理解，就打个比方说，有位农民工在北京打工，工作了半年多突然想家了，便拿起背包到火车站买票回家。在他上了火车但是火车还没开的时候，北京市统计局的同志来了，说你要算北京的常住人口。这个火车要开出北京，他就不算北京的常住人口。不管你是多大的官，还是多小的老百姓，只要你在这工作、生活、学习半年以上，就计算为常住人口。我国的常住人口城镇化率在2016年底已达57%（2020年末，我国常住人口城镇化率超过60%），这意味着中国超过半数的人口在城镇里工作、生活、学习，这在中国几千年的历史上是第一次。

1949年新中国成立前，共产党从西柏坡进北京城的时候，中国的城镇化率只有10%，10个人里只有1个人能进城，剩下9个人需要留在农村。留在农村干什么？种地。种地用不了那么多人怎么办？那也要在农村，干什么都行。因为城里没有那么多企业，只能把人固定在农村。那时候实行严格的城乡户籍制度，农村人不允许到城里来。从1949年到1979年，经过30年的发展，我们的城镇化率只提高了8个百分点。60年代曾经有大批知识青年"上山下乡"，大量的城里人到农村去，出现了"逆城镇化"的现象。改革开放以后，中央想了很多办法，人民群众也做了很多工作，大规模的人口流动开始了，每年有几亿人在中国大地上流动。这是史无前例的，城镇化给中国带来了巨大的历史性变化。

费孝通先生写过一本经典的社会学著作——《乡土中国》，专门研究中国农村。他的学生丁元竹也是研究社会学的，我跟他是同事。我跟他讲，你的老师只写了《乡土中国》，现在要建设城市中国，你要写一本《城市中国》，这样就可以把中国的全景刻画出来了。这是一种形象的比喻：一个城市中国正在向我们走来，力量是相当大的。

城镇化这张牌很大，是一张大牌，甚至是一张王牌，握在我们中国人手里，要把这张牌打好。过去，美国人、欧洲人、日本人也是有这张牌的，现在他们的这个牌基本上已经打出去了——这些国家城镇化的主要任务已经完成了，而我们正处在一个快速发展时期。很多学者在研究中国的城镇化将来到多高比例才能达到峰值，有人说是70%，有人说是75%，也有人说是80%，还有人说说不准。虽然城镇化率数值不统一，但是从国际经验和中国的实际情况看，中国的城镇化比例还会继续提高。这就意味着我们还有很大的潜力可以释放。把城镇化的潜力释放出来，把这张牌用好，有助于增强中国经济的动力，顶住经济下行压力。

现在城镇化速度很快，进入了加快发展阶段。这也意味着"城市病"可能会集中爆发，所以我们要小心，在打这张牌时把眼睛瞪大一些。研究发现，中国的城镇化率基本上是每年增长1个点，这个速度比较好。但也不是每年按照1个点的增长去推进城镇化，因为中国的城镇化体量很大，可丁可卯的也不现实。政府可以通过调控来加快或者稍微放缓城镇化进程，以便于提高质量。

我国的城镇化率每增长1个点，就意味着有1300万人进城。1300万，多大的一个数！一位欧洲人来国家行政学院访问，想要了解中国，听听中国发生了什么故事，我告诉他，中国有13亿人，搞开放、搞改革、搞现代化建设确实不容易。中国做了不少好事，但是可能也有一些事做得不好，但你们不能老盯着错的方面一天到晚批评我们，也要看到中国好的地方。

中国有 13 亿人，人口众多。形象地说，在欧洲 1000 万人口就是中等国家，所以中国 13 亿人搞现代化建设，相当于欧洲 130 个中等国家要实现现代化，这是不得了的一件事。他一听 130 个，头都大了。现在欧盟有 28 个成员国，通过任何议题都要 28 个成员国签字，一天到晚在讨论、在吵架。我曾经去欧盟总部考察过一次，效率非常低。他说张教授你们也别笑话我们效率低，欧洲是世界大战的策源地，两次世界大战都从欧洲开始的。欧盟虽然效率低一点儿，但是好处是可以形成制约，希望不再发生这样的事情。他的话还是有一些道理的。

现在，我们国家手里还拿着城镇化这张大牌，还可以继续发力，还能做很多事情，要真正做好，体现出以人为本。中央在"十三五"规划中提出了很多推进新型城镇化的办法，而且特别强调要提高质量。国务院副总理马凯同志曾经担任国家行政学院院长，我也参加了一些重要讲话稿的起草工作。他跟我们讲，在城镇化过程中，过去很多地方依赖"土地财政"，能卖地尽量卖，能卖高价就不卖低价。你们给市长讲课的时候要告诉他们，别一天到晚老卖地，要给下任的市长留点儿地，给子孙后代留点儿地。把地都卖光了，中国怎么实现可持续发展？

所以，在我给学员上课的时候就会讲，中央领导让我给大家带个话，别一天到晚老卖地了，给下一任市长留点儿地，给子孙后代留点儿地，地都卖光了怎么办呢？我在网上看到很多学者批评你们，说市长脑袋都进水了。一天中间休息的时候，有熟识的市长（学员）过来跟我聊天。他们说，张老师，你讲的事我听懂了，有道理，但是你是不当市长，你要当市长，脑子照样进水，照样卖地，你信不信？我就想，我要是真当了市长，全国就我不卖地，人家楼一层一层起来，我管的地方像个村庄似的，老百姓也不一定喜欢我，没准两封举报信就把我拉下来了。这涉及很多问题，所以要改。

为了解决这个问题，中央决定推行新型城镇化，实行人、地、钱挂钩的机制。即一个城市有多少农民工市民化，中央财政就转移支付多少人头费，政府就批多少地。比如有5万名农民工市民化，中央财政就转移支付5万人的人头费；农民工市民化为零，转移支付就是零。同时批地也与农民工市民化挂钩。如果城市工作只跟卖地有关系，跟人口城镇化没关系，就少批甚至不批土地，因为不符合中央的意图。这就是采取人、地、钱挂钩的机制来逐步解决城镇化发展中出现的问题。

城市发展需要人气，不能冷冷清清的。换句话说，城市发展需要争夺人口，需要特色和产业吸引流动人口留下来。如果一个城市发展得好，就可以吸引更多的人向这个城市聚集，进而推动城市发展。如果不争夺人口，这个城市就有可能出现衰退，也许过几十年以后，有些城市会成为美国的底特律，这是值得我们警惕的。像北京、上海、广州这种超大型城市，现在面临着人口爆炸，需要另外讨论。

第三个视角是服务业的发展。中国的服务业在大踏步前进，这是具有标志性的大事。2006年，中国服务业增加值占GDP的比重仅为41%左右。当时温家宝总理多次指出，中国服务业发展水平低，不仅低于发达国家，也低于处在同等发展阶段的发展中国家。李克强同志担任总理以后，也多次强调要发展服务业，认为服务业潜力巨大。因此，我们一直在努力发展服务业。2016年，中国服务业增加值占GDP的比重达到了51.6%（2020年，第三产业增加值占GDP的比重为54.5%）。当然也有人说，中国服务业的实际数据可能没有那么低，可能有些东西没有统计在内。所以在2017年的《政府工作报告》中，李克强总理讲，我们要改革完善国家各种制度，包括进一步完善统计制度，力求把我们的经济统计得更准确一些。

从2006年的41%到2016年的51.6%，10年间几乎是一年增长1个点，这个数字跟城镇化率很接近。服务业就像天上的星星，可大可小：可以单干，也可以开夫妻店，也可以成千上万的人一起干，比如物流配送。服务业可以创造大量的就业机会。所以，服务业对于解决中国的就业问题至关重要。

另外，服务业还有一个很大的好处，就是服务业之间可以互相创造需求。比如说农民工进了城，开一个书包店，他们到中午要吃饭，但不可能跑到全聚德去吃，要找一个小店去吃饭，也是农民工开的。农民工兄弟做饭，就需要到菜市场去买食材，菜市场也是农民工兄弟在卖菜。卖菜的这个兄弟还要理发，理发店也是农民工开的。诸如此类形成链条，服务业之间相互间创造需求，这样城市就可以容纳大量的人，每个人都有自己的事情干。

温家宝同志多次提到，如果没有就业，工作都没有，讲那么多道理又有什么用呢？人有什么尊严呢？所以要先把就业这个民生之本解决好。目前中国的服务业正在大踏步前进，下一步还会迎来服务业的大发展。有人说，中国正从以工业为主导的社会转变为以服务业为主导的社会，更多的中国故事会演绎，无数的马云、马化腾、刘强东会出现。

要达到阿里巴巴这样的企业规模，在西方国家至少需要发展上百年，但是在中国的这样的历史时期，马云只用了20年就实现了。在未来，这个速度可能更快。在未来，不是说人多、车多、网点多就是大公司——当然，这样的也算是大公司，因为传统上人们是这么看的。有一种大公司不需要那么多人，也许几个人、十几个人就够了，利用大数据、云计算、互联网就可以指挥世界范围内的业务。企业形态在发生变化，这值得深入思考。

中国的服务业走到今天，迎来了爆发性发展的时代。我们不能跟差的国家比，要对标发达国家。多数西方发达国家服务业增加值占GDP的比重已经超过70%，有的国家达到了80%。如果中国的城镇化率达到70%，服务业增加值占GDP的比重再提高到70%，这个国家将会更加壮丽，更加有自己的特色、自己的光彩。

之所以说我们国家站在了一个重要的、新的历史起点上，是因为上面说的这些事情发生，是因为我们已经走到这个节点了。这一点非常重要。

那么，站在新的历史起点上，我们将何去何从呢？赶上国家的上升时期，对我们做事情非常重要。在国家衰败的年代，人们遭受了巨大的苦难，很多人背井离乡下南洋去谋生。汕头的侨批文物馆，就是汕头人民在海外谋生存的见证。当时很多人去到南洋，有的死在海外。活着的人辛苦挣钱，通过类似现在邮局的渠道把钱汇到家里。汇的时候在单据上写几句话，有的时候就是一个大大的"难"字。在国家破败的时候，老百姓的命跟草一样不值钱。现在，虽然我们国家还有很多不尽如人意的地方，甚至还有很多需要批评的地方，但是从大的角度讲，这个国家正处在上升时期。西方国家有好些东西，我们要学习，努力学、谦虚学，通过学习不断长进。同时也要看到，我们国家变化真的很大，我们要珍惜这种来之不易的变化，要有自信。习近平总书记说，道路自信、理论自信、制度自信、文化自信都很重要。之所以能说这么多自信，也是因为这个国家经过了30多年的奋斗，站到了新的历史起点上。老百姓也通过我们国家这些年的变化，感受到一个国家的进步、一个民族的尊严。

另外，通过开放，我们也知道自己好在哪儿、缺点在哪儿。知道自己的缺点也是自信的表现，否则就是井底之蛙。所以说，我们确实站到了新的历史起点上，也遇到了很重要的历史机遇和历史变化。对于这个历史变化，有人说千年未有，我说千年太大了，是百年未有之大变局。

现在，世界在分化，包括美国和欧洲一些发达国家，日子也不是很好。美国出现了"占领华尔街"运动，欧洲出现了英国脱欧、意大利公投，一些国家民粹主义上升、贸易保护主义抬头，出现了很多新的情况。法国经济学家托马斯·皮凯蒂写了《21世纪资本论》一书，认为不加制约的资本主义导致了财富不平等的加剧，自由市场经济并不能完全解决财富分配不平等的问题，资本主义国家也不是事事都好，存在很多问题。利益集团脱离老百姓、中产阶级比重在下降。在这样的历史变革中，我们需要抓住机会好好干，跨过"中等收入陷阱"，继续往前走。

根据世界银行的研究，现在中国已经达到了中等收入水平，而且是中上水平。有人在网上议论，说感受不到自己是中等收入，是被弄成中等收入。这些人的反思也是有道理的。从单个个体来看，我国还有很多贫困人口。2014

年的时候有 7000 万贫困人口，到现在有 4000 多万贫困人口，每年脱贫 1000 多万（2021 年 2 月 25 日，习近平总书记在全国脱贫攻坚总结表彰大会上宣布，我国脱贫攻坚战取得了全面胜利，现行标准下 9899 万农村贫困人口全部脱贫）。大家能在北京读书，而云南、贵州的大山里还有失学的儿童，甘肃、陕北那边搞了多少年的"母亲水窖"，喝水都困难。这是一个鲜明的对比。

跨越"中等收入陷阱"并不容易。有些国家在 20 世纪四五十年代就已经达到中等收入水平了，到现在还是中等收入水平。他们也想进入高收入国家行列，也想过更加美好的生活，也想有更多的获得感，但就是跨不过去。我们现在正走到关键点上，需要再加把劲，再努把力。如果我们进入高收入国家行列，将有更多的资源解决更多的社会问题，也会对世界作更大的贡献。给世界贡献得多了，而且中国人到哪儿办事说话都有礼貌讲规矩，怎么能不受世界尊重呢？这样的国家一定是一流的国家，一定是伟大的国家，甚至是世界上最伟大的国家。

国家的发展要站在全球化的高度去思考，要把我们国家真正建设好。往近了说，到 2020 年全面建成小康社会；稍微远一点儿，到 2050 年新中国成立 100 年的时候，要实现中华民族伟大复兴的中国梦。正是因为有这么多的考量，这几年党中央、国务院特别注重经济的平稳健康发展、经济结构的调整优化，也特别注重通过改革开放取得新的突破，更好地改善民生。在这些方面，我们做了不少的工作。在 2017 年的两会上，李克强总理的《政府工作报告》用了很大的篇幅讲这件事情。

2016 年中国 GDP 保持了 6.7% 的增长，服务业增加值占 GDP 的比重超过了 50%，但实际上总量还要大一些，对一些新的业态、新的商业模式、新技术的应用，在哪儿统计、怎么统计，现在还没确定。

"新经济"这个概念提出来以后，党和国家提出要大力发展新经济。新经济是个什么范畴，大家都在议论中，没有形成共识。新经济有多大块头、长什么样，大家说得都不一样。因为范围不清楚。但是不管怎么不清楚，它肯定跟新的技术、新的业态、新的平台、新的商业模式乃至新的能源、新的材料等连在一起，或者是跟其中几种的组合连在一起的。

根据北京大学的研究，目前新经济大概占整个国内经济总量的三分之一。新经济和传统经济之间有一个此起彼伏、你升我降的过程，两者联系得比较密切。这只是大体的划分，更准确的需要有关部门认真研究。据我了解，李克强总理也给国家统计局布置了这样的任务，要求把新经济好好统计统计，统计得更准确一点儿。这样，才能了解每一种经济形态在整个国家经济中所作的贡献有多大，进而调整和完善经济政策。

2016 年，中国经济顶住下行压力，实现了 6.7% 的增长。国际上有不少表扬的声音，国际货币基金组织作了数据报告，称中国经济增速重回世界第一。原来说印度是第一，因为印度经济总量小，可以跟孙悟空一样翻着跟头往上涨。中国现在已经是大块头了，想增长那么快不太容易。我们追求绿色发展，还要转型升级，就像开车似的，在山道中要拐弯，如果车开得太快，就会有危险，所以速度减一点儿有利于我们转型升级。

在 2017 年的《政府工作报告》中，李克强总理特别强调就业的重要性。全年城镇新增就业 1314 万人，高校毕业生就业创业人数再创新高，超出预期。现在每年毕业的大学生将近 800 万，找工作也挺困难，但是不管怎么困难，还是能够找到工作。在整个经济下行压力较大的情况下，能做到这一点确实不易。所以李克强总理在《政府工作报告》中说，13 亿多人口的发展中大国，就业比较充分，实在不易。

现在来看，多数人认为 2017 年可能比 2016 年日子稍微好过一点儿。多数人讲，L 型的经济走势已经到了底部，或是接近底部了，即将在横轴上展开。这个即将和接近是多长时间？是 5 天、50 天还是 5 个月？没人明确说，大都说即将触底，即将平稳，即将在平行线上展开。总之，中国经济有可能在一个平稳线上站稳一段时间，这对我们下一步的战略安排非常重要。一个稳定的、好的社会环境，对中国来讲意义重大。中央也提出稳中求进，要防风险——防经济风险、金融风险、房地产风险，这样才能保持整个经济平稳健康发展。

现在，总体上看经济下行压力还是比较大的，一些传统行业日子不太好过。钢铁、煤炭、平板玻璃、部分建材、航运、造船等行业，数据都不是太好。经过 2008 年国际金融危机以后，美国人、欧洲人也不像以前那么有钱了，买东西也不大手大脚了，现在可能也在研究如何艰苦创业、艰苦奋斗了。这些变化都值得我们高度重视。

我们日子不好过，很多国家可能还差。访问意大利，意大利的行政学院院长抓着我的手问，你们中国经济增长 30 多年了，怎么还增长呢？意思好像不该增长似的。我说不该增长吗？他说该增长，但是为什么还增长这么快呢？7% 左右，肯定有什么秘诀。我说，中国有 13 亿勤劳勇敢的人民。他听了以后说这条不算，因为意大利人民也勤劳勇敢，但是经济增速慢。他继续问其他原因，我说，中国坚持共产党的领导，实行改革开放，在学习国外同时结合自身国情。之后，意大利行政学院院长专门带了欧盟的 28 国的经济学家近百人，访问国家行政学院，讨论经济增长问题。

我问他意大利的情况，他说，意大利 GDP 是负增长，能零增长就不错了。欧洲还有更差的国家，前几年希腊借钱却无力偿还。意大利经济不景气，因为人口在减少，妇女都不生孩子，所有没有消费。为了鼓励生育，意大利总统、总理都出来喊话，鼓励妇女生育，生一个孩子补助 1 万欧元。但是意大利的妇女说了，给 1 万欧元让我生孩子，可是养孩子可能就得几十万欧元，而且养孩子还把人困住了，没有时间去旅游，去看世界。领导人又喊话了，说别嫌钱少，还给你放假，放长假，父亲也放假。这母亲一听还给父亲放假，说那就让父亲生吧，反正我是不生。出生人口下降，对意大利经济产生了很大影响。

还有日本，也进入了老龄化社会，问题日益凸显。日本的领导人一直在搞改革，但是经济就是不行，这么多年一直是零点几的增长，一点几的增长就不错了，有时还是负增长。

现在，中国也进入了老龄化社会。为了防止出现日本这样的情况，中国改变了过去一对夫妻只能生一个孩子的人口政策。党的十八届五中全会之后，一对夫妻可以生两个孩子。中国社科院有一个团队研究人口政策，专门出蓝皮书，说从中国的实际情况看，一对夫妻生两个孩子的政策还可以再适度放开（2021年5月31日，中共中央政治局召开会议，指出要进一步优化生育政策，实施一对夫妻可以生育三个子女政策及配套支持措施）。

生育政策放开后，并没有出现年轻人都去生孩子、不好好工作的现象。实际情况是，只有三分之一的适龄青年说要生孩子，生两个孩子；三分之二在犹豫，其中有三分之一说不生了，还有三分之一仍在考虑。年轻人为什么不太愿意生呢？因为成本太高。我们还是期待城市的年轻人多生孩子，为国家把这个担子担起来，提高人口素质。人口问题不仅仅是数量的问题，人口结构、人口质量也很重要。美国经济学家舒尔茨和贝克尔有一个理论就是"人力资本理论"。他们发现，美国大萧条以后，很多要素没有发生变化，但是经济增长了很多，或者说多了一大块蛋糕，后来反复研究发现是因为人们的受教育程度提高了，所以人力资本价值也就高了。

/ 二 /

党的十八大以来，以习近平同志为核心的党中央对中国经济作出一个重要判断：中国经济发展进入了新常态。"新常态"是一个新词。习近平总书记担心党的干部对新常态没有认识或者不重视，所以在中央经济工作会议等重要会议上多次讲，最近在中央党校省部级主要领导干部专题研讨班上还专门讲了一大段新常态。他说我们国家发展进入新常态，大家可能也有一些误解，不是简单地说我们今后会很好或者今后会很差就是新常态，新常态不能用简简单单的"好"和"坏"来判断。新常态是什么？新常态是一种发展的趋势，是不以我们个人意志为转移的发展趋势。在规律和趋势面前，我们要适应它、认识它、把握它，只有这样将来才有可能引领经济新常态。

习近平总书记曾经从九个方面讲了中国经济新常态的重大变化趋势，这里我简单介绍一两个重大变化趋势。

一是在消费方面，中国出现了重大的变化。改革开放之初是短缺经济，物资极度短缺，干什么都排队，买东西要凭票，布票、油票、肉票，等等。所以那个时候是"羊群效应"，消费是模仿型的，你有我有全都有，大家都穿一样的衣服。但是经过30多年的奋斗，商品极大丰富，多样化、个性化、定制化的消费逐渐成为生活的主流。有位福建省委党校的副校长曾跟我聊过，他去商场买冰箱，相中了海尔但是觉得冷冻层小了点。海尔的销售员就说，海尔可以根据顾客需求定制冰箱，可以帮助您定制一台。现在买冰箱有众多品牌和型号可以选择，但在过去是没有选择的。又比如，20年前卖房，买房的人还得排队呢；10年以前卖房，买房的人可能疯抢；现在卖房，一般的房子老百姓还不一定买，老百姓可能"用脚投票"。所以，这种消费变化要求企业盯着市场，企业要适应消费的变化。

二是投资方面。一说投资，过去就是上钢厂，上水泥厂，挖煤矿，要不弄块地盖楼。近些年，中国经济就是这么走过来的。但是，干着干着就遇到了天花板，环境遇到了天花板，产能也遇到了天花板。消费不了那么多了，外国人也不买了。中央领导就说了，能不能干点儿别的，别老盯着这些传统产能，要开发新的业态、新的商业模式、新技术、新平台。后来马云出来了，马化腾出来了，出来一批高科技强人。有人抱怨说，实体经济都被挤光了。但也不能消灭淘宝、京东这些新业态。所以李克强总理在《政府工作报告》里说，线上线下要良性互动、共同发展，用新的技术改造传统产业、传统行业。两者别互相打仗，要尽可能地相互促进。所以我希望马云能带领他的团队为中国经济转型作出更大的贡献，希望他走得更远。中国需要新的技术突破，需要更多具有创新精神的企业家，这样才能更好地培育经济新动能。

有一次我们到地方调研，某个大省交通厅的领导抱怨，说现在打车的软件太多，把出租车冲击得一塌糊涂，得赶快管。后来我们领导就说，同志，你得提高认识，对这种新的业态、新的商业模式，要持支持鼓励的态度，对存在的矛盾和问题，得想各种办法来解决。现在各种打车软件方便了多少人，解决了多少出行难问题。要看到正面的东西；对于负面的影响，我们要想办法解决，而不是不允许它发展。

昨天，我在沈阳参加东北振兴论坛，会上有一个专家讲，有次从一个很偏僻的关口出关，就开一个口，好几十人排队。为什么只开一个呢？因为就一个会电脑的工作人员在这儿，其他会的人没来。这说明我们政府管理水平和能力还有待提高。政府怎么适应新技术尤其是互联网技术，提高管理水平和服务水平，真正将"让信息多跑路，让老百姓少跑腿"落到实处，非常重要。

习近平总书记代表党中央提出中国经济发展进入新常态，解决了怎么看待中国经济的问题。有的人问我，这个新常态长什么样，能不能给我画一个图出来？习近平总书记说要适应它，怎么适应它？这个图还真不太好画，我也是不断地学习，可以归纳为以下六条特征。

第一个特征就是经济增长速度发生了变化，由过去的高速增长转到了中高速增长。什么是高速增长？过去 30 年，每年接近 10% 的增长，这就是高速增长，甚至可以叫超高速增长。现在到了中高速。中高速是多少？2017 年大概是 6.5%。李克强总理找有关部门做了计算，只要"十三五"时期我们的经济增长保持在 6.5% 左右，就能够实现党的十八大提出的国内生产总值和城乡居民人均收入翻番的奋斗目标。这两个目标很重要，但是现在想完成还有点儿困难，有点儿压力，所以要保持中高速增长，也就是 6.5% 左右的增长，才能完成这两个目标。"十四五"时期增长多少呢？中央现在没说，也没人写文章，我个人认为"十四五"时期经济增长率估计还得稍微往下降一点儿。

多数经济学家研究后认为，未来 10—20 年，如果中国能保持 5%—6% 的增长就已经非常好了。林毅夫老师讲，如果能把潜在的经济增长力都发挥出来的话，保持 8% 的增长也是可能的。有的人觉得林老师过于乐观，我也跟他交流请教过这些问题。林老师说，增长 8% 是有前提的，即潜在增长力都能很好地发挥出来。也就是说，增长 8% 从理论上讲是有可能的。但是，把这个潜在的增长力都很好地发挥出来很难，总的来看增长率还是会稍微降一点儿。这是第一个特征，也是新常态最基本的特征。所以，我们要从增长速度放缓开始思考：为什么放缓？放缓了以后会不会出现问题？放缓了以后我们要采取哪些对策？

第二个特征就是发展方式由过去的粗放增长向集约增长转变。现在跑马圈地的余地不是很大，各方面资源的消耗已经到了天花板，再跑马跑不动了，所以要求我们换道，要求我们的发展方式必须向精耕细作转变，尽早转，越早越好。搞点儿绣花绣凤，搞点儿精耕细作，搞点儿工匠精神，否则全天下的资源就都被用光了。

第三个特征是产业结构从中低端向中高端发展。墨西哥的官员到国家行政学院来听中国故事，问我什么叫中低端。我说从过去中国产业变动情况来看，中国生产的衬衫、拖鞋、儿童玩具，总体上属于中低端。那什么叫中高端？我说像我们手里的华为手机，就属于中高端。今后会有中国自己生产的民用大型客机翱翔蓝天，这叫中高端。现在正在试飞，捷报频传，估计再过几年就能实现这个目标。这也是几代领导人的梦想。大飞机是制造业的皇冠，中国把这个事办成了，就会拉动中国经济。航空母舰也是中高端。现在，我们的航空母舰有点儿忙，渤海、黄海、东海、南海来回跑。正常来说，一片海域得有一艘航空母舰。中船重工的领导在我们那儿培训学习，我说现在钢铁产能过剩，价格也不高，可以利用这个机会多造几艘航空母舰。中船重工的领导跟我说，你讲的这个多造几艘航空母舰的事我们也想做，但是航空母舰很复杂，有很多信息集成系统，并不是说安到一起就行了，大量的零件、系统安装在一起，让它运转自如、协调有序，不那么好办，需要不停调试。我说，你这么一说我就明白了，并不是钢铁多了就可以造航空母舰，这里面还有很多像人脑一样精准的仪器，这是中高端。

第四个特征是发展动力从要素驱动、投资驱动转向创新驱动，强调创新的重要性。华为的朋友讲，过去有几十万块钱的时候，就盯准一个缺口进行攻关。后来有几百万、几千万的时候，仍然瞄准一个缺口持续攻关。再后来企业有钱了，有几个亿、几十个亿、上百个亿、上千个亿，仍然是持续不断地攻关一个缺口，这就是技术创新的缺口。华为在海外有3万多项专利，在国内有5万多项专利，也是巨无霸级的公司，现在可以跟苹果、三星在一起竞争了。这体现出创新的重要性。

第五个特征是要让市场在资源配置中发挥决定性作用。党的十八大以来，我们从严治党，惩治腐败，抓了一些人。习近平总书记说也很痛心，除了个人的努力，为培养省部级干部、培养将军，国家也花了很多钱。但是在重大的历史时期、重大的转折时期，有些人没有守住底线，触犯了国家法律，这与个人品德有很大关系，也跟我们的市场经济不发达、不完善有很大的关系。换句话讲，现在的市场经济不是一个完善的市场经济，不是一个法治的市场经济，所以有些企业家就想当"红顶商人"，到哪儿都拜码头，到处送礼行贿。有许多企业想各种办法，想当胡雪岩这样的商人，不去找市场，专门找市长。我们为什么要简政放权？因为减少腐败要釜底抽薪，要把权力让给市场、交给社会。政府要维持市场经济秩序，不能既当裁判员又当运动员，时间长了容易滋生腐败。

第六个特征就是经济福祉从先好先富转向包容共享。改革开放之初，为了打破大锅饭，邓小平说允许一部分人、一部分地区先富起来。在艰辛的探索过程中，我们积累了很多经验，也有很多教训。一开始我们在政策上是效率优先、兼顾公平。饭都吃不上，衣服都没得穿，还讲什么大道理？所以效率优先，先把蛋糕做出来。但是也不能不顾工人死活，所以兼顾公平，大家都得过得去。后来随着时间的推移，可能也出现了一些学者讲的资本压榨劳动的现象。后来在讨论和谐社会建设的时候讲，要把公平放在更加重要的位置。所以，现在不提效率优先、兼顾公平了，应该说效率和公平都很重要。效率很重要，因为没有效率，蛋糕就没了。大家一天到晚议论怎么分蛋糕，如果没人做大蛋糕，还怎么谈分蛋糕？公平也很重要，因为公平做得好，能够做到包容共享，社会矛盾就少，社会就稳定。这样有利于集中精力干我们想干的事，有利于把国家建设得更像样，让世界尊敬我们。

这是我给新常态画的一张图，回答了怎么看待中国经济的问题。中国经济也是在往这个方向走，一步一步走。有些事情我们做得已经很好了，有些做得一般，有些做得还比较差。要加把劲。

解决怎么看的问题以后，还需要解决怎么办的问题。党的十八届五中全会提出创新、协调、绿色、开放、共享的新发展理念，习近平总书记说这是指挥棒、红绿灯，大家都要服从新发展理念。不管是官员还是出租车司机、清洁工，要想把工作做好，把生活安排好，都得按照新发展理念办事。

新发展理念就是要解决怎么办的问题，它是未来五年甚至更长时间我们这个国家发展的指挥棒和红绿灯。全社会各行各业都要遵循新发展理念来发展。要把它和我们每个人干的事结合起来，不能仅仅把它当成一个概念、一个政治口号，否则它就不能成为人民群众改造山河的有力武器。创新可大可小。创新不是一定要去当钱学森，普通人在自己的工作岗位上，哪怕改变一个小小的程序，甚至改变一个报账的程序、一个请假的程序，只要有利于提高效率，有利于管理，有利于尊重人，有利于调动积极性，那就叫创新。结合自己的实际践行新发展理念，这很重要。

从理念上解决了怎么办的问题以后，还得明确具体怎么干。所以，中央又提出推进供给侧结构性改革——这也是近几年提出的新词。还是那句话，提出一个新词是想让大家重视它、记住它。中国的供给侧结构性改革是根据中国的实践提出的重要判断，是中国版的马克思主义政治经济学说。供给侧结构性改革是未来五年也就是全面建成小康社会时期我们工作的主线，这几年主要干这件事。要通过供给侧结构性改革来增强整个经济供给的精准性、灵活性、有效性，提高供给能力。从政治经济学的角度讲，就是更好地满足人民日益增长的物质文化需要和精神文化需要。这是怎么干的问题。

还有一句话是"为了谁""为谁干"？这也是适应经济新常态的政治经济发展框架中非常重要的内容。最近几年提出"以人民为中心"的发展思想，这是一个大事，党和政府非常强调，多次强调，重点强调。它站在政治经济学的高度解决了发展经济为了谁的问题。习近平总书记指出，人民对美好生活的向往，就是我们的奋斗目标，要让人民群众有更多的获得感。李克强总理在《政府工作报告》中强调打好蓝天保卫战，说的都是这个事，就是以人民为中心。老百姓觉得好，才是真的好。

国民党有一个将军叫黄维。在淮海战役中，黄维兵团被中国人民解放军歼灭了。黄维被共产党抓回监狱改造，每天让他学习，他不服气，说上次是蒋介石乱指挥，你们把我放回去再打一仗，一定不会输给你。晚年他写了一点儿东西，大概意思是虽然在有些方面对共产党不太服气，但是想了这么多年，还是共产党本事大。我们有那么多军队，还是被共产党打败了，为什么？他说我想不通，想来想去想了多少年，原来是因为共产党跟老百姓、跟人民站在一起，这是共产党成功的关键。把我押出战场的时候，老百姓往战场里去，一路上碰到抬担架的、推小车送粮食的、运送伤员的，一打听都是为共产党干活、为解放军干活的，没有给国民党干的。

我们要继续把好的东西继承下来，发扬下去。大家到上海去，都去看党代会会址，我也去过很多次。一大召开的时候，是偷偷摸摸开会，看到有人来望一眼就紧张，赶紧转移。那时候开会探讨救国救民的道路很不容易。后来成立了共产党，定了7月1日为党的生日。事实上，也许在那个街道还有一群人在开会，甚至在北京也有人在开会，也要救国救民。不光共产党人想救国救民，其他党派的人也想，但最后还是共产党赢得了天下。因为共产党在历史的关键点上赢得了人民，人民发挥了重要作用。这是大道，也是实实在在的，所以不能丢了这一点。

怎么干、为谁干，是我们适应经济发展新常态的政治经济发展框架。这只是一个初步的框架，因为实践还在发展，思想还在发展，我们在座的各位还要不断地学习。

/ 三 /

经济进入新常态后，我们重点要干好哪些事？李克强总理 2017 年在《政府工作报告》里讲了九个方面，我将其适当合并，讲三个问题。

第一件大事是深入推进"三去一降一补"。"三去"是去产能、去库存、去杠杆，"一降"是降成本，"一补"是补短板。"三去一降一补"，这是 2017 年第一重要的事情，而且要取得实质性进展。

有记者问我，说 2017 年要取得实质性进展，那是不是意味着 2016 年没有取得实质性进展，对政府工作不满意？我说你不能割裂地看问题。2016 年是供给侧结构性改革的铺开之年，这件事不是一年两年能够干完的，十年也不一定能够干完，所以 2016 年只是开个头。2017 年要取得实质性进展，体现了中央对"三去一降一补"的期待。

习近平总书记讲不能涛声依旧。什么意思？就是不能一天到晚老是讲没有突破，要敢于亮剑，要在重点领域有突破，要让老百姓觉得共产党在干事，增强人民的信心，增强市场的信心。

但是，推进"三去一降一补"压力很大，困难也很多。比如说去库存、去产能，每关闭一个工厂，好多工人就要下岗。李克强总理说拿 1000 个亿出来给他们发最低保障，开展转岗再培训。但是有些地方下岗的都是 50 多岁的人，一辈子只跟煤矿、钢厂打交道，转岗再培训谈何容易？所以，去产能意味着很多人要失业，但是国家要通过兜底的办法兜住这个风险，尽量减少给个人或者家庭带来的阵痛。

如果不去产能，有一些"僵尸企业"就会长期占用大量的国家资源。打个比方，这就像植物人躺在医院里，你说他死了，但是他还有呼吸；说他活着，他一步也走不了，就在那里躺着，需要量体温、擦身子、输营养液。现在，这样的企业还有一些，国家实在负担不起这么多费用，消耗大量的资源又没有产出，而新经济、新业态、新的产业和制造业嗷嗷待哺却没有钱。怎么办？所以需要想办法让市场出清。

既要去产能，又要保持社会稳定，这是一件很大的事。习近平总书记在内部也讲了，改革要推进，结构也要调整好。对于工人上访，各级政府要有责任担当，要把工作做细。冒冒失失搞改革，冒冒失失搞转型，冒冒失失去产能，引发大的社会问题，将来是要问责的。

另外，去库存主要是解决三四线城市的库存问题，有些一二线城市刚需很强，可能供给有点儿跟不上，这也是需要研究的大事。最近党中央决定设立雄安新区，这是一项百年大计、千年大计，是一件有重大历史意义的事情，将会对我们国家产生非常大的影响。需要花很大精力搞规划，把规划搞好，然后逐步地建设。雄安新区将来可能是一个规模特别大的新城，除了疏解北京的非首都功能，还应该是一个创新的中心，是中国经济的发动机才行。这样才能有吸引力，才能担当起精英脊梁的重要作用。

关于去杠杆，前两年重点讲去企业的杠杆、去金融的杠杆、去地方政府的杠杆。也就是说，别让股票市场出现那么大的波动，别让投资者冒那么大的风险。2017年，我们将把降低企业风险作为重中之重。

关于降成本，就是给企业降费减税，让更多的企业活下来。李克强总理现在鼓励大众创业万众创新，也是特别强调让能够解决更多就业、有更多创新的企业活下来。

关于补短板的内容更重要，包括雾霾的短板、社会事业的短板、生态的短板、产业的短板，等等，但是重点是精准扶贫的短板。这几年精准扶贫是大事，必须干好，到2020年要向全党、全国人民交卷。现在到了脱贫攻坚的决胜期，也出现了一些问题。有的地方提出大干 365 天，三年的工作一年完成。对此，中央不断发出警示，说这个不行，三年的工作三年完成，要防止数字造假。也有个别省，中央计划 2020 年实现全面小康、全面脱贫，他们说我们省要提前一年，让中央放心；市里面就想，省里定的时间节点是 2019 年，咱们也不让省里着急，咱们就 2018 年实现预期目标；县里头说，市里定 2018 年脱贫，咱们就定 2017 年，甚至有的县说我们 2016 年就脱贫了。时间这样层层递减不行，要引起重视。

第二件大事是深入推进农业供给侧改革。2017 年中央一号文件重点谈了农业供给侧结构性改革。农业现在面临结构性的矛盾，中国的大豆一半以上要从外国进口，但是玉米却有大量的库存。有人说造酒不行吗？造酒的话，哪有那么多人喝？那就造酒精？酒精价格很高，但是怎么卖？强制加到汽油里头？那国家得下决心，中央政府得下决心，强制加到汽油里销售。这又涉及老百姓接不接受的问题，涉及"两桶油"的利益怎么平衡的问题，太复杂了。

供给侧结构性改革后，国家对玉米生产保底收购，将玉米临时收储政策调整为市场化收购加补贴的新机制。玉米原来一块一一斤，现在到五毛了，引导农民闯市场。过去都是国家以保底的价格收购，收了那么多年，玉米都发霉了，不利国也不利民，还有大量的浪费，甚至还滋生腐败。所以，要推进农业供给侧结构性改革，先把玉米的问题解决了，再逐步解决稻谷、小麦的问题。要想把十几年来农业生产中的结构性矛盾解决掉，就要通过农业供给侧结构性改革。

第三件重要的事情是着力振兴实体经济。2016 年底，中央作出重要判断：中国经济面临重大的结构性失衡。这话说出来还是有分量的，敢于承认存在重大结构性失衡也是一种勇气。

有哪些重大结构性失衡呢？我主要讲三条。

一是实体经济中供给与需求的失衡。这么多人在网上海淘，跑到日本去买马桶盖、电饭煲，前几年甚至有人到香港买奶粉，说明老百姓对美好生活有向往，想买好东西，但是国内没有，或者有但质量不够好。习近平总书记说，这些消费有上万亿，如果流入国内多好。但是国内供给不了，这是一个很大的失衡，我们要通过提高供给水平来解决这个矛盾。中国能把原子弹、氢弹爆炸成功，"神七""神八"都能成功，海底探测都能成功，连个马桶盖都搞不定吗？我们的供给侧，和人民生活息息相关的很多产品在这方面出了问题。为什么出问题？说来说去还是市场环境问题。我们没有一个完善的知识产权保护制度，没有一个好的科技创新激励体制和机制。我创新，弄出来一个新产品，你马上山寨，24小时加班加点山寨。"地方保护主义"使得地方政府睁一只眼闭一只眼，只要有GDP就不管了。产权保护不了，就没法创新，就抑制了创新。所以我们要建设好的市场环境，很重要的内容是需要一个好的知识产权市场，一个严密的产权保护制度，这样大家才会努力去做。

二是金融和实体经济的失衡。大量的钱在金融体系里面空转。储蓄不挣钱，那就搞一点儿理财。理财也是少量的小团体挣钱，对于整个国家的经济运行没有好处，因为金融资源没有用到主战场上。打个比方：前方在浴血奋战，主战场不断给总部发信息，说前方战士已经坚守七天七夜，快弹尽粮绝了，快给我增加援兵，要不然就守不住了。总部说再等几天。再等几天还不来，再不来就得与城池共存亡了。但是援军一直在路上，在金融体系里头转，进不来主战场。这会极大地伤害中国的实体经济。虽然成本上升、各种要素价格上升，但是由于竞争加剧，产品价格还是下降的。过去一瓶水两块钱，现在一瓶一块钱甚至五毛钱。中国很多实体经济就干不下去了，有的跑到越南去，甚至有的跑到非洲去了。现在，在非洲设一个钢厂，当地招聘一个工人每月只需三四百元钱，但在国内得三四千块钱可能还招不到人。

在过去的商战中，中国缺品牌，所以好多人跑到国外买东西。比如手表，外国的手表很贵，十几万、几十万，还有上百万的。这手表戴上之后，也不能把时间抢回来十年八年的，跟我们国内产的表一样，但人家是品牌，我们缺的就是品牌。如何将农业文明提升到工业文明甚至信息技术文明的高度，这是国家需要面对的问题。一定要搞更多的百年老店，打持久战，让基业长青。不能说挣一点儿钱人就跑了，盖一座楼过两天倒了，桥刚通两天就塌了。别搞这种短期行为、豆腐渣工程。过去穷，缺吃少穿，可能会有急功近利的情况。今后一定得理性地发展，整个民族都要理性地发展，拿出工匠精神，认认真真做事，认认真真搞创新，这样国家才能好，实体经济才能好。

三是房地产与实体经济的失衡。一些家庭90%多甚至99%的资产都是房地产资产，所以房地产如果出了事，很多人的钱就打了水漂，好多银行也会面临巨大风险。那就是一场危机，我们绝不允许出现这样的情况。中央经济工作会议多次强调，一定要守住风险的底线，要敢于跟风险赛跑，而且争取跑在前面，占领制高点。如果落后了，风险就会出现。

万一出现一些风险，要不惜采取外科手术的方式解决掉。什么叫外科手术的方式？如果胳膊被毒蛇咬了，毒可能随着血液往心脏走，那就需要把胳膊截断，先把命保住，这叫外科手术的方式。如果有极大的风险，宁可把某个央企卖了，甚至把一个银行卖了，也要把风险堵住。共产党说到做到，能够调控力量做大事。我们不希望出现这种阵痛，所以还是要守住风险的底线，绝不能出现系统性的风险。要尽量保证中国经济平稳发展，这一点非常重要。

因此，房地产的调控就显得越来越重要。2016年底的中央经济工作会议，要求加快研究建立符合国情、适应市场规律的房地产市场基础性制度和长效机制。这说明这样的制度和机制还没有研究出来。我的理解是，在房地产快速发展进程中，我们重大的理论研究和公共政策的准备并不是很充分，有时候显得手忙脚乱。也不是说人们不愿意研究这个事，而是它的发展速度具有爆炸性，超出了我们的经验和想象。另一个就是房子的价格大大超出人们的想象。怎么保证房地产不出大事？怎么控制房价的大起大落？有人说，房地产绑架了中国各级政府。这话听着不太好听，也不一定准确，但是多多少少有一定的道理。现在对房地产市场，你打它不行，骂它可能也不行，得哄着它，把它稳下来，通过实体经济的增长，通过其他经济增量的增长，慢慢调回来。如果房价出现大起大落，就可能导致中国经济出现危机，经济总量出现断崖式下滑，一大堆社会矛盾就会暴露出来，财政收不上钱来，公务员发不了工资，大学经费也保障不了。所以，一定要坚持"房子是用来住的，不是用来炒的"定位，慢慢找到基础性制度作为长效机制。

今天我就讲这么多，谢谢大家。

》》现场互动撷英

北京大学历史系大三学生：经济发展不光受国内的影响，还受国际的影响。当前美国实施"再工业化"战略，又提出构建"制造业创新中心"，它也想让工业回归，给制造业"充电"。我们的实体经济本来就不太好，美国这个计划的实行对我国经济会产生什么影响？

张占斌：这个问题非常重要，说明你很有国际眼光。美国这几年提出"再工业化"，说得具体一点儿，也是想加强实体经济。过去美国人觉得搞科技好，搞金融也不错，所以把制造业转移到日本。金融危机之后，美国意识到光是发展金融风险太大。我到美国一个公司作过一个月的考察，他们那些老总给我们上课，也讲到这个问题，认为得搞实体经济，得搞制造业，要"再工业化"。所以奥巴马上台之后也很积极地推"再工业化"，向世界上的大企业家发出邀请，说来美国吧，美国还不错，土地优惠，价格合理，另外市场环境也不错。

国务院领导很重视这件事情，前段时间还专门指示国家行政学院要盯着这个问题进行研究。我们曾经派出一个小分队到美国去调研"再工业化"问题，回来给中央写了一个报告，中央几个大领导都有圈阅和批示。不是说写得多好，是因为这件事情重要。美国的"再工业化"从某种意义上讲也有一定的竞争优势，我们考察了美国的税收问题、物流成本问题、资金成本问题、企业用电问题，等等，绝大多数都比中国要低，但是劳动力成本还是远远高于中国的。

从这个意义上讲，双方各有比较优势。这就要求我们认真对待这个问题。最近几年，中央也在想各种各样的办法，要把中国的实体经济搞上去，提出《中国制造2025》。到2025年，中国要跻身世界制造业强国之列。现在我们只能叫大国，还不敢叫强国。制造业我们很强，但是核心的、尖端的制造业还是比美国、德国差，所以我们还要继续努力。中央下了很大的决心，大力支持重大的科技创新项目，下一步还要搞一些面向2030年的重大科技专项，实际上就是想抢占世界科技和产业的制高点。这也是有针对性地来回应美国"再工业化"的问题。

另外，从美国"再工业化"推进的情况看，他们取得了一些进展，但是也不能估计过高，因为美国社会也非常复杂，一些企业能不能适应美国还是个问题。另外，还要考虑美国在一些方面能不能提供长久的政策支持，特别是特朗普上台之后，有一些新的政策还需要进一步观察。但是我们要明白，往前看，我们要追赶美国、德国；往后看，越南、柬埔寨也已经开始追赶我们；我们站在中间，日子不是很好过，得抓紧创新，努力提高制造业水平。所以"十三五"规划提出人才强国、制造强国、质量强国、知识强国、科技强国，在很大程度上是针对国外尤其是美国的"再工业化"、德国的智能制造采取的应对措施。

但是从国内自身改革来讲，我们还有很多任务，降费、减税等需要我们一步步去落实。目前，我们已经做了一些工作，取得了一些成就，但是跟市场的要求相比，还有一些差距。我也请教过财税专家，他说要全面减税降费是不现实的，因为现在经济下行压力大，各级财政也面临新的困难。我们的盘子已经够大了，如果没有一定量的财政收入，想维持这个盘子也有困难。所以，只能是结构性地减税，在某个点上、某个局部进行减税，逐步解决这个问题。

现在，为什么有些企业觉得在中国做生意难，降税呼声有点儿高呢？因为过去好赚钱。好赚钱的时候，多交点儿钱、少交点儿钱对他们来讲无所谓。

现在赚钱少了，甚至赚不到钱、亏钱，为了维持现状，就得花原来赚的钱，他们就感觉现在税费比过去多。这就需要企业转型升级。大家想一想，卖一件衬衫能赚多少钱？我们要制造一架大飞机卖出去，又能赚多少钱？所以，还得进行产业升级，这样才能体现我们的价值。政府改革、简政放权、优化服务，也是我们针对这些问题作出的选择。这些都是要全面统筹考虑的。

北京理工大学经济学专业大二学生：现在精准扶贫已经进入深水区，越往后越难。据我了解，现在很多农村人口是因病致贫或因病返贫，这部分人缺少劳动能力。在这种情况下，对于农村的发展您有什么建议？怎么引导他们脱贫？

张占斌：这个问题也很重要，很有代表性。中央提出到2020年全面建成小康社会。党的十八大就已经说了这个问题，原来用的是"建设"，后来改成"建成"，一字之差，要求就不一样了。"建成"就是说，到2020年，我们是要交卷的。有些东西属于价值判断，比如文化更加繁荣，不一定是数量化的。但是有一些东西是有数量要求的，比如经济。从现在开始到2020年，实现4000万贫困人口脱贫，这就是数量的要求。得把这件事办好了，老百姓才觉得像那么回事。

我也很关注精准扶贫、精准脱贫，还组织编写了一本书，在人民出版社出版的，叫《中国精准脱贫攻坚十讲》，被评为全国党员教育培训优秀教材。我也去过一些地方作调研，行政学院也专门办过省部级的精准扶贫研讨班。省长、部长也把地方的问题带到我们这个班上进行讨论，问题挺多的。首先，我们到2020年脱贫的底线应该说比较低，年收入4000块钱就算脱贫。不是说这个标准不好，而是国家的生产力水平还没有达到更高的程度。4000块钱确实少，4万块钱才好，40万更好，可是没有那么多钱。如果随便定个标准都能行的话，毛主席那个时候就把这个事干完了，不会留到现在。从这个角度讲，脱贫是一个渐进的过程。

扶贫本身也是分阶段的。现在想了很多办法，比如产业扶贫、金融扶贫、教育扶贫、技术扶贫，各种各样的办法，资源对口、城市对口、学校对口、省和省之间对口，国家行政学院在云南也有两个对口扶贫县。

从整个实践来看，这几年党和政府都很重视这件事，应该说老百姓得到了不少实惠。因为财力在向下集中，各级干部也在努力推动这件事，修一些路、建一些学校，等等，应该说还是办了一些实事。但是从更长远的角度看，中国的脱贫问题是一个大问题。我曾专门到河北阜平县请教那儿的县委书记，他是我读研究生时的校友，是我的一个师弟。习近平总书记专门到河北阜平作过考察，发表过重要讲话。我就问他一些情况，他说到 2020 年全国人民都实现了小康，我这儿刚脱贫。脱贫和小康的距离还是很远的。怎么缩小这个距离，需要长期关注。另外，怎么做到脱贫以后不返贫，这也是需要研究的大问题。

各个地方都有自己的方式，但是从总的角度讲还需要解放生产力。只有生产力发展了，才能带动经济发展，解决脱贫问题。再说得稍微具体一点儿，也需要进一步提升农业生产力，这就涉及农业、农村、农民问题。因为有一些农业生产确实适合一家一户，很难大规模地组合起来。怎么通过市场经济的办法、社会的办法，把更多的农民组织起来，让他们尊重经济规律办事，通过股份合作的方式推进农业现代化、产业化，这可能是很多地方下一步需要破解的难题。

另外，农村土地的流转，包括宅基地怎么盘活、怎么释放农村土地活力、怎么激发农民增收动力，让农民脱离贫困，甚至让农民富裕起来，这些问题都是需要认真考虑的。因为中国是农业大国，农民占大多数。过去生产力落后，所以有一个长期、缓慢的脱贫过程。等中国的工业化、服务业发展水平再高一点儿，将来当农民应该是能多挣钱的。那个时候可能会出现逆向的人口流动，城里人到农村去，城乡互动会进一步加强。现在来看，要打通城乡要素配置，按市场经济规律来解决问题，包括人口流动的问题。具体到一些有特殊困难的家庭，比如重病、受教育水平低等情况，可以通过多种方式，如社保兜底的方式来保障，使整个国家能够继续往前走。

北京大学信息科学技术学院大三学生：现在大家都在说产业升级，要从中低端向中高端发展，但是我之前看过一篇文章，是这样来介绍中国工业的：中国是世界上唯一一个拥有所有工业产业的国家，不管产品是否丰富、是否高端，至少中国有这个产业。刚才我也搜了一下2013年美国和其他一些西方国家第三产业的比重，美国是最高的，大概是79%；像德国这种制造业比较发达的国家，第三产业的比重可能比美国少10%，大概在71%。我想，如果我们大力发展第三产业，第一产业和第二产业都会被挤压，这样在未来，中国可能并不能继续维持拥有完整产业链的局面。美国之所以没有完整的产业链，是因为它在全球有众多的盟友，可以在确保自己国家战略安全的情况下，让日本或者欧洲盟友帮助它做一些产业。但是在目前的国际环境下，中国不可能做这样的事情。如果我们压缩中低端产业，比如您刚才说的做衣服、做玩具，我们可能会面临俄罗斯现在的困境。现在俄罗斯的重工业还可以，但是轻工业完全比不上中国，这时候人民的生活水平就不会非常高。对于这一点，您怎么看？

张占斌：这个问题涉及中国产业发展的前进方向和战略优先性的问题。总的来说，中国的产业从中低端向中高端攀升，这是一个大方向，必须坚定不移地走下去，抢占制高点。这么说不等于中低端的产业就不搞了。如果通过技术改造，能够让中低端产业走上一条新的发展道路，那也是走向中高端。现在有一些中低端产业生产方式很落后，机器设备也很落后，属于劳动密集型产业，污染严重，资源浪费，向中高端发展就比较困难。如果通过技术改造或者生产方式调整，一些中低端产业仍然会有竞争力，这对中国来讲也是好事，我们也不能说把它都取缔了。但是现在的问题是，有一些中低端产业，做着做着做不过柬埔寨了，做不过缅甸了，因为各种要素成本上来了，按原来的套路出牌不行了。所以，我们优先发展中高端产业，也要继续调整中低端产业。

另外，产品的科技含量也要提升，得创新。打个比方，同样是做衬衫，我这个衬衫有防辐射的功能，估计日本人全买了，因为全世界没有人能够生产这种衬衫。不是说中低端产业不需要，也需要，但是要通过技术改造提高产品技术含量。从产业比重看，中国服务业肯定会有一个大发展。至于能不能追上美国、什么时候追上，这取决于历史机遇，至少现在我们的服务业还有发展的空间，规模还会进一步扩大。服务业发展占比提高，不一定意味着工业要压缩，因为总量在逐渐扩大。第二产业比例下降，但是规模还是往上走。从这个意义上讲，服务业的发展还可以推动工业生产再上新台阶。无论是从国际经验看，还是根据对国内一些城市个案的观察，可以预计，生产性服务业、生活性服务业的大发展会推动工业生产质量上一个新台阶。

说得通俗一点儿，如果各种服务业搞得好，很多制造业就愿意投资。否则一下班，工人在外面找不到饭店吃饭，没有电影院可以娱乐，银行也没有，什么都没有，制造业可能就走了，就不在这里做了。所以我们说，随着服务业规模的扩大，工业制造业的规模也在扩大，只是在国民经济中的比例有所降低。服务业和制造业可以并行发展、同步发展。

从这个意义上讲，中国的产业升级现在还面临着严峻的挑战，需要我们勇敢面对，真正在中高端产业方面闯出一条路子。中低端的产业能够解决就业问题，通过信息技术的改造、发展方式的转变及其他方面的改造，还能获得更大的竞争成本优势。所以往中高端发展不是歧视中低端，两者能够一起跑是最好的。

>> **主编按语**

张占斌教授的这个报告从三个方面分析了党的十八大后中国的经济形势

和发展趋势,内容非常丰富。一是从 GDP 总量、城镇化水平、服务业比重三个方面分析了中国从经济大国向经济强国迈进的具体发展情况;二是从九个方面解读了他对于习近平总书记提出的经济新常态内涵的认识;三是结合 2017 年中国政府的工作要点,对未来中国经济发展需要聚焦的重点问题进行了分析。这个报告对于当前中国经济形势的分析,既全面又照顾到了重点,既提出了面临的挑战又点出了继续发展的各种有利因素。报告视野开阔,信息量很大,语言也很生动活泼。

大变局、大变革下
中国如何进行战略选择

王昌林

　　中国宏观经济研究院院长。长期在国家发改委工作，从事高技术产业发展规划与政策、科技创新政策、产业竞争力等方面的研究，长期参与国民经济规划、产业政策等重大政策调研制定工作。

非常高兴今天来到北大，跟同学们分享一些我的观点和研究思考。

今天我讲的题目是"大变局、大变革下中国如何进行战略选择"。为什么选这个题目？因为当前无论是中国经济还是世界经济，都处在一个重要关口，所以习近平总书记讲"当今世界正经历百年未有之大变局"。从国际范围来看，新科技革命和产业变革的时代浪潮奔腾而至；从国内来看，2020 年我们要全面建成小康社会，进入全面建设社会主义现代化国家的新征程。

在这个阶段，我们要思考一下，新中国成立 70 周年、改革开放 40 周年过后，下一步我们怎么走。韩正副总理要求发改委要研判宏观趋势，提出重大战略，制定重大政策，协调重大项目。所以，今天我跟大家报告一下大的形势、大的趋势。

/ 一 /

先来看看我国未来一段时间面临的发展环境。

目前，国际形势正在发生复杂深刻的变化，或者说世界正经历百年未有之大变局，国内经济发展进入关键阶段。大变局是什么？突出表现为以中国为代表的一大批新兴发展中国家群体性崛起，世界经济增长重心日益从欧美转向亚洲，少数几个西方国家主导世界政治经济的格局正在发生根本性的变化，其中一个比较大的变局就是中国的崛起。现在中国已经成为世界第二大经济体，在国际分工中的地位快速上升；在科技创新方面获得令人瞩目的成就；在外交领域，中国正走向世界舞台的中心。习近平总书记讲了"三个前所未有"：我们前所未有地靠近世界舞台中心，前所未有地接近实现中华民族伟大复兴的目标，前所未有地具有实现这个目标的能力和信心。

1820 年，中国的 GDP 占世界的比重为 32.9%，位居世界第一。1870年，西方发生第一次工业革命。随后，中国逐步错失了工业革命的机遇。由于多方面原因，中国慢慢落后了，开始了一个比较艰难的历程。改革开放以后，中国抓住机遇，慢慢赶上来了。2000年的时候，我们的GDP是1.2万亿美元，到2018年的时候已经达到13.6万亿美元，占世界的比重达到16%，对世界经济增长的贡献超过30%，成为拉动世界经济增长的第一动力，发展得非常快。

2018年，美国的GDP是20.5万亿美元，占世界的比重是24%。根据一些国际组织的预测，到2030年左右，我国的GDP按照名义汇率计算会超过美国；到2050年，中国的GDP占世界的比重会达到26%。中国经济发展很快，发展势头比较强劲。中国速度、中国模式、中国效应引发了许多国家的担忧，形成了百年未有之大变局。

这些年，中国和全球的产业格局也在发生深刻的变化。改革开放以来，中国的制造业发展迅速，中国已经成为全球第一制造大国，在部分领域竞争力不断提高。比如，改革开放之初，我们的高技术制造业占的比重很少，后来快速上升，现在仅次于美国，居全球第二位。我们的中高技术制造业远远领先于其他国家，高技术产品出口十分强劲，已成为世界重要的生产加工基地。高技术制造业主要指电子及通信设备制造业、电子计算机及办公设备制造业、医药制造业和医疗设备及仪器仪表制造业、航空航天器制造业等；中高技术制造业主要指汽车产业。

现在有一种说法，说中国高技术产品出口全球第一了，反而变成了美国出口农产品，我们出口高技术产品。其实这种说法高估了我们的高技术产品出口能力，因为我们生产的手机、计算机中，有很大一部分是加工贸易，大概占40%。

全球消费版图也在发生深刻变化。根据麦肯锡研究院的研究，到2030年，中国的消费额占全球的比重将达到16%，远远超过其他经济体。中国有14亿人口，所以引发了世界消费格局的变化。麦肯锡研究院的报告指出，世界对中国的依存度越来越大，中国发展对世界经济的贡献将越来越大；在进口、服务业的开放、技术创新等方面，中国将会为全球带来几十万亿美元的经济价值。

西方总说科学中心将要转移。未来中国会不会成为一个重要的科技创新中心？这些年，中国的科技创新发展非常快，研发投入快速增长，科学论文发表数量、专利申请数量快速上升，其总量相当于欧盟、美国和日本的总和。按照西方的统计，从表面指标上看确实是这样，但是实际上，我们的论文和专利含金量跟国外不太一样。美国斯坦福大学一年申请120多个专利，这些专利是有人要的，要转移出去的。不像我们，评个职称、验收个科研成果都搞专利。这样一来，不懂的人、不是搞专业的人就会说，中国太厉害了，科学论文数量快速上升。如果科研工作的考核机制不变，按照目前这个态势发展下去，我们的科学论文数量肯定是美国的好几倍，因为大家都在写，每年写好几篇。这些数字其实缺乏可比性。

全球经济主导力量将转向七大新兴市场国家（E7）经济体——中国、巴西、印度、印度尼西亚、墨西哥、俄罗斯、土耳其，这些国家的平均经济增长率将是发达国家的两倍。网上还有一些报告，从城镇化、消费指标方面进行考察，得出的结论是东升西降，中国的崛起不可阻挡。对此，我们要正确看待，一些指标不代表真实的情况。要理性看待我们的论文、研发投入数量，按照目前的趋势，它们的数量可能超过美国了，但是这不代表我们的科技力量就会超过美国。但是不可否认的是，中国的经济实力、科技实力、政治影响力提升很大，世界力量格局确实在发生根本性的变化。

面对这种变化，各个国家都在进行战略调整。特朗普上台以后，坚持美国优先战略，认为美国做大才是硬道理，比如要制造业回流等，就是他的战略调整。首先就是针对中国的战略调整，中美关系发生了重大变化。在历史上，美国总是打老二，比如苏联、日本。这就像后面有人追你，而且追得很快，那你就会有点恐慌，特别是我们现在有好多数据都接近或者超过了美国，导致它已经把我们作为战略竞争对手了。中美关系中合作和竞争并存，原来是以合作为主，现在竞争的因素上升了。

过去一年多来，美方以舆论为先导，以关税战主攻，以投资、科技、金融等助攻。在舆论领域针锋相对，美国发表了一个报告攻击中国，说中国"经济入侵"美国了。在贸易领域边打边谈，5轮加关税，13轮谈判，中美经贸摩擦愈演愈烈。对此，中国也进行了有针对性的还击。

在科技领域，美国搞"打头断链"，重点进攻我们的龙头企业，切断产业链，限制技术、人才交流等，比如中兴事件。中兴的还击能力不行，最后签订了一个不太理想的协议。2019年，美国对华为下手，限制华为，但华为的抵抗能力很强，美国已经三次延期对华为的许可证，第一次延期90天，第二次延期90天，第三次延期90天。中美的科技供应链、经济供应链、产业链紧紧地联系在一起，打断不容易。现在美国坚决反对美国的乡村电信采用华为的设备，华为每年购买零部件花费700多亿美元，其中约110多亿美元流向美国，包括高通、英特尔等公司，所以这些企业坚决反对限制华为。反过来讲，美国人也怕：这个东西万一中国不买了怎么办？其实中美是相互依存的关系。美国现在已经将300多家中国企业列入被"制裁"的实体清单，对中国科技进行了一系列打压。

在金融领域，美国拉开序幕，隐而不发，将中国列入汇率操纵国，威胁要把"中概股"退回来。另外，在涉港、涉台问题上也不停地采取一些措施，比如美国国会通过了"香港人权与民主法案"等。过去一年多，美国对中国打出了一系列的组合拳。

中美经贸摩擦对我们的贸易、产业、消费、市场、宏观经济运行等都有影响。加征关税后，中美双边贸易额都在下降：美国从中国的进口额在下降，我们从美国的进口额也在下降，而且双方的下降还是比较明显的。340亿美元清单商品下降了38.8%，160亿美元清单商品下降了43.9%，2000亿美元清单商品下降了31.1%。我们的对美投资也在大幅度下降，因为美国限制中国投资，所以中美经贸摩擦对美国也造成了很大的伤害。

中美经贸摩擦对我们的产业也有影响，越南、墨西哥这些国家的替代效应开始显现。但是总的看来，中美经贸摩擦对我们的影响还是总体可控的，没有想象得那么大。我们采取扩大内需、促进"一带一路"出口多元化等措施，有效地抵消了加征关税带来的影响。

中美经贸摩擦对美国经济也造成了很大的影响。美国经济现在下行风险加大，也没有实现特朗普说的制造业回流。美国对外加征关税，打贸易战；对内减税，加大基础设施建设，核心目的就是要促进制造业回流，但实际效果不太明显。同时，对全球经济也造成很大影响，企业不知道怎么投资，现在都在等待，所以加大了经济发展的不确定性。

关税上升对美国消费者也造成了一定影响。美国智库说，从中国进口的商品加征关税之后，消费品价格上涨，加征的关税成本将主要由美国消费者承担。但是实际情况是，加征的关税基本上由美国进口商分摊了，对消费者也有影响，但是不是太大。对市场预期影响比较大，比如中国股市和美国股市波动幅度都比较大。

中美经贸摩擦对中国经济也有影响，中国经济增长面临新的下行压力。从2018年以来，这种下行压力不断加大，2019年经济增长率下降到6.2%，单季度最低到了6.0%，所以下行压力比较大。

所以，中美经贸摩擦对中国的影响是全面的，对美国的影响也很大。

一年多来的中美经贸摩擦证明，要丢掉幻想，敢于斗争、善于斗争。这次中美经贸摩擦在规模、范围、力度上都超过许多人的预期。本来，我们对小打、中打和大打作过模拟情景分析，判断美国在短期内可能以中打为主，但是实际情况是，美国不仅对中国商品加征关税，同时在科技、金融等方面采取了一些超出很多人预期的措施。这些使我们越来越清醒地认识到，中美经贸摩擦是绕不开、躲不过去的，是中华民族伟大复兴进程中必然经历的阵痛，要想成长壮大，这个过程必然要经历。日本曾经也经历过这个阶段。

美国也并非强大到可以比我们想象的还要强大。特朗普吹嘘的美国挑起贸易战后很容易打赢的论调，也不是那么容易实现的。他原来以为一打贸易战大家就要屈服。其他国家屈服了，但中国是不一样的对手。经过一年多的较量，应该说中美经贸摩擦对我们有影响，但不是想象中的那么大，对中国的影响没那么严重。中国经济是一片宽广的大海，有巨大的韧性和回旋余地。我们的企业尤其是东南沿海对美国出口的企业，都是改革开放40年来在市场经济条件下发展起来的，跟华为一样，不是一下就能打倒的，而且好多民营企业早就有准备，比如华为20年前自己就有备胎。同样，好多民营企业也有很多的应对措施。我去看过，沿海的好多出口企业可能早在10年前就已经在东南亚国家有备用的生产基地，现在分段出口，他们可以采取很多措施应对挑战和压力。所以说，中国经济的韧性比我们想象的要强，产业链不是一下就能打断的。

如果仅仅是贸易战，没什么怕的。中国这么大的经济体，本身就是一个大系统，有内部的平衡能力，如同一艘大船，遭受外部的冲击时，自己可以保持平衡，不像有的小船被风浪一掀就翻了。比如，美国对我们的光伏产业加征关税，通过一年多的贸易战来看，其实影响没有想象的那么严重。当时好多人觉都睡不着了，可能有点怕，但是真正产生的影响确实没有想象的那么大。

中美经贸摩擦将会伴随中国全面建设社会主义现代化国家全过程。现在虽然达成了一个阶段性协议，但是不可能停止经贸斗争，斗争是不可避免的。我们发展得越快、实力越强，斗争就会越厉害。到了2035年，美国慢慢适应了，它也就接受了中国这么一个崛起的大国，新型大国关系也能建立了。当时我们超过日本的时候，两国也是摩擦不断。过了几年以后，日本就慢慢接受中国了，因为这种事不可阻挡。美国看我们确实有一些焦虑和恐慌，因为两国政治制度不一样。包括那些对华友好的美国人士，我们跟他们交流时，他们都会说：中国超过美国后，军费开支那么大，按照这个军费比例，中国怎么能保证不侵略其他国家呢？西方的逻辑是：大国一定会去侵略别的国家。我们只能说历史上我们没这么干过，我们是爱好和平的民族，但没法证明这个事，说不清楚。很多人都在担心这个。美国好多学者都说贸易可以互利共赢，但是安全领域没有共赢，而是要么你赢、要么我赢。因此，这种对话还需要一个过程，可能比较漫长。

/ 二 /

我国未来一段时间发展面临的第二个大的变局，是新一轮科技革命和产业变革蓬勃兴起。为什么这么讲呢？大家知道，科技革命的长周期是50—70年，短周期创新的浪潮也在10年左右。应该说自20世纪50年代信息革命过后，全球新一轮科技革命和产业变革正在兴起。每一次科技革命和产业变革都极大地推动了人类社会生产方式、生活方式的发展，同时也改变了大国力量的格局。所以说，这也是一个大变局。

麦肯锡公司的报告指出了12项颠覆性技术，比如物联网、云计算等。目前，这些新技术正在快速兴起，重大技术层出不穷，引发了人们生产方式、生活方式的剧烈变革。

信息技术产业正在加速变革。20世纪50年代至70年代的IC集成电路，80年代的PC，90年代的互联网，2000年左右的物联网，最近这些年的互联网＋、人工智能，它们深刻地改变了我们的生产方式。现在又在孕育着新一波的创新浪潮，比如5G、区块链技术等。应该说，信息技术又在引发新的深刻的变革。互联网改变生活，5G将改变社会。

生命科学和生物技术也在不断取得重大进展，产业化的进程在加速。如果说信息技术革命是效率革命，那么生物技术革命则是要揭示生命的本质和奥妙。这些年，生物技术取得了很大进展，在医学领域、农业领域的应用不断发展。20世纪80年代初，生物技术开始应用于医药领域，现在已经占了很高的比重；1995 年左右，生物技术开始应用于农业领域，以转基因农作物为代表；随后是在工业、微生物领域的应用。目前来说，生物技术还处在一个黎明前的应用阶段，从本质上讲还没有取得根本性的突破。比如说分子生物学、结构生物学还没有取得根本性突破，距离把基因的功能搞清楚还有一段距离，但是生物技术革命值得我们高度关注。

能源也在发生革命性变化，比如新能源 + 互联网。

新科技革命推动了产业变革，推动了生产效率大幅提升。比如，前些年，信息技术仅在社交媒体上得到广泛应用，比如微信。但是，只有把信息技术经济性地、大规模地应用于智能制造，提高我们的生产效率，才能引发产业变革。现在，这个趋势和苗头已经显现，制造业已经进入了"4.0 时代"。应该说，这为中国提供了几十年一遇的机遇。在历史上，每一次工业革命、产业革命过程中，都有一些后发国家抓住机遇，实现跨越性发展。当前的科技革命、产业变革为我们转方式、调结构提供了很大的机遇。我们现在经历的这个过程，就相当于 19 世纪美国工业化快速发展阶段。另外，中国有自己的优势，如制度优势、后发优势、市场优势、场景优势、人力资源优势。比如，中国有几亿人在网上买东西，这就为人工智能算法提供了一个巨大的场景；而在美国，没有那么多电商，所以没有这么好的场景。这就是中国面临的一个巨大机遇。但同时，这也给我们带来了一些新的挑战，各国对科技革命制高点的争夺越来越激烈。美国现在为什么打压我们呢？因为美国的科技原来是遥遥领先的，在全球跑在最前面，如果中国的 5G 跑在它前面了，这是它不能容忍的，所以它就要打压我们。为什么美国强大？因为在过去的两个世纪当中，至少有一个多世纪是美国在引领科技的潮流。这带动了美国的强大。所以它要继续抢夺科技革命的制高点。可以预见，这方面的争夺将越来越激烈。

除此之外，从外部环境看，我国未来一段时间发展还面临以下变局：

首先，国际投资经贸规则面临重建，全球经济治理体系正在发生深刻变革。西方国家认为中国加入 WTO，成了最大的赢家，在所谓国家主导产业政策、知识产权保护、数字贸易等方面，对中国提出了很多要求，包括要求中国调整产业政策。美国2010年发布了奥巴马的创新战略，制定了制造业转型若干政策。美国人把《中国制造2025》拿来一看，发现里面说中国的目标是要在10个领域占优势地位。如果中国在这10个领域都占优势地位，那美国怎么办？所以美国有些恐惧。美国说我们窃取它们的知识产权，这种指责没有证据，其实中国引进的好多技术都是过时的，而且这是后发国家都要走的道路。19世纪的时候，美国很多技术都是从英国引进的。所以，国际投资经贸规则面临重构和重建。

其次，全球能源版图发生重大变化，石油供应格局从"两极"向"三角"过渡，能源需求增长中心转向发展中国家。传统上，中东、俄罗斯是能源供给大国，是能源供给的两极。现在，由于美国页岩油田的石油和天然气生产持续蓬勃发展，美国从能源进口国成为能源出口国，全球能源供应形成了美国＋中东＋俄罗斯的三角格局。奥巴马时期，美国的创新战略提出要发动一场清洁能源革命，进行信息技术革命。奥巴马当时讲，跟中国竞争，不是跟中国比低成本、低价格、低工资，而是要不断创造新的技术、新的产业来引领全球，这才是美国要做的。虽然特朗普上台以后对美国的战略进行了调整，直接跟中国打贸易战，直接跟中国竞争，但是我们预测，"十四五"期间，发达国家能源消费将与经济增长"脱钩"，全球能源消费增量95%以上将来自发展中国家。

同时，能源快速转型，煤炭占一次能源消费比重大幅减少，可再生能源占一次能源消费比重大幅提高。2010年前后，太阳能发电的成本是每度电1块钱，现在成本已经降到5角钱了，甘肃已经降到了3角钱。发电成本大幅度下降，使得现在已经能够基本实现供电侧平价。一开始的时候，好多院士都说可再生能源、新能源占的比重微不足道，但现在大家都认识到：到2030年，可再生能源、新能源会占比较大的比重；到2050年，可再生能源、新能源会占有举足轻重的地位。这个转型确实快，超出了我们的预料。有的领域技术进步的速度比我们想象的要慢，有的则比我们想象的要快。此外，新能源汽车发展得也很快，现在已经有100多万辆了。

再次，我国周边地缘政治环境进入高度敏感期。朝核问题出现重大转机，但前景仍然复杂多变；美国借废止"中导条约"加快在东亚的中导部署，东北亚安全形势依然不容乐观；区域经济一体化进程步履维艰。美国加快推动实施"印太战略"；在美国等西方势力的介入下，台海、南海、东海、涉港、涉疆、涉藏等问题形势都可能出现更加复杂严峻的局面。

在大国博弈、投资贸易规则重建、科技革命、产业规则变动的情况下，全球产业分工格局和竞争格局正在面临重构。全球的产业格局原来是一个大三角形分工：中国搞制造，美国搞研发，中东国家提供能源。现在发生了很大变化，美国基本上建立了独立的三角形体系，能源独立了，同时吸引制造业回流，重整制造业，另外它的研发是比较高端的。发展中国家的优势可能在弱化。随着人工智能的发展，我们的成本优势正在下降，进入了一个产业分工格局重塑的阶段。由于这些变化，世界经济大概率将继续呈现弱增长态势，甚至不排除一些国家发生经济危机的可能性。

/ 三 /

与此同时，中国经济内部条件发生了许多重要的变化。

一是工业化进入中后期。中国的工业化经过了几个发展阶段。20世纪80年代，跟发达国家走的道路差不多，轻工纺织、服务于解决温饱问题的工业快速发展；90年代到2000年以后，进入重化工业发展阶段，以满足住行需求为主，住房、汽车等行业快速发展。现在应该说进入了一个综合性发展阶段。比如汽车，按照发达国家的标准，一个家庭有1—2辆。中国有14亿人口，怎么也有4亿户家庭有车，保有量按理来说能达到4亿辆，还有人说会达到6

亿辆。由于多方面的原因，我感觉目前这是一个阶段性的峰值。另外，房地产也可能出现阶段性峰值。工业化还有空间，但是增长空间有限。机械工业、冶金建材、电子信息、轻工纺织的增速呈下行态势，支柱产业将进入一个新旧动能的转换阶段。

二是城镇化进入变轨期。目前，我国的城镇化率进入 60%—65% 的区间，年城镇化率已经达到 60%，应该说进入到了一个减速提质的阶段。从国际经验来看，有的国家进入这个阶段后，城镇化速度大幅放慢，有的可能进入停滞期。这值得我们高度关注。中国经济增长有两大动力——工业化和城镇化。工业化带动了城镇化的快速发展。比如，改革开放搞了一些经济开发区、高新区等，后来都变成城市了。工业化的快速发展使产业发生转移，2000 年后产业的大规模转移使城镇化快速发展，为中国经济发展注入了强大动力。

公路、铁路、房地产的快速发展带动了中国经济的发展。应该说目前该修的也修得差不多了，中西部地区好多城市修成了空城，开发区人口减少、人口老龄化，城镇化率总体上达到了一个比较高的水平。比如，宁夏的城镇化率达到了 70%，兰州达到了百分之六七十，城镇化发展的空间小了。按照国际规律，还会有逆城镇化的情况出现，可能过一段时间，城里人就会回到农村。现在好多"60 后"的农民工退了休在城里没什么干的，可能又回到了农村。

三是人口、技术、储蓄、投资、消费等因素影响经济增长。

经济能否保持增长，要看人口、技术、资本等要素条件能不能支撑，尤其是人口因素。我们现在人口快速老龄化，2011 年时劳动年龄人口比重首次下降。按照西方那套理论解释中国有时是解释不通的，中国好多东西跟西方是不一样的，比如劳动年龄人口虽然下降了，但还有 9 亿多劳动力，这个就跟小国不一样、跟西方不一样。但是近年来我们老年抚养比增高、老龄化加速，这两个变化值得我们高度关注。老龄化加速意味着劳动力人口减少，人口红利会越来越少。我们这些年发展靠什么？其中一个重要因素就是人口红利。

2000年以后，大量农村人口向城市转移，农民工对我国的工业化、城镇化作出了巨大的贡献。另外，一个社会的老年人如果越来越多，活力就会减少。目前总体来看，我国劳动年龄人口数量还是很大的，但是人口老龄化严重、生育率下降值得高度关注。

与此同时，储蓄率、投资率、消费率、全要素生产率、潜在经济增长率都发生了重要变化。储蓄率很大程度上影响到投资。我们现在的储蓄率在下降，居民储蓄率占可支配收入的比重从2008年的31%下降到了12.7%，国民总储蓄率预计将由2020年的45%下降到2030年的35%。这跟人口年龄结构有关，总体上储蓄率在下降。投资、消费增长中枢下移，民营投资在快速下降。我们的制造业投资增速只有百分之二点几，如果扣除价格因素会更低。没有投资，意味着没有未来的经济增长。传统的消费在快速地、稳步地下降，压力很大；消费需求也在下降，下降的压力也很大。全要素增长率增长趋势趋缓。原来大规模引进技术的阶段过去了，现在到了要搞原始创新的阶段，还是很难的。总体上潜在经济增长率下降了，我们预测"十四五"时期是5.4%，"十五五"时期是5.0%。这些数字是根据现有的模型算的，不一定准，是理论值。现在搞经济学的没有建立自己的模型，总用原来那个模型。原来那个模型到现在已经用了100年了，假设条件都不一样，所以中国应该建立自己的模型，但是还没有搞出来，现在只能用西方那一套算一算，所以不完全对，可以作为一个参考。

/ 四 /

变革充满机遇，也带来风险挑战。我们要坚定信心，维护和平发展的外部环境。中美经贸摩擦不像原来的大国竞争，可以打断我们的现代化进程。我们将长期处于重要战略机遇期，打不起大仗来，核战争威胁下谁也不敢随便乱动手。新一轮科技革命和产业变革为我们带来了参与全球治理体系变革的历史性机遇。中国的工业化、城镇化还有空间；服务业占国民经济的比重才52.2%，发展潜力也很大。

同时也要认识到，我们面临的压力和风险在加大。

第一，中美经贸摩擦可能更加激烈，未来5—10年是最后的机会窗口。如何处理好这种竞争与合作关系，确实需要勇气、智慧和定力。美国最近宣扬对我们"部分脱钩"，这是美国对外经济竞争新战略，它的战略目标是近期推动与中国经济部分脱钩。为什么部分脱钩？因为它的服装、电脑、玩具高度依赖中国，如果不卖给它了，美国人的圣诞节就过不好了，所以不能全部脱钩，只能部分脱钩。

第二，面临债务"灰犀牛"。我们的债务量比较大，总负债200多万亿元。中央政府负债不高，国有企业债务占整个非金融企业部门债务的比重比较高；居民负债跟发达国家相比不是太高，但是结构性风险比较大。长期积累的金融风险包括债务风险不断暴露出来，压力有点大。2018年总负债225万亿元，每年要还本付息，数额很大。地方政府隐性债务规模庞大，有些地方债务已经很高了，所以现在必须降低资本金。有的地方政府杠杆率超过300%甚至400%。有的县债务很高，每年财政收入几个亿、十多个亿，但是欠了三四百亿元的债。所以必须要解决债务问题，不能出事。

第三，面临房地产"灰犀牛"。房地产连着居民、政府、银行，跟国民经济高度关联。房地产风险正在不断升高。虽然谁都说不清楚房地产风险什么时候会到高位、会不会爆发，但是长此以往肯定不行。比如你体检的时候，其他的指标都没事，但有"三高"，发展下去肯定不行。2018年末，房地产贷款余额占金融机构人民币贷款余额的比重近30%，接近风险警戒线。22个重点城市住房年还款额占家庭可支配收入的78.9%。而且，房地产投资占固定资产投资比重也很高，一些地区甚至超过40%，高度依赖房地产。我们预计，"十四五"期间房地产会出现一个阶段性的销售面积逐步下降，这个值得我们高度关注。

第四，实体经济发展困难。我们的工业化已经进入中后期，但我们的工业化还属于浅层阶段，制造业占比才28%多一点。习近平总书记讲，制造业是国民经济的根基。改革开放以来，我们是靠制造业发展起来的，但是现在面临的形势比较严峻，营业收入下降、工业品出厂价格（PPI）下降、利润下降等，债务在上升。我们面临着来自两端的挤压：发达国家高端产品的打压，发展中国家中低端产品的挤出。面临着三个挑战：一是现在人才缺乏，制造业招工难、招工贵，一方面工作不好找，另一方面有岗位没人去，青年工人难招，这是结构性问题。二是融资难、融资贵，资金进不了实体经济，技术缺乏，亟须转型升级。我们现在有很多技术，专利数量是美国、日本、欧盟的总和，但真正管用的不多。三是成本高。现在我们的成本远远超过工业化阶段，融资成本、能源电力成本是发达国家的两倍，物流成本是发达国家的两倍，除了人力成本比美国便宜点儿之外，其他的都贵，税负也不低。

第五，结构性矛盾越来越凸显。需求结构、供给结构、要素结构都面临一些问题。比如，需求潜力巨大与有效需求不足并存。说起来我们的需求潜力是很大的，14亿人，4亿中等收入群体，规模很大，但收入差距也比较大。好多有钱人不知道怎么消费，没什么消费意愿；好多有点消费能力的人，为了养小孩、买房，也没能力消费了；农民工缺乏养老保障，保障体系水平不高，没有消费能力。此外，我们的消费有高质量的需求，但是有效供给不足。这些结构性的矛盾比较突出。

第六，产业、科技、能源等安全压力空前加大。产业不稳、不强、水平不高的问题突出，而且产业开始出现外移现象。我们的优势是在供应链上。我们是"世界工厂"，这确实是一个优势。90%的手机、80%的电脑由中国生产，中国一旦不干了，全球都没办法。但现在这个优势应该说在弱化。现在我们缺乏关键核心技术，发动机还不行，如果别人不卖给我们，飞机就飞不上去，"卡脖子"的技术缺乏问题凸显。能源安全压力空前加大，石油对外依存度超过 70%，而且还在不断上升。

最后，我们还面临着"中等收入陷阱"的挑战。我们的人均 GDP 现在是
9000 美元，相当于美国的 60%，折合成人民币是 6 万多元，但是人均收入不
高，城镇居民人均可支配收入 3 万多元人民币，农民的人均可支配收入也就 2
万多元，而美国人均收入和人均 GDP 基本上是一样的，我们和美国的差距还
很大。

总之，未来一段时期对我国来说是一个充满挑战同时也能大有作为的战
略机遇期。我们正处在经济增速下行期，这个是毫无疑问、不可改变的客观规
律。从所有发达国家的经验来看，高速增长阶段结束之后，经济增速一定要往
下走，只能说不要断崖式下降。我们将处于工业化和城镇化提质期、创新驱动
发展突破期、人口结构变化加速期、金融风险高发期、全面深化改革攻坚期，
面临的机遇和挑战前所未有。我们必须准确把握战略机遇期的新内涵，化危为
机，奋力推动中国经济的巨轮在风雨中破浪前行。

/ 五 /

面对这样一个大形势，我们应该怎么办？基本战略是要以高质量发展为
主题，以改革开放为动力，保持战略定力，稳中求进。我们未来几年的主要任
务，一是巩固全面建成小康社会的胜利成果，二是在"十四五"时期坚定地向
社会主义现代化国家迈进。

——以高质量发展为主题，重塑经济新格局新优势。这是未来一段时间
的关键词。变革不是变化，我们要创新，要改革，要重塑我们的经济发展新优
势，重塑经济发展的新动力。

——以供给侧结构性改革为主线，推动经济结构再平衡。供给侧的结构
到底是什么样的？我对它进行了系统梳理，把它画成了下面这个三角形：

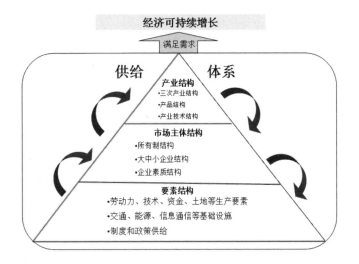

其中，最底层是生产要素，第二层是生产者，最上面一层是产品和各种产业。从下往上看就是我们的生产函数，产品卖出去形成经济增长，这就是一个最基本的供给侧逻辑。

这些年，供给侧结构性改革有主线，也取得了很大的成绩，现在值得好好总结经验。为什么提出供给侧结构性改革？当时的背景是经济发展出现了"四降一升"：GDP增速下降、财政收入下降、PPI下降、利润下降，风险上升。针对这种情况，2015年，我们研究经济发展的主要矛盾是什么、矛盾的主要方面是什么，分析可能是阶段性变化，告别了短缺经济，产能过剩的问题比较突出。比如煤炭、钢铁主要是供给侧的问题，主要矛盾在供给侧，不是需求的问题。现在人们有需求，但一部分需求跑到海外去了，因为国内的产品质量满足不了这种需求。

那么，是用"中医疗法"还是用"西医疗法"？是"动手术"还是"保守治疗"？大家都在讨论这个问题。讨论的焦点有两个：首先，病根在什么地方？我们发现是供给侧出现了问题。其次，是不是要"动手术"？也就是说，经济会不会出现大问题？如果不会出现大问题，干脆进行结构性大调整。

以美国为代表的西方国家爆发过很多次经济危机，经济危机的核心就是产能过剩。当时我本人还是比较担心的，我们的产能过剩会不会引发大规模的经济萧条？现在回过头去看，中央的决策还是正确的。中国公布了"三去一降一补"措施，通过这些措施有效地避免了经济的硬着陆，避免了经济大起大落。当时很多人反对，说要通过市场化的办法解决产能过剩问题。我们为什么要提出"三去一降一补"？因为中国的制度优势就是"两只手"，所以我们主动去钢铁产能、去煤炭产能。当时的想法是，把一些地条钢、小煤窑去掉，使PPI上涨，PPI上涨后企业就有效益，银行才敢贷款，才有财政收入，国民经济才能循环。如果恶性竞争，PPI一定会下降，大家都亏损。现在，去产能取得了很大的进展，快速地改变了市场供求格局。与此同时，积极稳妥地去杠杆，市场化债转股，使杠杆没有快速上升。总体上讲，我们通过去杠杆，把金融风险控制住了，没有使金融风险大规模暴露。去库存的成效也比较明显。通过棚户区改造等措施，有效地解决了房地产市场的库存问题。与此同时，我们还在补短板，加大公共设施、基础设施、农业、环保的投入，加强创新。还在降成本，每年都说降了几毛钱，但这个效果还不明显。

总体上，"三去一降一补"取得了阶段性的显著的成效，这是毫无疑问的。经济合作与发展组织（OECD）报告的评价是，中国的供给侧结构性改革取得了显著的成效。但是，随着国内外形势的变化，我们的产能过剩问题、结构性矛盾问题还没有得到根本解决，特别是还存在一些体制性的问题。下一步还是要以高质量发展为主攻方向，以增强微观主体活力为核心，增加制度供给，着力巩固、增强、提升改革效果。

——以要素市场化为改革突破口。因为没有要素市场的改革就不能叫供给侧结构性改革。党的十九届四中全会提出要推进要素市场制度建设。实现要素市场化配置，关键是要改革要素配置的体制机制。比如说，为什么融资难、融资贵？核心原因是金融业本身体制机制改革滞后，不适应需求结构变化、产业转型升级。要素市场必须得改。现在虽然培养了很多人，但到企业去调研就会发现，人才难招，招工难、招工贵，人才不足。与此同时，就业压力很大，国家每年要解决 1100 万人的就业问题，其中有 800 万名高校毕业生。这是结构性的错位。

——企业的改革很重要，因为企业是生产者。只有要素却没有生产者，或者生产者不行，产品肯定不行。所以企业的素质、水平决定了供给的水平。国有企业、事业单位的改革非常重要。深圳为什么创新能力强？因为那里的民营企业、创业型企业是市场导向的，市场发挥决定性配置作用。另外，产品、服务层面也要改革，去产能的市场化机制和法治化机制都要建起来，今后肯定要更多依靠市场化、法治化的手段去产能。

——产业准入机制非常重要。中关村好多创业者都反映，想创业、想投资，但不让进。李克强总理强调"放管服"，这三个字都做好确实很难。今后我们要在这些方面下功夫，推动国民经济循环发展，守住不发生系统性风险的底线。

——坚持以市场化改革、高水平开放为动力，增强自身动能与活力。未来几年，我们的发展目标要对标对表 2035 年建成富强文明民主和谐美丽的社会主义现代化强国。

——加快建设科技强国。要打好基础研究持久战。原来我们是站在巨人肩膀上追赶，现在人家不让我们搭这个梯子了，所以要加强应用基础研究，打好"卡脖子"技术歼灭战，增强企业作为最主要创新主体的作用，大力推进开放、合作创新，打造充满活力的创新生态。

——实施深度工业化战略，扎实推进制造业高质量发展。大力发展现代服务业，加快农业现代化步伐。

——深入推进新型城镇化建设，构建现代化城乡区域发展格局。深入实施新型城镇化战略，实施乡村振兴战略，深入推进重大区域战略落地实施，比如京津冀协同发展战略、长江经济带战略、粤港澳大湾区建设、海南自由贸易港建设等。

——努力建设强大国内市场，巩固提升规模经济优势。面对国际格局的重大变化，核心的问题是要把内需激发出来，通过强大的内需稳定经济增长。要用改革的办法来扩大内需，促进国内消费市场稳步扩容升级，积极培育新的投资增长点。

——打造共建共治共享的社会治理格局，建设和谐幸福社会。促进更高质量就业和持续增收，全面推进健康中国建设。

——建设社会主义现代化强国，教育现代化要先行。我们研究过国际上很多国家转型成为富裕国家的经验，人力资本、体制机制等是必要条件。

——积极应对世界大变局，为开启全面建设社会主义现代化国家新征程创造良好的外部环境。打好中美经贸斗争阻击战，持续推进"一带一路"建设，实施更加积极的高水平开放战略。

"一带一路"倡议自2013年提出以来，取得了积极进展和显著成效：建立了总体实施框架，不断完善支撑保障体系；推进双边多边战略，逐步形成了国际合作新格局；加快金融设施互联互通建设，优化贸易投资便利化条件，不断提升经贸水平；创新投融资模式，强化对"一带一路"建设的金融支撑；开展全方位对话交流。目前，"一带一路"建设已经取得了一些成果。截至2019年8月底，已有136个国家和30个国际组织与中国签署了195份共建"一带一路"合作文件，我们与14个国家签署了第三方市场合作协议。一些重大项目取得积极进展。比如雅万、蒙内、中老、中泰等铁路建设，巴基斯坦瓜达尔港建设等。通过全球合作建立了一些经济合作园区，促进了当地就业。在教育、文化、卫生等领域也进行了卓有成效的合作。中欧班列也开了不少。

中国企业走出去不容易，因为存在政治问题、动荡问题、意识形态问题。在新形势下，推进"一带一路"建设更加重要。中央提出，下一步要高质量推进"一带一路"建设，提高项目质量，对接跟我们有合作潜力的焦点企业，避免战略资源无效投放。

——继续深化改革开放，推进国家治理体系和治理能力现代化。对此，党的十九届四中全会作出了非常全面的部署。现代化的核心问题是制度的现代化；现在国家之间的竞争，核心也是制度竞争。改革开放 40 年、新中国成立 70 年的成就，从本质上说是制度创新的成果。我们必须不断根据发展阶段和形势的变化调整制度，使生产关系适应生产力的发展要求。

——保障国家经济、科技、金融、能源等安全，是今后一个重大任务。

由于时间有限，今天只能简单介绍一些大的形势。希望对大家有所启发。谢谢大家。

》 现场互动撷英

北京大学 2016 级经济学院学生：我有亲属在发改委工作，听说他们现在在做"十四五"规划，刚才您也提到"十四五"规划的相关内容。请问一下，您对未来五年的国际环境怎么看？可以具体说一下吗？

王昌林：未来几年的国际环境总体上肯定会比原来要严峻一些，这其中最大的变量就是中美关系。习近平总书记讲，当今世界正经历百年未有之大变局。变局意味着机遇，也意味着要面临很多挑战。我刚才讲了很多国际环境方面的变局，比如国际力量对比和全球经济版图正在发生根本性变化、新一轮科技革命和产业变革蓬勃兴起、国际投资经贸规则面临重建、全球经济治理体系发生深刻变革等。总体上讲，我们面临的风险和挑战还是比较大的，确实要有忧患意识。"十四五"时期将是一个挑战和压力比较集中的时期，我认为这是一个关口。大家要坚定信心，我们一定会闯过去。

北京大学 2016 级外国语学院学生：刚刚老师有提到能源转型的一些情况，所以我有两个问题。第一个问题：中国在应对气候变化上的发展布局是什么？第二个问题：中国当前参与全球治理的机遇是什么，同时又面临哪些挑战？谢谢老师。

王昌林：目前，美国已经宣布退出《巴黎气候协定》，但是中国在积极推动节能减排，发展新能源。大力推动新能源革命，这个肯定是我们国家坚定不移的战略，不会改变。现在有人提出，我们的能源战略就是新能源战略加上电气化战略。这个说法有一定道理。在新能源方面，我们也有优势。世界新能源企业里面排名前 10 位的企业里大部分都是中国企业；我们现在的新能源技术水平也比较高。

在参与全球治理方面，我们正面临一些前所未有的机遇。原来那些治理规则尤其是经贸规则，基本上都是以西方国家为主建立的。现在中国的经济实力和影响力提高后，正在推动建立一些适合发展中国家的经贸规则。比如，前段时间巴西总统老跟着特朗普的政策走，习近平总书记去了巴西以后，他的态度就变了。为什么呢？金砖国家的大豆不卖给中国卖给谁？中国是它的最大市场。应该说，我们利用这个优势更多地建立了一些适合中国所处的发展阶段和发展中国家的规则。

参与全球治理，我们面临的挑战也很大。比如，数字贸易、金融要更加开放，这对我们的挑战有点大。再比如知识产权保护，发达国家已经搞了 200年了，它们从建国开始就搞知识产权制度，现在我们才搞了 40 年，我们和它们不在一个阶段上，所以压力很大。

总体上讲，全球治理格局变化为我们更多地整合资源、实现中华民族伟大复兴提供了很大机遇。

北京大学 2019 级经济学院学生：我有两个问题。第一个问题：随着改革开放的推进，我国的收入差距有拉大趋势。请问这种趋势对我们国家的经济发展和社会发展产生了哪些影响？第二个问题：您在刚才的报告中总体来说对民营企业给予了比较高的评价。请问您对现在国有企业在经济发展中的地位和作用有什么看法？

王昌林：先回答你的第一个问题。按照西方那一套标准，我们现在的收入差距的确有点大。怎么来看这个问题呢？第一，要正确看待收入差距问题。前段时间微信上有一篇文章，讲收入差距大有效率，收入差距小反而没效率。北欧国家收入差距小，因为它们是福利社会。但是我们现在收入差距太大，这肯定不行。第二，收入差距对我们的影响。刚才我在报告中也说了，收入差距过大对当前经济影响比较大，抑制了消费，导致消费需求出不来。经济学里讲生产、分配、流通、消费。如果分配出了问题，消费肯定不行，反向作用于生产，对生产就会有负作用。收入差距太大，带来的一个核心问题是中低收入人群的消费潜力激发不出来，我们下一步要解决的核心问题就是怎么把10亿人的消费潜力激发出来。要加快收入分配改革，通过一次分配、二次分配调节收入差距，但不能搞福利社会。下一步应该把收入分配改革提到更高位置、摆上议事日程，这是毫无疑问的。

再回答你的第二个问题：怎么看待国有企业的作用。党的十九届四中全会讲了"两个毫不动摇"：毫不动摇巩固和发展公有制经济，毫不动摇鼓励、支持、引导非公有制经济发展。国有企业在我国经济中发挥了非常重要的作用，在创新、贯彻国家战略方面发挥了关键作用。高铁和航天都是国有企业干的。国有企业和民营企业的作用可能不太一样，但是我觉得都需要。中国制度的重要优势就是两条腿走路：既发挥国有企业优势、贯彻国家战略，又发挥民营经济活力强的优势。有些国有企业效率不太高，制度还有待完善。要建立中国特色现代企业制度，使国有企业既能够比较好地执行国家战略，又能够提高效率。这是下一步我们需要解决的问题。谢谢。

>> 主编按语

王昌林先生的报告信息丰富，视野开阔，知识非常专业，观察问题非常敏锐，勇于面对问题，敢于提出应对之策。报告指出，当前我国发展环境面临大变局，体现在国际和国内两个方面。从国际方面看，大变局突出表现为以中国为代表的一大批新兴发展中国家群体性崛起，世界经济增长重心日益从欧美转向亚洲，其中中国的崛起尤其引人注目；第二个重要表现就是新一轮科技革命和产业变革蓬勃兴起；此外还表现在国际投资经贸规则面临重建、全球经济治理体系正在发生深刻变革、全球能源版图发生重大变化、我国周边地缘政治环境进入高度敏感期、全球产业分工格局和竞争格局正在面临重构等方面。从国内方面看，我国工业化进入中后期，城镇化进入变轨期，人口、技术、储蓄、投资、消费等因素对经济增长的影响正在发生变化。

报告指出，面临大变局，中国必须进行大变革，只有这样才能抓住未来一段充满挑战同时也能大有作为的战略机遇期。报告认为，中国应对这些问题的基本战略是要以高质量发展为主题，以改革开放为动力，保持战略定力，稳中求进。

应该说，这个报告比较理性客观，既不回避我们所面临的各种挑战，同时也有理有据地指出了我们的优势，给人以充分的信心。尤其是报告提出的我们面临的挑战和机遇等问题，很值得我们深思。

京津冀协同发展，
高标准高质量建设雄安新区

叶连松

　　曾任中共河北省委常委、副省长、常务副省长、党组副书记，中共河北省委副书记，河北省省长，中共河北省委书记，中共河北省军区党委第一书记，第九届、第十届全国政协常委、经济委员会副主任，中共第十三届、第十四届、第十五届、第十八届、第十九届全国代表大会代表，第十三届中共中央候补委员，第十四届、第十五届中共中央委员，第八届、第九届全国人大代表。

各位老师、各位同学，大家上午好。今天和大家探讨一下和京津冀协同发展有关的一些问题。

/ 一 /

首先，我们来回顾一下京津冀协同发展、高标准高质量建设雄安新区战略的提出过程。

北京是世界历史名城，有 3000 多年的建城史，城市建设历史悠久；有 860 多年的建都史，是历史上很多王朝的都城。2016 年，北京市的地区生产总值接近 2.5 万亿元。天津是我国北方重要的港口城市，改革开放以来发展很快。2016 年，其地区生产总值接近 1.8 万亿元。河北省处于京津周围，有 18.88 万平方千米的土地。2016 年，其地区生产总值接近 3.2 万亿元。在历史上，河北的地位很重要：当年的保定是直隶总督府所在地；省会石家庄是解放战争时期第一个解放的北方重要城市；石家庄附近有一个西柏坡，是以毛泽东为代表的老一辈革命家指挥解放战争三大战役的地方；河北省北部的承德是过去热河省的省会。京津冀在我国占有重要位置，所以从历史上一直到现在，都是经济发展比较快的区域。

过去一些年，京津冀经济结构存在不少问题。为什么呢？因为北京、天津、河北实际上是竞争的关系，不是协同发展。因为受到行政区划的限制，还受到财政体制的限制，各地都想加快发展，导致优势不显、协调不够。我在河北省工作多年，对这点深有体会。

现在，北京市的领导、天津市的领导、河北省的领导都很注意这三地的关系，沟通密切。现在回想一下，我在任时就经常和北京的几位领导交往。河北省委、省政府每年都到北京、天津考察交流，北京市、天津市的领导也到河北省来考察，关系非常密切。大家都认识到，一个地区要发展，光靠自己努力不行，但那个时候不注重协同发展，更没有上升到国家发展战略的高度。

2013 年，习近平总书记到天津考察。2013 年 5 月和 8 月，习近平总书记在北戴河两次讲到京津冀协同发展问题。2014 年 2 月 26 日，习近平总书记在北京召开座谈会，基于前期的调查研究，正式提出京津冀协同发展，并将其上升为国家战略。2015 年，习近平总书记主持召开中央政治局会议，讨论通过了《京津冀协同发展规划纲要》，提出了一系列目标，如到 2017 年底的近期目标，到 2020 年的中期目标，到 2030 年的远期目标。

关于京津冀协同发展，除了《京津冀协同发展规划纲要》以外，还有一个《"十三五"时期京津冀国民经济和社会发展规划》。之前，这样的"十三五"规划都是各个省、各个市单独制定。三个省市一起制定"十三五"规划，在历史上还没有过，现在也只有这一个。

/ 二 /

京津冀协同发展上升为国家战略，对于三市省来说是难得的机遇。我们要充分利用这个历史性机遇。因为过去多少年，三市省都是竞争的关系，不是协同发展。现在国家把它上升为重大的国家战略，这正是京津冀三地领导都盼望的。

过去，没有人给这三个市省进行功能定位。所以从产业上来讲，北京市从钢铁工业、石油化工工业、建筑材料工业，到重化工业、汽车制造业，等等，什么产业都有。为什么呢？是竞争的结果。天津也是如此。那个时候，如果有一个好项目，三地都要争，一般情况下都是河北省争不过北京。现在三地注意协同发展，北京的功能定位是政治中心、文化中心、国际交往中心、科技创新中心。因为北京市高等院校多，而且著名的高等院校多，科研院所也多。

天津市的功能定位也是四句话：全国先进制造业研发基地、北方国际航运核心区（因为天津是北方的重要港口城市）、金融创新运营示范区、改革开放先行区。这是党中央给天津的功能定位。

党中央给河北省的功能定位是：全国现代商贸物流重要基地、产业转型升级实验区、新型城镇化和城乡统筹示范区、生态环境支撑区。为什么是新型城镇化和城乡统筹示范区？因为河北省有 11 个省辖市、2 个直管市，其余都是县，适合创建新型城镇化和城乡统筹示范区。

对于京津冀，中央也有一个整体的功能定位，就是把京津冀建设成以首都为核心的世界级城市群、区域整体协同发展改革引领区、全国创新驱动经济增长新引擎、生态修复环境改善示范区。以首都北京为核心区，北京到天津是一个轴。北京、保定、石家庄是中部核心功能区。北京—唐山—秦皇岛—北戴河，是东部滨海发展区。还有一个南部功能拓展区，就是北京一直到保定、石家庄、邢台、邯郸这个区域。还有西北部，北部也就是承德，西北部是张家口。2022 年初，北京将跟张家口携手举办冬奥会。可能现在大家到了冬季也会到崇礼滑雪去，那个地方确实很壮观、有吸引力。

华北一带缺水，北京的城市用水主要来源是密云水库，而承德地处密云水库上游，境内潮白河流域面积 6107 平方公里，占密云水库上游流域面积的38.7%，是首都重要的水源地，不能够污染。张家口在官厅水库的上游，那里发展工业也不能有污染，多少年来都是如此，不是现在才强调。同样，供应天津城市用水的几个大水库，水源地主要也在河北。近些年，京津冀都受益于南水北调中线工程。这是京津冀的空间格局。

/ 三 /

我国推进新型城镇化建设，一个重要特征是以城市群建设为主体。京津冀实现协同发展，就要构建现代城镇体系，就是把城市群建设作为一个整体。所谓城市群，就是大城市周围有一个城市圈，或者城市带、卫星城，然后利用现代交通、通信技术把它们连起来。这是现代世界各国普遍遵循的城市群建设方案。不能一城独大，不顾周围；也不能搞摊大饼式的发展。北京城市建设为什么问题较多呢？人口拥挤、交通不便这些问题，跟摊大饼式的城市建设有关系。建了二环以后建三环，建了三环以后建四环，建了四环以后建五环，建了五环以后建六环。六环通车已经七年了，现在又在建北京大外环。大外环建设很好，约940公里，其中90%都通过河北省，为疏解北京非首都功能提供了方便条件。但是历史上的二环、三环、四环、五环、六环便是典型的摊大饼式城市发展。

还有一点，城市建设强调功能分工，但不能依据以往的观念，这里是居住区，那里是文化区，那里是商务区，分得那么具体。这样分工，会导致人们居住的地方跟工作的地方、子女上学的地方距离很远，从而造成人员聚集和交通拥堵。现代城市建设理念都不主张这样做。中学、小学、幼儿园就在家附近，可以减少交通量，方便广大人民群众。

京津冀协同发展具有重大的战略意义，其中之一就是有利于以城市群作为新型城镇化的主体形态，优化生产力和城市空间布局，打造具有较强竞争力的世界级城市群。

经济社会学家比较公认的世界级城市群现在有五个。一个是美国东部以纽约为中心的大西洋沿岸城市群，包括纽约、波士顿、华盛顿等几个城市。其中有大城市，有中等城市，也有小城市。这个世界级城市群，是美国制造业的中心、工业聚集地，而且在纽约附近汇集了一批著名的高等学校。另一个是北美五大湖城市群，从芝加哥向东到底特律、克利夫兰、匹兹堡，并一直延伸到加拿大的多伦多和蒙特利尔。这是世界上公认的第二个城市群。第三个城市群是从英国伦敦一直往北的英伦城市群。第四个是欧洲西北部城市群，以法国巴黎为中心，到法国北部的几大城市，还有荷兰的首都阿姆斯特丹，然后再到比利时的安特卫普、布鲁塞尔，再回到德国的科隆，构成一个跨国界的城市群，涉及法国、荷兰、比利时、德国，这是第四个世界级城市群。第五个是以日本东京为核心的城市群，包括东京都市圈、名古屋都市圈和大阪都市圈三大都市圈，也包括三大都市圈外的日本太平洋沿岸其他城市，一直延伸到日本北部。这是第五个世界级城市群——日本太平洋沿岸城市群。

这五个世界级城市群有几个共同特点。一是从区位上来讲都处于温带，都不是太冷，也不是太热。二是经济发达，特别是工业制造业发达，都是工业制造业的核心区域，也是金融中心。制造业是实体经济，金融业是虚拟经济，虚拟经济要为实体经济服务，这个国家才能快速发展。三是交通通信发达。这五大世界级城市群，要么在沿海，要么在五大湖，要么在重要的河流沿岸，交通很方便。对照来看，京津冀符合这几个特点。当然还有一种观点，说改革开放以后，长江三角洲地区发展很快，比如上海、南京、杭州等城市，所以第六个世界级城市群也有可能出现在长江三角洲。

五大世界级城市群还有一个特点，即这几个区域的发展情况在很大程度上影响着世界经济的发展。所以，通过推动京津冀协同发展建设世界级城市群，对我们国家推进社会主义现代化建设、对我们国家的发展壮大意义重大。

改革开放以来，党中央、国务院高度重视并积极推进重大区域发展战略，并已取得明显成效。推进西部大开发、东北振兴、中部崛起、东部地区率先发展的政策体系更加完善；京津冀协同发展有序推进，雄安新区和北京城市副中心进入高标准、高质量施工建设阶段，长江经济带发展、粤港澳大湾区建设、长三角一体化发展、黄河流域生态保护以及高质量发展等重大区域发展战略先后实施。这些区域发展战略必将大力推进我国新型城镇化和社会主义现代化建设进程。

习近平总书记深刻指出，京津冀协同发展的出发点和落脚点就是要解决北京"大城市病"问题，为全国乃至世界治理"大城市病"提供"中国方案"。

2017年2月23日，习近平总书记来到河北省安新县，主持召开雄安新区规划建设工作座谈会并发表重要讲话，擘画这座中国乃至世界的"未来之城"发展蓝图。设立雄安新区，是以习近平同志为核心的党中央作出的重大历史性战略决策，是千年大计、国家大事。习近平总书记亲自谋划、亲自抉择、亲自推动雄安新区规划建设，倾注了大量心血。

推进京津冀协同发展是习近平总书记亲自谋划、亲自部署、亲自推动的重大国家战略。我们必须紧紧抓住疏解北京非首都功能这个"牛鼻子"，加强前瞻性整体性谋划，坚持世界眼光、国际标准、中国特色、高点定位，高起点规划、高标准设计、高质量建设、高效能管理，以疏解北京非首都功能为"牛鼻子"，全方位打造高水平的北京非首都功能疏解和产业转移集中承载地。

近年来，中国经济发展形势良好。一是，2010 年，中国经济总量超过日本，成为世界第二大经济体。日本当了 42 年的世界第二，2010 年以后被中国取代了，而且现在日本的经济总量跟我们差距越来越大，我们遥遥领先。二是，中国成为世界制造业第一大国。原来世界制造业第一大国是美国，2010 年中国超过了美国。三是，我们是世界货物贸易第一大国。我国经济快速发展，既靠近些年消费拉动，靠投资拉动，也靠进出口拉动。其中，消费是基础，投资是关键，外贸进出口是重要支撑，而且每年出口总额都大于进口总额。四是，中国还是外汇储备第一大国。我们的外汇储备最多的时候达到 3.84 万亿美元。2016 年底曾经掉到 3 万亿美元以下，但是 2017 年一二月份以后，又超过 3 万亿美元了。当然，现在我们经济增长下行压力加大。从改革开放一直到 2010 年，我们国家 GDP 的年均增长率是 9.8%。"十二五"期间，也就是从 2011 年到 2015 年，GDP 的年均增长率是 7.8%。2016 年，GDP 增长率是 6.7%。李克强总理在《政府工作报告》中提出，2017 年的目标值是 6.5% 左右。

"十三五"期间，我国区域发展确定了"4+3"布局。什么叫"4+3"呢？"4"是指"十三五"期间继续实施的东部沿海加快发展、振兴东北老工业基地、西部大开发、中部崛起这四大战略。"3"是指"三个支撑带"战略，具体指京津冀协同发展、"一带一路"、长江经济带发展战略。长江经济带包括上海、武汉、重庆等超大城市和南京、杭州、成都等特大城市，涉及 11 个省市。这就形成了"四大板块"+"三个支撑带"的战略大布局。

改革开放以来，我们国家的城市发展很快，到 2010 年，1000 万以上人口城市是 6 个，500 万到 1000 万人口城市是 10 个，300 万到 500 万人口城市是 21 个（第六次全国人口普查数据）。按照规模，我们国家的城市被分成这么几个档次：1000 万人口以上的算超大城市，包括北京、天津、广州、深圳、重庆、上海等。500 万到 1000 万人口的城市叫特大城市。300 万到 500 万人口的城市叫大城市。此外，还有中等城市、中小城市、小城市，然后是城镇。

和世界范围内人口多的国家相比，我们国家的城市不算很多，大城市、超大城市都比较少。超大城市、特大城市、大城市为什么发展较快呢？首先，它们以产业作支撑，没有产业的发展，城市兴旺不起来。城市兴旺起来以后，会带来资源聚集效应，包括大学和科研机关的聚集。比如深圳。改革开放以前，深圳只是一个几十万人口的小城市，甚至可以说是个乡镇。改革开放以后，那个地方发展得特别快，因为旁边就是香港和澳门。现在深圳是发展很快的超大城市。发展起来以后，大学、科研机关聚集得也比较多。

打造以首都北京为核心、具有较强竞争力的世界级城市群，这是一项重要目标任务，具有重大意义。以北京为中心的世界级城市群建设，既是京津冀协同发展的国家目标，又是京津冀协同发展的战略使命。京津冀协同发展适应于经济发展新常态，全面对接"一带一路"等国家发展战略，可以增强对环渤海地区和北方腹地的带动能力，使其成为我国改革开放以来继珠江三角洲、长江三角洲之后的第三个增长极。

关于三个增长极，简单给大家介绍一下。改革开放后，珠江三角洲地区发展很快，特别是广州、深圳、珠海等城市发展特别快，成为我国经济快速发展的第一增长极。1990 年，国务院正式宣布开发开放浦东，后来又批准设立浦东新区。从此浦东发展得很快，成为改革开放以来我国经济快速发展的第二增长极。党的十八大以后，习近平总书记亲自谋划，深思熟虑、高瞻远瞩地提出京津冀协同发展，要把京津冀打造成改革开放以来我国经济增长的第三增长极。

京津冀协同发展还有一个重大的战略意义，就是有利于疏解北京的非首都核心功能，优化提升其首都核心功能，进而走出一条中国特色治理"大城市病"的新路子。

大城市病是世界各国都面临的问题。所谓大城市病，主要表现就是人口聚集、交通拥堵、环境嘈杂等，还有房价高涨，工薪阶层根本买不起房子。北京三环以内的房子，一平方米动辄十万块；到郊区，比如昌平那一带，也要一平方米两万多。现在，我国超大城市的房价都比较高，这都跟大城市病有关系。有些国家大城市病更厉害，像墨西哥，本来人口就多，就业困难，再加上治理不严，无业游民多，很多人就聚众嫖赌，社会治安很乱。目前，治理大城市病也成了世界性的难题。

现在正在建设北京市行政副中心，北京市的机关单位将搬迁到通州去。同时，把一般的制造业，如重化工业、汽车等装备制造业，还有一些物流产业往外搬迁。如北京把汽车厂搬到了沧州黄骅，已经稳定投产。将来北京会重点发展一些高端制造业，因为北京的高校、科研院所多，研发队伍在北京，研发的成果还可以向天津、河北转移，所以中低端的要赶快转移出去。同时，还要推动京津部分高校有序外迁，通过部分院系办分校、联合办学等方式，疏解一部分教职员工和学生。疏解之后，更加有利于京津冀协同发展。

/ 四 /

前面我们讲了京津冀协同发展、高标准高质量建设雄安新区战略的提出、功能定位以及重要意义，还讲了疏解北京非首都功能。近期在抓三件事，其中一个就是京津冀交通一体化，它关系建设世界级城市群，关系疏解北京非首都功能。

京津冀区域交通以北京为中心，向外呈放射状分布，但目前城市群之间交通结构单一，京津冀区域过境运输压力大，北京尚未完全成为交通枢纽中心。河北各个城市间互联互通不够，京津冀航空枢纽、航海港口枢纽，都不同程度存在内部竞争。构建快速、便捷、高效、安全、大容量、低成本、互联互通的综合交通网络，这是京津冀协同发展的迫切需要。交通一体化是京津冀区域一体化的基础，构建现代交通体系是京津冀协同发展的重要保障。加快建设现代化综合交通运输网络体系，以大交通包括高速公路、高速铁路、航空机场、航海港口、管道运输等为基础，构建多点融通、网络全覆盖的现代交通网络，形成主要城市和周边城市"半小时到一小时交通圈"，这是我们的目标。

构建现代交通体系主要涉及五个方面：一是铁路建设，二是公路建设，三是港口建设，四是航空建设，五是管道运输。这里，我重点讲一下前四个方面。

第一，构建高效轨道交通网。做好京津冀综合运输大通道布局，需要完善"四纵四横一环"的铁路网。这里讲的"四纵"分别是北京—石家庄—邯郸城际铁路、北京—霸州—衡水城际铁路、秦皇岛—唐山—天津—黄骅环渤海城际铁路、承德—天津—沧州城际铁路；"四横"分别是北京—天津—塘沽城际铁路、北京—唐山—秦皇岛城际铁路、天津—保定城际铁路、石家庄—沧州—黄骅城际铁路；"一环"就是环北京这个大通道。这"四纵四横一环"铁路网都正在加快建设。现在，坐高铁从石家庄到北京只用 67 分钟，从北京到天津只用 27 分钟。北京首钢迁到唐山，已经投产了几年。北京到唐山的高速铁路将来通车以后，一小时就能到达。

第二，公路建设。现在，京津冀区域交通体系尚有缺陷，一是存在"断头路"和"瓶颈路段"。原来受到行政区划的限制，河北光管河北，天津光管天津，北京只管北京。这几年下了很大功夫，仅2016年一年就解决"断头路"和"瓶颈路"1000多公里。

第三，港口建设。京津冀这一圈有天津港、秦皇岛港、京唐港、黄骅港等，港口的运输能力仅次于广东，位居全国第二。当年孙中山先生提出建北方大港，就是指唐山港，那个地方建港条件好，离海很近。现在，我们的目标是要建设现代化国际一流港口，打造北方国际海域核心区，构建现代化的京津冀港口群。建设港口北京也参与了，所以唐山港现在叫京唐港。

第四，充分利用京津冀机场资源，打造国际一流的航空枢纽。从2015年开始，北京市与河北省协同推进北京新机场建设，合力打造一流的航空枢纽。2019年北京大兴国际机场通航启用，可进一步提升北京航空枢纽的国际竞争力，也有利于天津滨海充分发挥交通枢纽作用，建设我国物流中心。同时将石家庄机场纳入首都机场统一管理，充分发挥比较优势，增强对周边的辐射能力；把京津冀主要机场纳入首都机场集团公司统一管理，逐步提升枢纽功能。2014年10月，石家庄机场2号航站楼正式启用，现在石家庄机场的年旅客吞吐量已经突破1000万人次。

按照人员吞吐量来讲，北京首都机场位居世界第二，人员吞吐量居世界第一的是美国亚特兰大机场。但是，我们还有不足的地方。目前北京首都机场国际航班只占26.7%，与一些发达国家差得很远。像韩国的仁川机场，国际航班占到90%以上，而首都机场70%多都是国内航班。过去京津冀处处都竞争，现在京津冀协同发展了，国内航班就不再争了。将来北京大兴国际机场建成后，主要就是提高国际航班的运量。国内航班应该交给天津、石家庄还有河北省其他一些机场。现在，河北差不多每个省辖市都有机场。张家口、承德的机场很大，唐山的机场也是刚刚建成不久，在唐山跟秦皇岛中间。其余的像邯郸机场、邢台机场，各个市都有机场。应该协调推进，建成京津冀环北京机场群。

此外，还要发展公交优先的城市交通，打造多层次、大运量的公共交通网络。我们并不提倡每家每户都有小汽车。北京市现有汽车560万辆，如果所有汽车都开到公路上，走得动吗？那么，交通拥堵问题靠什么来解决？靠发展公共交通，特别是发展使用新能源的公共交通工具，如电动公交车、地铁。这样一来，既解决了交通问题，也解决了环境污染问题。对于小汽车，北京除了限购，还实行单双号限行，但还是经常堵车。日本的东京很少堵车，但它既没有采取限号政策，也不限购，还鼓励买汽车，以拉动经济增长，那它靠什么限制汽车出行呢？靠城区里面高昂的停车费。一般的人家虽然买了汽车，但由于停车费高，所以都选择通过公共交通出行。发达的轨道交通系统，也是东京消除拥堵的利器。与各大国际都市相比，东京地铁系统非常给力，称得上领先世界。据统计，目前东京的交通出行总量中，地铁系统占86%，远远高于纽约的54%、巴黎的37%和伦敦的35%。在东京，汽车出行只占交通总量的11%。

北京市的交通还有一个突出问题，即很多公路没有自行车道。我们并不提倡在城市里面骑摩托车，摩托车多了不安全。这个问题北京倒不突出，突出的是南方的一些城市。但是北京市搞公路建设时没有规划自行车道，这是个缺陷。现在欧洲的一些国家环保意识很强。比如说，丹麦前几年建设了一条120公里的自行车高速公路，引导鼓励人们骑自行车出行，有汽车停在那里也不开。开着汽车上班就有尾气排放，得用油，消耗能源；骑自行车没有尾气排放，还可以锻炼身体。所以，政府官员、大企业家都不开车，骑自行车上下班。

大城市一定要大力发展公共交通。我们国家在这方面走过弯路。在新中国成立初期，很多城市都有有轨电车，不知道怎么一下子都取消了。欧洲很多国家现在还都保留着。有轨电车耗电量很小，没有尾气排放，而且票价很便宜，当时是不应该取消的。

那么，要发展什么样的公共交通呢？

一是悬浮式轨道交通。中国第一条商业运行的磁悬浮式轨道是从上海浦东机场到上海市区的，利用电磁感应原理驱动直流电机，直流电机驱动轮子，既符合节约能源的要求，又不会排放废气，没有污染，是名副其实的绿色交通工具。另外，火车为什么跑不快？有两大阻碍因素：一个是轮轨摩擦，一个是空气摩擦，这两大因素限制了火车的速度。而磁悬浮式轨道交通通过电磁力实现了列车与轨道之间的无接触，消除了轮轨摩擦。有了磁悬浮，现在我们高速铁路实验的最高速度可以达到每小时 486.1 公里，世界第一。从浦东机场到上海市区的这条磁悬浮，全长约 30 公里，跑完全程只需要 8 分钟。同样的距离，乘坐地铁则需要 46 分钟。现在，我们国家正准备在山东建造一条磁悬浮铁路，时速将达到 600 公里。

还有一种很有前途的交通方式——轻型跨坐式单轨交通。这个只有一条轨道，不是两条轨了，车厢还是那么大。这个在几个国家都经过实践的，别的国家都是在公园里当成游乐车，我们国家 2002 年以后就在重庆建设使用了，已经用了十几年了。这种轨道交通速度快，爬坡能力强，转弯半径小，能源消耗低，经得起台风、地震的考验，安全性特别好，发展潜力很大。

/ 五 /

推动京津冀一体化还有一项重要工作，就是优化区域分工和产业布局，促进产业转型升级。

如果一个城市产业布局不合理，这个城市就可能面临破产。大家都熟知企业破产。企业经营不善，连年亏损，最后破产，这个并不奇怪，因为市场经济就是带有风险的。城市破产也不是个别的，比如说美国重要的工业城市，因为是通用、福特和克莱斯勒三大汽车公司总部所在地而被称为"汽车之城"的底特律，就在 2013 年宣布破产了。为什么一个城市会宣布破产呢？因为它的产业过于单一。自从 1899 年建立第一座汽车制造厂开始，底特律的命运就与美国汽车工业紧密联系在了一起。有数据显示，底特律经济有八成仰赖汽车及相关产业，政府税收也随汽车业荣衰而剧烈波动。随着油价不断高企，以大排量、高油耗见长的美国车遭遇了节油性能较好的日系车的挑战。除此之外，美国南部的几大州也开始通过各种优惠政策与底特律争夺汽车工厂选址。2008年源于美国的世界金融危机给了底特律致命一击，作为核心制造业的三大汽车公司裁员高达 14 万人。除了三大汽车公司，别的就业岗位本来就少，都是围绕汽车发展就业。现在汽车产业出了问题，政府财政入不敷出，负债超过 180亿美元，只能宣布破产。

底特律的教训值得我们警惕。我们国内有的城市光盖房子，天热的时候大家都到那儿去住，夏天一过都走了，由于没有产业支撑，变成了有名的"死城"。所以，搞城市建设不能像美国底特律那样光发展一个产业，一旦这个产业不行了，就没有别的产业作支撑了。

那么，河北发展哪些产业？北京发展哪些产业？天津发展哪些产业？怎么实现产业有序转移？这些问题都要考虑。总体来讲，三地应充分发挥各自优势，实施创新驱动，促进产业合理分工和产业深度融合，构建协同发展共同体。

在此过程中，科技创新驱动很重要。科技创新除了要靠企业以外，还有赖于高等院校和科研院所。普通高校，北京有 89 所，天津有 55 所，河北有118 所。河北虽然高校总量多，但是著名高校少。原来高校有"211"工程、"985"工程，现在在这个基础上提出建设"双一流"——一流大学、一流学科。建设一流大学、一流学科，不能只是研究型的，还得有实用型、技术技能型的。科技创新还有一个经费问题，要搞创新驱动就得投入。目前，我们国家财政性教育经费占 GDP 的比重已连续几年超 4%。其中北京最高，天津次之，河北最少。

京津冀一体化战略，除了京津冀交通一体化、产业转型升级，还有一个很重要的问题，就是加强生态环境保护、推进生态文明建设。在这方面，这些年取得了很大成绩。

中国作为世界大国，从能源结构上看，富煤缺油少气。北京市大气污染的来源，像 $PM_{2.5}$，汽车尾气排放占31.1%，燃煤很少，工业排放占18.1%。2016年，我国石油进口比例为62.3%，天然气进口比例为31.2%。如果是战争年代，这将直接危及国家能源安全。多建设一些油库、多一些储存是必要的，但更重要的是要在煤炭的清洁高效利用上下功夫。所以，我们在能源结构上搞了"三煤制"：煤制油、煤制气、煤制粉。

减少大气污染的另外一个举措是控制建筑扬尘。现在建筑行业也倡导绿色生产，不能说在这个地方建楼房，就在这个地方挖地、打地基、浇灌混凝土，一层一层往上盖。现在流行装配式建筑、工厂化生产，现场装配各种墙体，既不会产生建筑垃圾，也没有扬尘污染。

我们的奋斗目标是到2020年全面建成小康社会，到2035年基本实现社会主义现代化，总目标是到本世纪中叶建成富强民主文明和谐美丽的社会主义现代化强国，实现中华民族伟大复兴的中国梦。我们伟大的祖国将重新崛起为世界强国，巍然屹立在世界东方。春潮涌动京津冀，正是扬帆奋进时。现在，京津冀这艘巨轮，正迎着东方初升的太阳，乘风破浪，扬帆启航。

》 主编按语

叶连松先生从推进京津冀协同发展、高标准高质量建设雄安新区战略的提出、功能定位以及重要意义，京津冀如何实现交通一体化，以及如何优化区域分工和产业布局、促进产业转型升级等方面，对京津冀协同发展和雄安新区规划建设问题进行了提纲挈领的介绍。由于作者长期担任河北省主要领导，对于京津冀一体化过程中的具体问题了然于心，所以这个报告内容非常丰富，讲述深入浅出，受到了现场听众的欢迎。

报告从宏观和微观两个层面系统阐述了京津冀一体化战略目标的理论和

实践意义，明确指出京津冀协同发展的目标是建设以北京为中心的世界级城市群。这既是京津冀协同发展的国家目标，又是京津冀协同发展的战略使命。这个战略任务的实施可以增强京津冀对环渤海地区和北方腹地的带动能力，使其成为我国改革开放以来继珠江三角洲、长江三角洲之后的第三个增长极。

中国人要自信

张维为

    曾任中国外交部翻译，牛津大学访问学者、日内瓦外交与国际关系学院教授、日内瓦大学亚洲研究中心高级研究员。现为复旦大学特聘教授、复旦大学中国研究院院长、国家高端智库理事会理事、上海春秋研究院高级研究员。

非常高兴、非常荣幸能够到北大百年讲堂来作这么一个讲座。

我想把今天上午的讲座分成三个部分。第一部分是放一个视频，可能有些同学或者老师过去也看到过，叫《中国人，你要自信》。这个视频是根据2014年我在上海作的一个演讲制作的。我对做这个视频的人很佩服，因为我的演讲本身是一个小时，加上半个小时的互动，这个视频把它们浓缩在19分钟里面（网上视频时间不能太长，19分钟打住），还真的把我一些主要的思想融入进去了。这个视频最早放在优酷上，优酷给这个视频置顶了，所以当天点击量就超过了130万次。我在想，之所以这么一个视频能够引起这么大的反响，恐怕是因为它切中了我们现在整个社会关心的很多问题。我之所以想放一下这个视频，一个重要原因就是它浓缩了我的一些主要的观点。即使你看过了，也可以再看一遍，因为过去你可能是在手机上看的，现在屏幕大一点，效果可能更好。

第二部分就是我的讲座本身。我准备了一个PPT，我一边放一边讲。

第三部分就是互动。我作讲座有一个要求，就是一定要有互动。如果不安排互动，一般我是不愿意接受的。因为我觉得研究中国道路、中国崛起、中国政治制度、中国共产党等，如果经不起别人质疑的话，这个研究是没有水平的。我们的研究要经得起最挑剔的质疑，不管是国内的还是国外的。

我不太喜欢讲官话套话，喜欢讲自己的研究心得。但是有一句套话，我要拿出来讲，就是互动的时候请大家一定提问，越尖锐越好，不要有任何犹豫。有任何质疑、任何不同的观点，都可以提出来，因为我们复旦大学中国研究院的主要工作是进行中国道路、中国模式、中国话语的原创性研究。原创性研究非常重要，要经得起挑剔，经得起检验，经得起辩论。

下边我们就开始今天的进程。

/ 一 /

我注意到刚才看这个视频的时候，到一个地方不少人都笑了，就是我说 *Economist*（《经济学人》杂志）引用得不准确，他们引的是"美国老是选出二流的领导人"，我的原话是"美国老是选出三流的领导人"。大家看到这段的时候，可能想到了美国正在进行的希拉里和特朗普的竞选。我是学外语出身的。我记得八年前乃至四年前，我看奥巴马竞选总统的演说也好，看他当选总统后的演讲也好，我知道他是一个政客，讲话是不靠谱的，但至少在听他演讲的那一瞬间，还受到某种震撼，觉得他有一种气势。再看一下现在这两个人的辩论，一点气势都没有了，气势不在了。西方的制度、美国的制度，走衰的速度比我们原来想象的还要快，比我们预测的还要快，所以我觉得在这个时候来谈中国人要自信是蛮有意义的。

中国人有大国情怀，重要的原因是我们确实在历史上领先西方上千年之久——这是谦虚一点讲，如果更坦率一点讲，是领先数千年之久。我就举几个简单的例子。

大家可能都知道，郑和下西洋时的主力舰，比80多年之后哥伦布发现美洲大陆时乘坐的"圣玛利亚"号大100倍。这背后是工业能力巨大的差距。中国远远地领先，不是一般地领先。

这个事是英国学者李约瑟在他的《中国科学技术史》中列述的。16世纪之前从中国传到欧洲的技术，除了我们都知道的四大发明之外，还有铸铁、拱桥、独轮车、公路、活塞风箱、瓷器等。这些都是从中国传到欧洲去的，比欧洲领先500年、1000年、1500年。

15世纪，我国明朝编的永乐大典，是世界上最大的百科全书，22000卷，光目录就有60卷。当时印刷术还没有传到欧洲，英国国王是英国拥有图书最多的人。他有多少图书？他有六本书，都是羊皮纸的手抄本。这背后是文化巨大的差距，我们是远远领先的。

当然，后来由于种种原因，中国落后了。今天因为时间有限，我在讲座中没法展开谈这个问题，在后续互动的时候我们可以讨论这个问题。我觉得这个问题也是很有意思的，我们可以从中吸取很多的教训。

但是现在中国确实走上了重返世界之巅的征途。今年正好我们纪念红军长征胜利80周年，所以我就想到了毛泽东同志说过的一段与长征有关的话。1935年12月，在陕北召开了瓦窑堡会议。这个会议非常重要，毛泽东在会上讲了一番惊天动地的话。他说："我们中华民族有同自己的敌人血战到底的气概，有在自力更生的基础上光复旧物的决心，有自立于世界民族之林的能力。"这话本身就气壮山河、荡气回肠，给我留下了深刻的印象。我后来看到国民党的抗战将领傅作义在接受记者采访的时候讲了一段话。他说1936年听到毛泽东这个话的时候，他被震撼了。他说你知道吗，毛泽东当时手下有多少人？8000人都不到，他敢讲这样的话！毛泽东是1935年12月讲的这个话，之后不到14年，日本法西斯投降了，国民党势力失败了，毛泽东登上天安门城楼，宣布中华人民共和国中央人民政府成立，中国人民从此站起来了！14年不到，背后是什么？是一个领袖人物的远见卓识、勇气和担当。历史证明，他的预测、他的担当产生了这样的结果。这是我要讲的中国重返世界之巅的一个重要的时间点和一个关键人物——毛泽东。

下面讲讲邓小平。在座的恐怕年纪稍微大一点的都记得，1991年12月苏联解体，但是苏联和东欧开始走向崩溃的趋势从1989年到1991年就开始了。现在回头看，邓小平当时讲了很多很有意思的话。苏联解体的时候，西方一片欢呼声：伟大的西方民主模式终于降临到了铁幕国家！福山先生发表"历史终结论"就是在那个时候。苏联的解体似乎证明了，历史发展到西方的这种政治制度就终结了，不可能有更好的制度了，各个国家无非是想尽一切办法接近西方的政治制度。我们国内很多人也质疑"红旗到底能打多久"。当时基本上有两种观点：一种观点是主张放弃我们的社会主义制度，全面拥抱西方的所谓"普世价值"；另外一种观点是主张防止和平演变，特别是在经济领域，觉得多一分外国投资就多一分资本主义。总体上一片悲观。但邓小平在这个时候看到的是中国的机遇。在苏联解体前一年，他就开始在说了：世界要出现大的变局，形势发展对我们有利。苏联解体才四个月，他说了一番很重要的话。他说世界正在出现大转折，这是我们的机遇。苏联解体之后才二十来天，1992年1月份，他就开始视察南方。为什么？我觉得他认为他周边的很多人没有看到这是机会，再不抓住这个机会不行了。他多次指出，中国会证明社会主义制度有自己独特的优越性。他说，国际市场早就被西方国家占得满满的，如果你不坚持社会主义，一点戏都没有，所以只有社会主义能够救中国，只有社会主义能够发展中国。视察南方的时候，他反复强调这一点：如果不坚持社会主义，不搞改革开放，不提高人民生活水平，那就是死路一条；反之，我们可以做得非常好。后来历史的发展也证明了他的判断是正确的，就短短的二十来年，中国变成了世界第二大经济体，变成了世界上最大的贸易国、最大的旅游输出国，形成了世界上最强的外汇储备，有了翻天覆地的变化。我觉得这背后也是一个领袖人物的远见、担当和勇气。

再来看2016年发生的两件大事，它们都和中国现在的领导人习近平的决策有关。

一个是中美在南海仲裁问题上的争议，包括军事上的斗争；一个是G20峰会。一个是硬实力，一个是软实力。我们10年、20年之后回过头来再来看这段历史，我相信2016年是一个重要的里程碑。大家一定知道，就在南海仲裁争议最激烈的六七月份的时候，美国派了两个航空母舰战斗群到南海，美国太平洋舰队的司令哈里斯说今夜就可能爆发战斗，气势汹汹。我们沉住了气，一般性地表示了抗议。但接着，我们突然宣布从7月5日开始到11日，进行中国海军历史上最大规模的战役级军事演习。我们该部署的导弹，特别是东风21D，是专门针对航母的，全部部署到位。我们的潜艇、我们的轰6围着黄岩岛巡航。这恐怕是越南战争之后，中美最大的军事对峙。因为西方普遍预测法庭仲裁对中国将是不利的，认为中国拥有这些岛及附近的领海是非法的，美国可以来执行这样的仲裁了。2个航空母舰战斗群，近200架飞机、1万多士兵，这么大的规模。结果7月12日仲裁决定出来的时候，我们发现了什么？美国航空母舰退到了菲律宾以东的海面上！这说明什么？说明美国退却了。我想这是一个重要的事件，它的象征意义和实际意义都非常大。美国作为现在世界上名列首位的超级大国，想通过武力、通过炮舰政策来阻挠或者遏制或者阻吓中国崛起，这样的把戏已经没戏了。

另外一个就是2016年9月召开的G20杭州峰会。我们有一个公开的表述，叫作现在在软实力方面还是西强我弱，西方软实力比较强，我们比较弱。但是习近平总书记讲，我就不信我们可以干得这么好，就说不好。通过这次G20杭州峰会，可以看到中国的软实力有非常重要的上升。作为央视的点评嘉宾，我很荣幸在主会场所在地杭州近距离观察了这次会议的整个过程，前后六天。代表世界经济总量85%的20位G20成员领导人、8位嘉宾国领导人、7位国际组织负责人到杭州参加了会议。这次峰会的主题——构建创新、活力、联动、包容的世界经济，其中的四个关键词都是中国概念。会后发布的《二十国集团领导人杭州峰会公报》，使用了诸如"规划""路径""放眼长远""总体目标""综合施策"等中国概念。我从来没有听到过一个国际文书这么有中国味儿，有这么多中国概念。坦率地讲，我觉得这实际上就是中国把自己过去30多年的实践经验总结出来，针对国际社会关心的问题、国际经济需要等，提出解决问题的方案，最后一致通过，形成共识。这给我们一个很好的启示：基于中国自己的经验可以提炼出来很多东西，国际社会对这样的经验有巨大的需求。这就是软实力。

在这次峰会过程中，我没有听说大家期待欧洲提出什么建议，期待美国提出什么建议，没有。从2008年峰会开始，G20没有作出什么成绩，世界贸易2015年下降了13%—14%。所以我们提出我们的建议，结果会议全部接受了。习近平主席在会上的讲话非常好，把中国成功的经验、世界存在的问题，包括西方存在的问题，都说清楚了，并提出了中国人的主张，体现了真正的自信。

我觉得 2016 年这两个案例，可以说分别代表了中国硬实力和软实力的上升，对于中国重返世界之巅具有象征意义。

/ 二 /

刚才那个视频里边提到的我和福山先生 2011 年的这场辩论，现在也是一个经典了。大家如果愿意看，网上视频也有，文字版也有；有中文版，也有英文版。今天作这个讲座之前，我自己又重新看了一遍，自我感觉挺好：我将近六年前所作的预测是准确的。

辩论一开始，福山先生就说，中国可能要经历埃及之春——当时埃及之春刚刚爆发。我说不可能的。埃及我去过四次。20 年前我去埃及的时候，开罗和上海的差距是 5 年；现在开罗和上海的差距是 40 年。埃及最大的问题是没有像样的制造业，没能创造足够的就业机会，一半的年轻人是没有就业的。中国情况完全不一样。中国发生了翻天覆地的变化，各种各样的机会太多了。关键我当时还很准确地预测：以我对埃及的了解、对阿拉伯世界的了解，我估计埃及之春很快会变成埃及之冬，"阿拉伯之春"会变成"阿拉伯之冬"。我后来查过，我是世界上最早说这个话的人。现在我们中国研究院是国家高端智库试点单位。对我们这样的智库试点单位，中央有要求：遇到大的事情，要能够拿出一锤定音的意见，不要老是提模棱两可的意见，因为中央是要决策的。我非常荣幸地告诉大家，我们提出的建议都是一锤定音的，变成之冬就是变成之冬，没得商量的。为什么能做到这样？因为我们长期致力于原创性的研究，对许多地方进行过实地考察。我当时说，在埃及这样的国家，乃至在其他的阿拉伯国家，如果真的搞一人一票的话，选上来的一定是伊斯兰政权，绝对不会是亲西方的自由主义政权，一点可能都没有。这是一个常识判断。而伊斯兰政权最大的问题，就是它不知道怎么搞现代化。像埃及这样的人口增长控制不住、制造业非常有限的国家，如果经济搞不好、现代化搞不好，那么国家一定要出大乱子的。

接下来我们讨论的是政治体制，对中国和美国作了比较。我跟他说，以我的判断，美国的政治体制改革恐怕比中国还要迫切，你们选出来的下一任总统可能还不如小布什。现在证明这个预测也是有一定远见的。

最后讨论的是福山的"历史终结论"。实际上，他现在特别不希望人家提"历史终结论"，但是人家见到他都要提，因为这个观点是和他连在一起的。他现在一般都是从哲学上肯定，还是资本主义制度、西方自由主义民主制度是最理想的制度。他是在黑格尔哲学的意义上讲这样的话的。实际上，他到中国来，是因为他没有想到中国会崛起得这么快。为什么中国会崛起得这么快？中国的崛起会不会成为他提出的"历史终结论"的一种例外？为了研究中国，他最近几年每年都来。

在跟他辩论之前，我看过一次他跟我们国内学者的座谈。我感觉这次座谈不叫对话，应该叫向人家汇报工作。我们的很多学者还是不自信。西方制度出了这么多的问题，他们问的问题却是：我们什么时候才能达到你们的水平？什么时候才能实现这样的民主、法治、一人一票？问题的背后都是对西方制度的崇拜啊。这和这么多年来，西方话语在我们的大学里、在我们的研究机构里面影响过大有很大关系。坦率地说，在政治学、经济学、法学、新闻学领域，西方话语的影响都非常大。我觉得中国发展到了这个时候，必须要终结西方话语在我们哲学社会科学中的垄断地位。复旦大学中国研究院成立的时候，我作了一个很简短的致辞，我说希望中国研究院的成立是一个标志，标志着中国学界为西方话语打工的时代走向终结，这个时代过去了。我们要解构西方话语，建构中国话语。我们一直在做这样的工作。我觉得这个思路是对的，希望北大的同人也能够加入这个进程。中国已经到了这么一种时候了。

两个月前，我们中国研究院有一个小小的尝试：采用比较强势的中国话语来跟西方学者对话。当然，大家客客气气，很有礼貌，但是问题是尖锐的。我们最近访问欧洲，去了布鲁塞尔的一些智库、巴黎的一些智库，问了三个问题，我问的。我说，"阿拉伯之春"爆发的时候，西方一片欢呼声：伟大的西方民主意识降临到伊斯兰世界了，不得了。欧盟也发表声明表示欢呼和支持。但是 2015 年，120 万中东难民逃离战乱，逃离崩溃的家园，逃到欧洲，引发了欧洲最大的政治危机。今天欧洲最大的问题就是难民问题。同一年，也就是 2015 年，中国有 1.2 亿人次出境，而且这是按你们欧洲人创造的标准——拿着护照出国统计的。我说，欧洲大多是小国家。上海到南京，现在坐高铁是 1 小时 20 分钟。在欧洲，这个时间恐怕就可以穿越三四个国家。如果用这样的标准来衡量的话，那我想恐怕在中国，所有能够坐高铁、坐飞机的人都有出境能力，那何止是 1.2 亿人次，恐怕 12 亿人次也不止。我们现在一次春运的客流量是 35 亿人次。1.2 亿人次出境，本身就不得了，这意味着中国创造了世界上最大的中产阶层，他们有出境能力，有出境消费的能力。你们欧洲天天在讲中国人权不好，甚至说中国的人权状况每况愈下，这怎么可能？ 1.2 亿人次中间，99.999% 都回到了中华人民共和国。他们为什么要回到一个被你们说成没有人权的地方呢？为什么要回到一个被你们说成人权状况每况愈下的地方呢？不可能的。我问欧洲的智库，问欧洲这些顶尖的学者，你们现在有没有开始反思：在这个过程中，你们有没有做错的地方？这是第一个问题。

第二个问题：25 年前，苏联解体、东欧剧变的时候，你们欧洲也是一片欢呼声。但是 25 年过去了，你们仔细看一看原苏联、东欧地区这些前社会主义国家的整体表现，和中国的成就相比，简直一个天上一个地下。我当时举了很简单的例子，我说你们看一下，中国今天光是外汇储备这一项，2014 年最高的时候，是 4 万亿美元。这是什么概念？超过整个前社会主义国家 GDP 的总和。这背后也是一个简单的道理，就是采用西方模式后，原苏联、东欧地区的前社会主义国家没有真正取得成功，特别是用中国人的标准来看。苏联解体的时候，其经济规模比中国还要大，可今天，其经济规模连中国的四分之一都不到。现在我们有"16+1"，中东欧地区有16个国家和中国合作，每年一次峰会。这些国家大都期待中国去投资，期待中国的游客。它们几乎都是债务型的经济，遭遇2008年那次金融危机后，全都陷入了深深的债务危机。你们怎么解释这个现象？

第三个问题就是中国与美国的比较，我称之为"三十年河东，三十年河西"。一个简单的例子就是我们去美国的同学和待在中国的同学的比较。我自己是复旦大学外语系英语专业的。当时出国相对比较难，学外语，尤其是学英语的，出国相对容易一点。我们很多同学——三分之二的同学，都在20世纪八九十年代的时候去美国念学位，绝大部分都留在那儿了，用现在的话讲就是移民了。我现在去美国少一点，一年一次，以前去得多。每次去，我们老同学总要聚一聚，主要是和在纽约的同学聚。坦率地说，很多移民美国的人今天回到上海的话，都属于弱势群体了。这是没有办法的，因为他们买的房子几乎没有增值。他们当时买的房子大约是25万美元一套，这是他们最大的一笔财富了，但现在没有增值。在国外生活，买两套房子很奢侈。我们国内房子的持有成本比较低，国外持有成本却很高。一套房子，美国一年收的房产税就是房子本身价值的2%—3%。如果是第二套、第三套，那更是贵得不得了。在欧洲也是一样。

有时一些听众说，张老师，你老说我们的家庭净资产如何如何，我不就是靠房子吗？房子现在增值有很多泡沫。我不完全这样看。我自己的看法是，先肯定，再改进。以上海为例，改革开放前，人均居住面积是4平方米多一点，现在是30多平方米。你先肯定。其次，我们的绝大多数城市居民都有自己的房子。现在按照各种各样的统计估计，城市居民住房自有率在85%以上，农村是100%。我们先肯定这一点。但是你可以骂不公平：我只有1套房子，山西煤老板有 30 套！你这样骂可能是有道理的，但是有这一套房也不容易。有一个电视连续剧叫《蜗居》，里面有两个人，一男一女，哭哭啼啼的，说我们俩加在一起都快 60 岁了，还没有自己的房子。不到 30 岁，都觉得有房子天经地义。我把这句话和我当时瑞士的朋友说了，我的瑞士朋友很惊讶：怎么可能？这在瑞士根本做不到。瑞士的住房自有率是 36%，教授、副教授没有自己房子的大有人在。也想买房子，就是太贵了。不管怎么样，中国现在已经形成了世界上最大的有产阶层。我们先肯定它，然后在这个自信的基础上再一个一个解决我们面临的挑战和问题。

今天在座的很多是年轻人，可能会说，我们年轻人一辈子也买不起房子，怎么办？在北京、上海，你肯定买不起了，但我们能不能换个角度来看这个问题呢？以我的判断，你的父母都是有房子的，对不对？我们中国还没有遗产税。在可预见的未来，也不会征遗产税，因为老百姓刚刚富裕起来。何况我们国家还是公有制占主体，国家有其他的资产，还有国有企业，等等。所以从国际标准看，你们这些年轻人也不穷了，真的。如果以家庭为单位来算，以后房子可能会太多了。

总之，我觉得有个基础，你就可以开始自信起来。

我之所以拿家庭净资产作比较，是因为我觉得这更能说明问题。我在这里补充说明一下，我用的这些图表，视频剪辑后变得比较简短了。这里我要补充一点，我没有把我们中国农民兄弟农村的家庭净资产放进去，因为我看我们现在的财报，计算我们农民兄弟家庭净资产的时候，没有计算农民兄弟事实上拥有的房产、拥有的土地。这些资产，他们有使用权，实际上是有价值的，特别是现在土地可以流转。这部分没有计算进去，对我们农民兄弟的家庭净资产是不公平的，所以我没有把它放进来跟美国作比较，我就拿城镇的情况跟美国进行比较。西南财经大学那个材料采用的是和美联储一模一样的标准做出来的，包括 29 个省、自治区、直辖市的资料，都是 2010 年的数据。比下来，实际上中国城镇居民和美国居民的家庭中位净资产的差距就是 1 万美元。美国居民的家庭中位净资产——77300 美元（47 万元人民币左右），和北京、上海这样的中国发达板块比，就是弱势群体。这是翻天覆地的变化。上海三年前定的标准，如果单个人的家庭净资产低于 16 万元人民币的话，就可以申请廉租房。一个三口之家，16×3，也超过 47 万元人民币了。

我使用的数据都是公开的，所有的网站上都可以搜到，但我们很多学者不敢用。还有好多类似的事。比方说，40% 的美国老百姓遇到紧急状况，拿不出 400 美元——如果你在美国生活过，一定相信这是真的。

现在，北京、天津、上海、浙江的人均预期寿命都超过了 80 岁，高于美国，美国是 79 岁。这四个省级行政区的人口加在一起有 8700 万。吉林、辽宁、江苏、山东、福建、广东、海南、陕西、山西，人均预期寿命从 77 岁到 80 岁——这就是美国的水平。这几个地方的人口大概是 4 亿 2000 多万。也就是说，中国境内已经有 5 亿人口的人均预期寿命达到了和美国一样的水平，甚至高于美国。我国现在人均预期寿命最低的是西藏自治区，71 岁。但人均预期寿命 70 岁已经远远高于发展中国家的平均水平，比如远远高于印度，印度是 66 岁。印度老在说什么崛起，但实际去印度考察过以后，我到现在都不使用"印度崛起"这个词，因为至少以中国标准看，印度离崛起还有很长很长的距离。印度没有经历过妇女解放，没有经历过土地改革，没有真正废除种姓制度。法律上进行过某种象征性的土地改革，但是没有真正进行。这种情况下，怎么可能实现现代化？我对印度不乐观。

皮尤（PEW）研究中心每年在各国做各种各样的民调，它每年都问下面这个问题：对自己国家的发展方向是否满意？做来做去，中国人的满意度是最高的。我们国内现在网上有很多负能量的言论——很不高兴，幸福指数很低，都在想移民，等等。但是这些所谓的"大 V"拿不出一个在社会学上可以成立的民调。你不能光是在网上发些极端的言论，声称这代表主流民意，要用大数据来说话的。我们现在看到的几个大的数据，包括益普索的民调，包括中国零点公司的民调，结论是一致的，多数的中国老百姓对自己的国家、对自己的前途是乐观的。类似的民调很多，比方说问年轻人，你是不是能够比你的父辈生活得更好。中国绝大部分年轻人肯定自己可以比父母生活得更好，但在美国、法国、德国、瑞士、意大利，情况就不同了。这也是一个标志。

/ 三 /

所以我觉得，读懂中国崛起、中国走向世界之巅，需要一些新的视角。我们现在应用最多的是官方的描述：我们通过改革开放，经济怎么怎么样，现在居于世界第二位，超过日本，仅次于美国，但是我们依然是发展中国家，我们的人均 GDP 还比较低，当然已经有很大的进步，现在是 8000 美元左右了，过去是几百美元，这是了不起的进步。

对于这样的一种官方的表述，我有三种解读。第一种解读叫顺水推舟，我就按这样讲。但是我会补充一点：我觉得我们的家庭中位净资产、人均预期寿命、社会治安这些社会指标也相当不错；对国家的未来是否乐观、对自己的未来是否乐观，中国人的回答普遍都比较积极。这些说明了什么？至少说明我们的制度有优势，中国的社会主义制度让老百姓得到了更多的实惠。这是人类历史上第一次，一个社会主义国家创造了一个按照购买力平价计算比美国更大的经济体，第一次创造了世界上最大的中产阶层、最大的旅游输出国、最大的贸易国、最大的外汇储备国，全民基本实现了养老医保——虽然水平参差不齐，但是美国没有做到，美国有六分之一的人是一点医保都没有的，包括很多留学生，美国的医保太贵了。我觉得这个我们就可以充分地肯定，这就是制度的优势。我做到了你做不到的事情，这是社会主义的成功，可以名正言顺地讲。

第二种解读就是除了制度适合自己这个独特的优势之外，恐怕我们计算GDP 的方法有问题。我走过的国家越多，我就越质疑这些指标。我们现在社会科学研究有一个很大的问题，就是对西方的指标体系几乎是不加置疑地使用。比方说，我们经常用基尼系数来说明一个国家的贫富差距。但是我们仔细看一下基尼系数的定义，它计算的是货币化的收入。我们以我国的农民兄弟为例，他们的货币化收入可能不是很多。但是我们是社会主义国家，我们经历过土地改革，农民有地有房子，这是不一样的。我最近这些年走了很多我们的贫困地区，包括四川、云南、贵州。我有一位很好的印度尼西亚朋友，他说中国政府跟他讲了，你不要去北京、上海，你去贵州看看。他自己去了贵州，回来之后跟我说，还是比他们发达。那肯定是的，中国农民有地有房子，这就完全不一样了。我们的农村，10年前所有的贫困县，县城甚至乡镇都有空调了。一般发展中国家，首都都达不到这个水平的。你到印度尼赫鲁大学（他们最好的大学之一）做一个两个小时的讲座，中间一定要停电的，市政供电都保证不了。你到发展中国家，如果要订旅馆，一定要找本酒店自备发电机的，因为市政供电不好。市政电一断，隔了一分钟电就来了，那是酒店自己的发电机运作起来了。

同样，"中等收入陷阱"这个概念也是有问题的。你看世界银行的报告，只有为数不多的十来个国家，通过什么什么改革最后越过了"中等收入陷阱"，进入发达经济体的行列。但一看这些国家的名字，好多一看就是不靠谱的。比如说毛里求斯，比我国一个县都小，靠旅游业就可以发展起来，要是稍微受到点打击，它的经济就崩溃了。又比如非洲的赤道几内亚，首都一般连自来水都没有，但是人均GDP早就超过北京、上海了，10年以前就两万多美元了，就是因为国家发现了石油，跨国公司来投资了，GDP就上去了，可是老百姓生活非常痛苦。

所以我对世界银行这个报告非常质疑。实际上，"中等收入陷阱"很容易解决的。我把中国分成两个板块，一个叫发达板块，一个叫新兴经济体板块。中国的发达板块可以和欧洲、美国比。即使我们的新兴经济体板块，也已经不是一般发展中国家的水平了。比如，西藏属于新兴经济体板块，这些年的发展非常快。发达板块和新兴经济体板块高度互动，这是中国成功的秘密。即使用世界银行定义的所谓"中等收入陷阱"，中国的发达板块也早就跨越了这个陷阱。只要新兴经济体板块学习发达板块，不就可以解决问题了，对不对？没有那么复杂的。

还有出境人次，这个词用得也很多。我前面讲过了，换个思维方法，在欧洲那些小的国家，很多人每天都出入境的。但中国是个超大型的国家，情况不太一样，这个出境人次怎么个算法呢？

所以，我觉得需要创新指标。这是我的第三种解读。现在 GDP 的总计肯定是有问题，我就以我比较熟悉的上海和纽约进行比较。如果用我上面说的四个指标，中美家庭中位净资产，上海市民比纽约市民高；人均寿命，上海比纽约高 4 岁，纽约还是 79 岁，上海去年是 83 岁；社会治安，上海比纽约好 10 倍都不止；上海市民对自己城市的未来也比纽约市民更乐观。如果你实地去考察，去访问，街上开的车，上海也比纽约好。硬件领先至少 15 年，如果不是 20 年的话。去年 6 月的时候，《纽约时报》的记者采访我，我跟那个记者说，我刚从纽约回来，时差都没有倒过来。我说美国"重返亚太"的战略肯定是错误的，这个钱浪费掉了，这个钱应该拿到美国去好好修一修你们的基础设施。我说你们报社对面的长途汽车站就是第三世界的水平，得好好改造；机场也是这样的水平，跟上海的标准差 20 年。我说你去我们的呼和浩特看一看，去重庆看一看，去成都看一看，去南昌看一看，你会感到震撼，中国模式创造了基础设施的革命。

特朗普这个人虽然不地道，但是他的很多话是大实话。他说你们到中国去看一看，中国人拿着我们的钱去造铁路。他的话肯定不对，但是他对"中国基础设施的发展成就是不得了的"这个印象是深刻的。有人说，张老师，你老说美国的基础设施不行，人家 100 年前、80 年前、60 年前建的基础设施，现在还在用，稍微改造一下不就行了？问题就是改造太难了。为什么我看衰美国的民主制度？因为它完全被既得利益给绑架了，一个一个小团体的既得利益把整个美国的共同利益损害了。比如说加州，20世纪80年代就要建高铁，在加州搞了公投，老百姓也愿意建，但是到现在还没有建起来。为什么建不起来？因为每个县的议员都说在我这里要停一站，否则不让过。那你怎么建？纽约的地铁这么烂，要想改造一下多难啊，要涉及多少连接的店面、商业、方方面面的利益，每一个都要和你打官司。什么纽约人民的共同利益、加州人民的共同利益，都没有了。美国到现在为止还深受新自由主义之害。基础设施建设，市场力量不愿意做的。投资高铁，恐怕30年也赚不了钱。中国是个奇迹，京沪线已经开始盈利了，一般是不可能的。中国的高铁带动了其他行业的发展，这就是社会主义制度的优势。

那么GDP的计算方法可能出了什么问题呢？凭我实际的考察和观察，恐怕是一些人家计算的东西我们没有计算，这是最大的差别。比方说一个很普遍的现象，我们叫作街头小贩的经济，这个我们是不计入统计范围的，我们管这叫"放水养鱼"。当然，我们会有城管。但是在美国，你哪怕在曼哈顿卖糖炒栗子、推个小车，也要有税号的。又比如，现在北京、上海人民富裕起来了之后，喜欢收集老家具。这个行业在上海是不用发票的，这是行规。你琢磨买一个民国的圆桌，要开张发票，他给你画一张图，上面一个圆桌，说张先生花多少钱买了一个圆桌。你说这是给单位买的，需要开发票，他就去隔壁店里去开张发票。我们农村大量的经济活动也根本没有进入统计范围。改革开放三十多年，农民兄弟的房子都重新盖了几次了，土房变砖房，砖房变楼房。现在很多地方搞拆迁，特别是广东、广西、福建一带，农民兄弟为自己的利益考虑，想从政府那儿获得更多的补偿款，楼拼命往高里建，建得很难看。政府应该管一管的，但是很多地方没有管起来。这些合计有多少，根本没有算进去。我们还有规模以上的企业——这个概念国外是没有的。一个企业，即使只有一个人，也算一个企业。所以我觉得中国经济总体上是被低估的，我个人觉得中国的经济规模已经超过美国。

我之前提过建议：我们国家统计局能不能拿中国的一个城市作试点，比方说长春，或者小一点，比方说苏州的昆山市，用和美国一样的方法统计一下，看有多少经济活动没有被统计进去。这方面最绝的是意大利，它统计GDP的时候，把地下经济，包括贩毒、卖淫全部算进去。当然这也是值得商榷的。凭我自己的观察，中国的GDP总体是被低估的，这是我的基本判断。如果你看上海和纽约人均GDP的官方数据，纽约比上海高四倍，但在许多最重要的社会指标上，上海全面领先。这怎么可能？除非GDP和人们的生活水平没有任何关系。当然也有一种可能，纽约的GDP大量地产生于金融衍生产品，这个东西不创造任何真正的财富，全是账面上的东西。

/ 四 /

总之，我觉得需要指标创新。这就是我们现在正在做的事情，叫新社会发展指数。因为现在发现一个规律，就是中国所有世界排名，跟社会有关的，往往总体都不错，但是一加上人均GDP就下来了。所以我们现在反其道而行之，我们把人均GDP这个因素排除，直接看社会指标。我们想做出新的系数，再用这个系数来反观GDP统计是不是有问题。这个是我们现在正在做的一个小小的项目。

现在看来，多数严肃的经济学家或者国际经济组织都预测，即使是根据官方汇总出来的GDP，中国的经济总量在10年之内也会超过美国。如果根据购买力平价的话，2014年国际货币基金组织已经认为中国超过了美国。在百姓财富方面，如果是根据我刚刚讲的，用家庭净资产中位水平来评估的话，中国的发达板块也已经超越美国了，它的中位水平低于我们发达板块的中位水平。我们的新兴经济体板块，人民的财富也在增加。我们农民兄弟的土地的价值，如果能够采用某种虚拟的方法估价，那么我想与美国的家庭中位净资产也是可以比一比的。

从某种意义上讲，我今天讲的都是中国话语的创新问题。我现在喜欢讨论这个问题。西方人喜欢讨论民主问题，我就问他民主怎么界定。他说很简单，多党制＋一人一票。我说那我不跟你讨论了，我认为这个最多只是形式民主，而不是实质民主。如果你要坚持这样定义民主，那我就要跟你讨论是良政还是劣政，英文是 good governance or bad governance，我觉得这才是实质民主，是民主要实现的目标。如果他说民主的定义是开放的，那我说好，我们可以讨论各种各样的民主——这个待会儿我还要讲。就是要有自己的话语，有话语之后就精彩了。

我们现在老说中国故事讲不好。为什么讲不好？很简单，就是你整个的话语体系是西方的。在西方的话语语境内，你怎么可能把中国故事讲好？我举一个例子。我们有关部门跟美国有人权对话，现在还有，但是前几年我看到的报道，我们基本上是这样表态：我们还没有发展到你们的水平，我们是发展中国家，没有你们发达，所以这些人权问题存在是可以理解的。从这个角度谈人权，就是在西方的语境下讲人权问题，也就是说你们西方代表很高的水准，我们希望某一天达到你们这个水准。我们这些同志可能是对西方不太了解，这等于是让西方当法官，判断我们做得好不好，是这个不行还是那个不行。我们应该化被动为主动，要先问他：21世纪对世界人权最大的侵犯就是美国发动的伊拉克战争。死了多少百姓啊？伊拉克三分之一的人口流离失所，十几万平民百姓丧失了生命。美国不把这个侵犯人权的事情向全世界解释清楚，你怎么有资格和我谈人权？这样一下子就化被动为主动了。而且美国国内人权也有很多问题。现在大家用得比较多的是联合国的人权体系，讲的不仅是公民的政治权利、公民权利，而且包括经济、社会、文化权利。美国没有参加《经济、社会及文化权利国际公约》，没有参加《妇女权利公约》，没有参加《移民权利公约》，没有参加《儿童权利公约》，多着呢，你可以一个一个说。

所以话语体系太重要了。我总说，一个大国的崛起如果没有自己的话语体系，那么这种崛起往往是靠不住的。你永远会认为我这个模式还在转型中，最终一定要转到莫名其妙的美国制度。我管这个叫"拆了故宫建白宫"。我走了这么多国家，作出的一个基本的判断就是，一个非西方国家、非西方社会，如果照搬西方的政治制度，只能有两种结局：从希望到失望，或者从希望到绝望。

/ 五 /

下面，我觉得有必要花点时间谈谈政治制度，实事求是地从中国文化、历史、传统的角度，从理论的角度，把中国为什么要坚持社会主义制度说清楚。

党这个词英文叫 party，本义是"部分"。简单地说，就是社会有不同的"部分利益"，各种"部分利益"要有自己的代表，这就是多党制的起源。你拿到 51% 的选票，我拿到 49% 的选票，所以你赢我输。这是一种在法治前提下的制度安排。

在中国不是这样一个传统。我把中国叫作百国之和的国家。比方说，古代的江苏是吴国，浙江是越国，越国把吴国给灭掉了，楚国又把越国给灭掉了，最后秦国把楚国也灭掉了。这个百国之和的国家，在被秦始皇统一之后，逐步形成了自己独特的政治文化传统，这个传统的特点是有一个统一的执政集团，否则国家就四分五裂。中华民国后来变成军阀混战割据，每个军阀背后都有某个西方大国的支持，结果国家四分五裂，百姓生灵涂炭。

有时候美国人老抨击中国搞一党制。我说过去 2000 多年中，中国绝大部分时间都是一党制，但今天中国共产党内部的弹性空间很大。从"文化大革命"到改革开放，这两种政策的差异之大，永远超过美国共和党和民主党之间的差异。

其他国家能不能照搬中国模式？我认为很难，或者说是不可能的。西方是先有国家再有政党；中国是先有中国共产党，才建立起中华人民共和国。

1989 年政治风波后，西方说中国要崩溃，邓小平说，我们得到了人民的支持。新中国是通过 22 年的武装斗争建立起来的，后来又经历了朝鲜战争、越南战争。没有人民的支持，中国不会取得这些战争的胜利。我们是可以对美国说"No"的国家。一般的小国家不要说做不到叫板美国，叫板一个美国的公司都不行，没有这个胆量。BBC、CNN、Google 只要造一个谣言，一个小国的政府可能就完了。

中国之所以今天能崛起，很重要的原因就是我们有自己的历史传承，有独立的政治制度、独立的经济体系、独立的国防体系、独立的科技体系。没有这些东西，你也不能挑战美国的地位。

中国找到了适合自己的发展道路，形成了自己的模式。在经济领域，是混合经济模式，也就是政府的作用和市场的作用混合，民营经济和国营经济的作用混合。这个模式是 1992 年正式提出来的，已经创造了中国崛起的奇迹。不管今天这个模式有多少问题，但有一点必须肯定：中国是世界上唯一一个没有陷入西方意义上的金融危机、财政危机和经济危机的国家，多数中国人的财富大幅度增长。但无论是美国还是欧洲，多数人民的实际收入没有增加。

中国模式的决策能力、规划能力、执行能力都比较强。以五年规划为例，基本上是要花一年半的时间来制定，上上下下讨论很多次，最终定下来，然后落实。各个省、各个地方还有自己的规划。规划可以创造需求、创造希望，这是中国经济得以长期增长的主要原因。中国经济非常复杂，社会非常复杂，不能靠人拍脑袋决定，需要科学决策，需要规划能力和执行能力。

一个社会、一个国家的良性运转，需要三种力量——政治力量、社会力量、资本力量达到平衡，这个平衡要有利于绝大多数人。美国就是资本力量太大，远远超过政治力量、社会力量。这样的制度是一定要出问题的。我觉得中国的制度安排是这样的：随着改革开放，社会力量、资本力量也在迅速增长，但它受到代表人民整体利益的政治力量的某种规范和指导，同时政治力量也受到社会力量和资本力量的一定制约。有了这样的力量平衡，在中国，应该说大多数中国人是中国发展的受益者。

如果用中国的视角来看西方，我们进行国际比较会变得更加具有说服力。我现在分析一下西方民主制度的困境。我觉得这个制度存在三个基因缺陷，它的三个预设都是有问题的。比如说，其中一个预设是"人是理性的"，所谓每个人都有自己的思考，然后投出庄严的一票。社会学研究证明，人很难保持理性。

我可以用英国脱欧这个案例来说明一下。很坦率地说，英国的政治人物对自己国家的命运如此不负责任，这是可悲的。英国民众被政客忽悠，作了非理性的选择——脱离欧洲，这会对英国的利益带来很多损害。英国人坚持他们的权利是绝对的，欧盟叫他们不要搞公投，但他们认为这是他们的权利，他们一定要搞。

这么一个关系到英国整个国家未来前途的大问题，公民投票，简单多数就决定了，反对和赞成的票数只有3%多一点的差别。我在和英国学者交流时，他们质疑我们的政治制度，我说我们可以竞争，你坚持你的，我坚持我的，最后看谁做得更好。我多次说过，如果英国不进行政治改革，还是这样公投下去，国家将越来越分裂，大不列颠会变成小不列颠。

中国的崛起是一个文明型国家的崛起。中国有四超：超大型的人口规模，超广阔的疆域国土，超悠久的历史传统，超丰富的文化积淀。

我们可以比较一下中国和美国。美国今天的版图大致形成于1848年，美国打败墨西哥，吞并了加州这些地方，形成了美国今天的疆土。当时，中国的人口已经接近4亿，而美国只有2000多万，中国是美国的20倍。而且中国的人口分布极不均匀，四分之三的人生活在"胡焕庸线"以东，四分之一的人生活在"胡焕庸线"以西。自然资源正好相反，四分之三在"胡焕庸线"以西，四分之一在"胡焕庸线"以东。从资源的比较来看，中国是一个人均资源高度紧运行的国家，而美国是人均资源非常丰富的国家。一方水土养一方人，不同的人均资源产生了不同的政治文化：美国人讲自由，讲权利；中国人讲孔融让梨，讲国不可一日无君。因为人均资源少、人民怕乱，中国形成了独特的政治传统：人民希望有能够主持公道的官员和政府。中国人发明了科举制来选拔官员，这是当时世界上最先进的政治制度。

人均资源紧运行也不一定是坏事情。比方说，人口是对中国治国理政的最大挑战，治理这样超大型人口规模的国家很有难度。我们每年的春运都有30亿人次迁徙，这大概相当于北美洲、南美洲、日本、俄罗斯、欧洲、非洲的总人口在一个月里从一个地方挪到另外一个地方。这是很大的挑战，如果能够解决这个挑战，我们的成绩一定是超越其他国家的。我们的高铁应运而生，解决了春运的挑战，也克服了广袤而复杂的地域的挑战，所以中国的高铁技术是世界一流的。

今年年初，我跟阿里巴巴的马云进行了座谈，他也讲到了中国人口的压力：一个双11，一秒钟十几万人同时下单，远远超过美国的 Palpal，我们的软硬件都要能够应对，物流要一点差错都没有。这也是适应中国这种人口和地域规模的挑战。我们做到了，这种成绩当然是世界一流的。

实际上，我们的政治制度也是一样，我们解决了人口和地域规模的挑战，所以我们的成绩是世界一流的。这里，我拿台湾作个对比。我第一次去台湾是1996年，当时台北要建一条地铁，从市中心到桃园机场，51公里。但是，20年都过去了，此时此刻，这条地铁还没有建完。这段时间里，中国大陆建了什么？我们建了世界上最大的高铁网、最大的高速公路网；上海建成了世界上最大的城市地铁网，从0公里建到680公里。在这样的制度绩效落差面前，一些人还是要说台湾政治制度代表了中华民族的未来，这叫作脑子严重进水。

/ 六 /

下面，我再简单谈谈文化自信。大约两年前，上海一个研究机构请我作一个讲座。他们正在作一个上海国际大都市文化建设的长期规划，知道我走过世界 100 多个国家，想听听我的意见。我很乐意，然后我就说，能不能让我看一些其他学者在这方面已经做的研究。我看了两份材料，但看了之后我总的感觉是，我们可能过分谦虚了，因为我看到的研究材料，都是说我们跟纽约的差距有多少，跟伦敦的差距有多少，跟巴黎的差距有多少。我说，我自己在这三个国际大都市都生活过，我自己感觉不完全是这样的。上海很多地方其实已经比人家做得好了，为什么我们不能更加实事求是一点呢？对不对？这样你可以更客观地看待你的竞争对手，看到人家的长处，也看到我们的长处。所以我就提了个建议，我说能不能以我个人为例，我在国外长期生活的时候，最怀念上海什么？这些怀念的东西可能就是上海的比较优势。这个比较优势非常重要。我觉得一个城市作文化建设规划，实际上首先要考虑这个地方的人民本身的文化偏好。毕竟我们城市的未来首先是要让本地的百姓感到高兴和幸福。所以我进行了一些横向比较。这里，我可以和大家分享一部分。

当然，这里我只用上海作为一个例子。大家也可以用成都、用南京、用自己的家乡来进行对比。我只是提供一种思路，就是用中国人的眼光和视角来看这个世界，特别是看西方世界，从而获得更多的道路自信和文化自信。

先谈硬件。上海的硬件全面领先这些城市，明显地超过纽约、巴黎、伦敦，机场、码头、地铁、高铁、商业设施等，都是如此。

在软件的关键指标方面，上海也全面超越纽约，与巴黎、伦敦也有的一比。上海的家庭净资产中位水平、人均预期寿命、婴儿死亡率等都比纽约好，其中人均预期寿命比纽约高四岁。这些指标与巴黎和伦敦比，多数也不相上下，而且社会治安比它们都好。

然后我又比较了其他几个方面，几乎都涉及一个国家的文化偏好。

首先是餐饮文化。我经常说，一出国就爱国，因为中国人的味蕾实在是太发达、太丰富了，多数国人到国外一下就感觉到这个差异。国外的吃怎么能和中国比？落后至少 1000 年吧。我们这么多留学生，一出国，就开始怀念自己大学的食堂。本来在国内念大学的时候，大家对食堂还说三道四，这个不好、那个不好，出国之后却在想："哇，什么时候能够这样吃一顿！"中国光是主要菜系就有八个，其他地方菜系更是数不胜数。我在欧洲长期生活过，欧洲最好的菜系是法国菜系，但中国八大菜系中拿出任何一个菜系，可能都比它丰富多彩。因为法国菜是法兰西民族一个民族的菜系，而中国是个"百国之和"的国家，它的菜系都是历史上许多菜系混合而来的，这种丰富性、多样性、精彩性，一般文化是没有的。

跨国城市比较有一个指标是人均餐馆的数目，人均餐馆数目越多，这个城市的餐饮指数就越高。但我说光这样比是不行的，应该加入中国人的文化偏好。比方说，不能光是比较餐馆的数目，还要比类型，因为中国人不习惯天天吃热狗、汉堡、面包，中国食不厌精者比较多，这也是一种文化传承。所以要比较餐馆种类的丰富性，这个维度对于中国人来说太重要了。

另外，中国人亲朋好友聚餐，喜欢有个单间。在中国，餐馆设单间是普遍的做法，稍微好一点的餐馆都有单间。但国外设单间的餐馆非常少，大概连中国的百分之一都不到，大家都坐在大堂里就餐。所以说，如果我们比较城市的餐饮水平，把菜肴的丰富性和餐馆的单间数也放进去，餐饮指数就能够反映中国人的文化偏好了，也更加实事求是了。

换言之，我只是用餐饮作为一个例子来说明：进行任何比较，在标准设计上，要尽可能考虑一个民族的文化偏好才有意义。我们自己制定城市规划的时候，更要全面反映一个地方的文化偏好，也就是习近平总书记讲的，要以人民喜欢不喜欢、满意不满意为标准。

二是家庭文化。中国人为家庭的付出远远超过西方人。我几年前参加过一个座谈会，讨论中国电影如何走出去。当时有一个从事电影国际传播工作的官员说，中国电影走不出去。为什么？因为老外想看的中国电影就是功夫片、武打片，对其他片子没有兴趣。我说不可能啊！我记得 20 年前我在纽约就看过一个电影，叫《喜福会》。它讲的故事非常简单，就是三个母亲跟她们的女儿讲自己年轻时候的往事，30 年前、40 年前的往事，女儿听得入神，然后每天都讲这个故事，电影内容就这样展开了。我边上的美国老太太看了以后直流泪，她说这种场景在美国早就见不到了，她说我们好像 50 年代还有，也就是六七十年前还有。这说明什么？说明西方社会，特别是像美国这样的国家，它的社会结构，如果用中国人的标准看，已经属于社会解体的结构。我以 2014 年的数据为例，美国的家庭结构中，传统家庭只占整个家庭总数的 19%。所谓传统家庭，就是父母 + 孩子。其他 80% 左右都是非传统家庭，包括不结婚同居的、没有孩子的、同性恋的，还有大孩子生小孩子、不知道父亲是谁的家庭。有研究认为，这种大孩子生小孩子、不知道父亲是谁的家庭缺少父爱，是美国犯罪率高的一个原因。而在中国，传统家庭还是主流。所以，我们把中国人普普通通的日常生活拍成好的影视作品，就可以打动好多老外。

三是市井文化，也就是普通老百姓对生活的热爱。习近平在第一次当选中共中央总书记后与记者见面时就说："我们的人民热爱生活……人民对美好生活的向往，就是我们的奋斗目标。"中国人想把每天平平常常的生活过得有滋有味。上海有弄堂文化，北京有胡同文化，下棋的、打牌的、泡茶的、练太极拳的、早锻炼的、晚上跳广场舞的，等等。这种生机勃勃的市井生活，你在国外是看不到的。比方说，你就把中国的广场舞拍摄出来，一定会触动、感动很多老外。我碰到多少老外看到我们妇女跳广场舞就激动啊，说五十来岁，已经退休了，在国外你得干到 67 岁啊！很多妇女在家中还掌握着财权，对不对？"大妈"这个词现在已经进入英文的金融词汇了。为什么呢？就是前两年华尔街认为黄金价格要跌，但中国大妈说不会，她们认为黄金要涨，一起买黄金，黄金价格就涨了，所以大妈这个词就进入了国际金融词汇。这些现象说明，中国妇女解放的程度是世界上少有的。

四是商业文化。上海商业的便利大概是世界上首屈一指的，市区步行 5 分钟就有 24 小时便利店，现在还有淘宝、京东等网购。中国今天每天的快递包裹数量超过世界其他主要国家快递包裹数量的总和。这是一场线上线下的消费革命。在国外生活过的人都知道，欧洲多数商店周末要么关门，要么缩短营业时间。中国人觉得很不习惯。中国人觉得商店就应该开，每天都开，至少开到晚上10点钟。如果网购，更是希望今天买，明天就送达。这在全世界都是奢侈的要求。在欧洲，送货是论周算的，一个星期、两个星期、三个星期。周末不送，节假日不送，而且费用很贵。如果你要加快速度，那还要增加费用，一般是加倍。中国有多少剁手党每天都要下单，可能一周下的单比老外一年下的单都多。你碰到在海外留学的中国学生，你可以以年为单位来问他们，你去年网购了几次？他会告诉你，3次、5次，多数可能不超过10次。这样的问题在中国怎么能以年为单位来问？以周为单位可能还可以，对剁手党，要以天甚至以小时为单位来问他们的。

五是中国移动互联网的迅猛发展。这是与网购有关的一个大的背景。在移动互联网方面，中国领先全球。不是一般的领先，是甩人家几条街呢。订机票、酒店也好，聊天也好，玩游戏也好，公司的业务也好，付款也好，各种各样的功能都可以在手机上完成，一个手机全部搞定，非常方便。这么多功能都整合在手机平台上，世界上其他国家还做不到。中国今天的手机支付额已经是美国的70倍。90后一出国就爱国，与手机文化有关。一出国，你在中国可以享受到的手机便利会大大减少。我的一位台湾的朋友习惯了大陆的手机便利，说回到台湾好像回到了原始社会。

中国移动互联网的迅猛发展，其实也与中国文化有关。这个题目以后可以专门作一个讲座，今天可以简单说一下。一是中国人本来就有很强的圈子文化。我讲这个概念没有贬义，而是客观的。中国人可以随时随地拉一个群，拉几个群，但西方人会认为，你拉群要征得他的同意，否则就属于侵犯他个人的隐私权。中国文化在这类问题上态度要开放得多。另外，这和中国的文字有关。中国的文字比其他国家的文字更为凝练、紧凑，在小小的手机屏幕上，中文能够处理的信息要远远多于西方文字。

最后，我还要提一下红色文化。这个也非常重要。我老说中华人民共和国是打仗打出来的，中国共产党在经过 22 年的武装斗争之后建立了中华人民共和国，所以红色文化是我们很重要的文化传统。我有一个很好的朋友，是台湾的一个资深学者，他研究国共关系，研究为什么 1949 年国民党兵败如山倒。他跟我半开玩笑半认真地说：我搞清楚了，国共最大的差别是你们共产党有红歌，而我们没有。他说，国民党的歌都是软不拉叽的，国民党党歌也不提神，"中华民国国歌"也是软不拉叽的，跟你们的《义勇军进行曲》没法比。

现代社会里，精神低迷的人比较多。我在国外教书的时候，有的外国学生会告诉我，他有时要靠吃药来提升精神。我心里想，这样的人要是安排到中国，和大家一起唱唱红歌，也许就治好了。喜欢唱红歌的人不大会精神低迷。那些歌曲曾激励过整个民族去抗争。红歌背后是一个民族的阳刚之气。

我研究中国发展模式，有人问我这个中国模式能不能照搬。我说很难，也没有必要，因为中华人民共和国是打仗打出来的，我们有独立的国防体系、独立的科技体系、独立的政治体系。我们是世界上为数不多可以对美国说"No"的国家，这其中红色文化非常重要。

我走遍全世界，接触过各种文化，也尊重各种文化之间的差异，认为不同文化之间应该互相借鉴、互相学习。但我认为，中国人有几个文化特质与其他民族是明显不一样的。

一是勤劳。中国人到哪里都是最勤劳的。为什么我们现在现代化发展进程这么快？因为中国人比人家勤劳。只有中国有这么勤劳的农民工、这么勤劳的快递小哥。换一个国家，你给他钱，他都不干的。

二是向上。不管到哪里，中国人总想着改变自己的命运。很多民族没有这个特质，中国的崛起也离不开中国人的这种特质。

三是总体的平和。我老爱打个比方：假设今天晚上突然停电了——纽约也停电了，巴黎也停电了，上海也停电了，没有任何警察干预，治安情况一定是上海最好，巴黎其次，纽约最差。一定是这样的，这就是文化。中国是世界上治安最好的国家，可能都不用加"之一"。大家有没有听说过在美国你可以吃完晚饭散散步？怎么个散步法？晚饭后散步在美国多数城市都是奢侈的。比方说，在纽约市，除了一些重兵保护的旅游区，比如时代广场等，其他地方你是不能随便散步的。纽约市市长2018年10月说过，过去25年里，纽约第一次实现了连续一个长周末——从周五到周日——没有枪击案。可是到第四天又有了。巴黎是个好城市，但现在治安非常差。当地华人说现在就两种华人：一种是被抢劫过的，一种是将要被抢劫的。但是在中国，你会感觉很安全。这种安全感，不仅仅有我们人民警察的功劳，不仅仅是高科技的功劳，而且是因为在文化上，我们这个民族崇尚和平，不崇尚暴力。在中国，你可以开车开到任何一个村庄，你感觉是安全的，你可以和当地老百姓交流，可以买当地的土特产。但在其他绝大多数国家，这几乎都是奢侈的。安全与和平像空气一样，你生活在中间感觉不出来，但一旦出国，你就开始感觉到了：良好的秩序、社会的安宁是多么奢侈！总之，你在这个世界上走的地方越多，你就会越热爱这个国家、享受这个国家的文化。

好，今天就说这些。谢谢大家！下面我们可以互动。

▶▶ 现场互动撷英

某大学工学院研一学生：我想问的问题和朋友圈有关。最近我们学校经常转发很多让大家投票的微信，其中也有学校举办的投票评选活动，但是指定让大家选某一个人。对于这种现象，您怎么看？谢谢老师。

张维为：这确实是个很好的问题。我在《中国超越》这本书里面专门讲过这个问题。我是这样分析的：我们知道国际贸易理论中有一个"比较优势"的概念，各个国家生产自己具有比较优势的产品，然后进行贸易，大家利益最大化。我也借用这个"比较优势"的概念来谈政治。我在这本书里提出，选举政治不是中国的比较优势。如果中国搞选举民主的话，可能100年都赶不上英国、美国。我们的比较优势是什么？是通过某种考核选拔出比较中性的、公道的、能够代表大家做事情的人来做事情。这也就是中国政府的作用。我们可以继续试验选举民主，但从文明型国家的视角出发，我更看好有中国文化基因的东西。我们现在的制度是选贤任能制度，或者叫选拔＋选举制度，它显然比西方光是选举的制度要好。谢谢。

北京大学 2016 级法学院硕士研究生： 我想问的问题和司法改革有关。最近贾敬龙案件非常火。从这个案件中，可以看到官方对于公民权利的限制，对我们个人正当权利的约束。虽然我对于司法独立持保留意见，但我认为最起码一定不要干预司法判决。但是政法委为什么要干预这个案件？我们大力提倡司法改革，但是到现在都没有很好地解决政法委干预司法判决的问题。我想问一下，您对这一点怎么看？

张维为：我来尝试回答一下你的问题。

你讲的这个具体案例，我不完全熟悉，但我可以谈谈我对中国法治问题的一些思考。我不是法律专家，但是在西方曾经生活过，用过西方的律师，打过官司，我先告诉你我们建设法治社会要注意什么。我们要千万注意，不要把美国和欧洲的模式当作我们的理想模式，因为今天西方的法治已经演变成律师治。律师治是个很恐怖的事情。律师本身成为一个庞大的利益集团，多数公众的利益就会受到损害。为什么？因为西方国家是市场体制，谁有钱谁就能找到更好的律师。这是不公平的。

另一方面，中西方在法治观念上也有区别。西方认为法律至上，即使是恶法、烂法，只要没有废除，就必须遵守。但中国不是这样的，中国讲究情、理、法。在人们的看法中，合情合理很重要。我觉得中国法治进步要做到法、理、情，把法放在第一位，同时兼顾情和理的因素。这个思路可能更有利于解决现在我们面临的一些问题。比方说，现在我们的司法改革把民事调解作为中国法治的一部分，这是对的。多数中国人，包括海外华人，不太喜欢打官司。在美国，什么事都要打官司，这导致社会的治理成本越来越高。中国还在探索自己的法治之路，这个过程当中肯定会有各种各样的个案，但整体上应该说这个社会在往前走，方向正确。要真的找到一种适合中国民情、国情的法治，但不要学习美国。那种模式成本太高，也不公正。

我再举一个例子，扩大你思考的范围。在美国生活，碰到一个问题，人们首先想到的就是打官司。比如，我的一个邻居移民美国了，现在60多岁，困在美国的第三世界当快递员，干了几十年了。一天，他的手突然没有力气了。他去看大夫，大夫告诉他必须休息三个月。他知道这意味着康复后，他的老板一定会找一个冠冕堂皇的借口把他解雇掉，所以他就开始收集证据，准备跟要解雇他的老板打官司。他就这一条出路，没有其他的办法。但你想想，一个来自中国的快递员，虽然他是美国国籍，但是快递公司有自己专业的法律团队，你打官司怎么可能打赢？打赢的概率非常低。他的弟弟在上海生活，有两套房子。他说如果这个问题发生在上海，他可以找工会，找党组织，也可以打官司，甚至找亲戚朋友替他说情。究竟哪个国家的制度更好、更公正、更人道、更真正地能够把一个国家的老百姓照顾好呢？

但西方法治也有很值得我们借鉴的地方。我再给你讲个简单的例子。两个月以前，我在上海一个餐厅吃饭，有人在餐厅里吸烟。服务员说不能吸烟，这里禁烟。那个人很横，说把你们老板叫来。那个服务员把老板叫来了，但那个人还是很横。这要是在美国就很简单，经理一个电话叫警察来，警察用手铐把他铐起来带走，就这么简单。

我觉得我们在法治方面，一方面要向西方学习很多东西，一方面也要了解西方法律制度带来的很多问题。我们的法治建设取得了巨大的进步，但是还存在很多问题。也许我们在99.99%的事情上要严格按照法律办，但是对于中国这样的国家，我们一定要保留一个小小的空间，我管它叫"不违反法治原则下的政治裁决"，否则就会走向法条主义。文明型国家靠法条主义来治理，要出大问题。

2011 年我和福山先生的辩论也涉及法治问题。我说美国 2008 年爆发金融危机，老百姓财富减少了四分之一。我们辩论的时候金融危机已经过去了三年，到现在已经过去七八年了，但是没有一个金融大鳄因为金融危机而受到法律的制裁。不仅没有受到制裁，这些金融大鳄还拿到高额奖金。因为他们当初和公司签过合同，不管公司赚不赚钱、盈不盈利，他们都可以拿奖金。美国老百姓愤怒，但没有用。这就是美国的法治。我们的政法委就管这样的事情。当某件事情违反天理、违背绝大多数老百姓意愿和国家整体利益的时候，政法委就要干预，否则就是法条主义。

我只是提供一些不同的看法，供你们商榷。谢谢！

提问：我的问题是：中国现在这个体制，政府权力太大了，这会不会必然导致腐败？

张维为：认为中国现在的政治制度会导致腐败，我觉得这个结论现在来看不成立。一个社会财富爆发性增长的时候，如果监管跟不上，腐败就会高发。美国当年是这样，日本也是这样，我们小小的香港都是这样。20 世纪 60 年代，香港经济起飞，财富爆发性增长，但你叫一个救护车、救火车都得塞红包。最后，香港成立了廉政公署。警察抗议，但是被镇压下去。腐败问题都是通过弥补短板、建立法制、建立相对独立运作的反腐机制来解决的。

认为西方的政治制度可以解决腐败问题，这没有经验层面的证明。以"亚洲四小龙"为例。我国台湾地区和韩国在初步实现现代化后，采用了美国的政治制度；我国香港和新加坡大致还是原来的制度。最后一比较，谁把腐败问题治理得更好？当然是香港和新加坡。另外，美国的大量腐败被合法化了。你看一下希拉里的邮件，捐款多的可以当大使，这在美国都是合法的。当然，这种腐败合法化的做法只会损害美国自己的利益。

张维为教授的这个报告内容非常丰富。这是一篇充满中国自信的报告，其中心论点就是中国特色社会主义的很多正当性制度选择、很多成效显著的社会实践，都在西方话语霸权的有意无意的影响下被遮蔽了。所以，张维为教授认为，无论是经济上传统的以 GDP 计算国家经济实力的方法，还是用自由民主来考量中国政治制度和实践的做法，本质上都是西方话语霸权的体现，不能真正反映中国的实际发展水平和中国人民真正的幸福程度。要想获得对于中国特色社会主义制度、中国特色社会主义道路的自信，必须要提出中国自己的理论，构建中国自己的话语体系，要对中国经济发展的实际状况、中国政治制度的运行效果、中国文化的独特价值取向等有深刻、辩证的认识。通过对以中美为核心的中西方发展进行比较，通过上述新视野、新方法的审视，人们对我国发展的光明前景会更加自信。

附录：本书收入的报告举办时间

傅华：《新时代文化何以自信》，2018 年 5 月 14 日。

单霁翔：《故宫如何变得"人见人爱"》，2019 年 6 月 8 日。

林毅夫：《中国的改革违背了主流经济学理论，为什么还能成功》，2018 年 10 月 28 日。

刘世锦：《中国经济如何转型》，2016 年 4 月 9 日。

张占斌：《怎样看待中国的经济形势》，2017 年 4 月 8 日。

王昌林：《大变局、大变革下中国如何进行战略选择》，2019 年 11 月 23 日。

叶连松：《京津冀协同发展，高标准高质量建设雄安新区》，2017 年 3 月 18 日。

张维为：《中国人要自信》，2016 年 10 月 25 日。